安徽师范大学出版基金项目资助出版

U0741952

数据仓库与数据挖掘
概念、方法及图书馆应用

朱东妹◎著

安徽师范大学出版社

·芜湖·

图书在版编目（CIP）数据

数据仓库与数据挖掘概念、方法及图书馆应用/朱东妹著.—芜湖:安徽师范大学出版社，2017.8（2018.8重印）

ISBN 978-7-5676-3022-2

Ⅰ.①数… Ⅱ.①朱… Ⅲ.①数据库系统-应用-图书馆工作-研究Ⅳ.①G25-39

中国版本图书馆CIP数据核字（2017）第161571号

数据仓库与数据挖掘概念、方法及图书馆应用
朱东妹　著

责任编辑:胡志立

封面设计:周　敏

出版发行:安徽师范大学出版社

　　　　　芜湖市九华南路189号安徽师范大学花津校区　　邮政编码:241000

网　　　址:http://www.ahnupress.com/

发 行 部:0553-3883578 5910327 5910310(传真) E-mail:asdcbsfxb@126.com

印　　刷:江苏凤凰数码印务有限公司

版　　次:2017年8月第1版

印　　次:2018年8月第2次印刷

规　　格:700 mm × 1000 mm　　1/16

印　　张:15.75

字　　数:275千字

书　　号:ISBN 978-7-5676-3022-2

定　　价:42.50元

前　言

随着信息技术不断的发展及在图书馆的广泛应用，图书馆的工作内容、服务模式、技术服务手段和管理机制等都发生了巨大的变化，同时图书馆在新技术环境下开始积累了大量的数据。如何高效运用这些数据并从中挖掘出有意义的信息和知识，进而为图书馆管理人员提供决策依据是本书的目标。

基于此，本书注重理论与实践相结合，力求突出以下特征：

（1）采用浅显易懂的语言表达相关的概念与方法。

（2）理论与实际相结合，使概念和方法具体化、实用化。除了第1章，其余各章最后一节都是案例，意在学以致用、学用结合。

（3）可操作性强。本书在介绍相关技术时，以ILASIII图书馆自动化集成管理系统中的数据，在Microsoft SQL Server 2012数据仓库开发及数据挖掘操作环境下，作了丰富的操作讲解和图示，读者可以把这些方法应用到自己需要处理的问题中。

本书主要分为三部分内容。

第一部分为概述，是第1章的内容，简要介绍了数据仓库和数据挖掘的基本概念和发展等相关知识。

第二部分为数据仓库、ETL数据抽取转换加载和OLAP联机分析，包含第2、3、4章的内容，主要是对数据仓库的建立、数据抽取转换加载以及联机分析处理技术的基本方法和实例的具体实现。

第三部分为数据挖掘，包含第5、6、7、8、9章的内容，主要是对数据挖掘中的关联规则、分类、聚类、线性回归、时序等方法的相关知识和实例的具体实现。

本书的亮点在于，除了第1章，其余各章的最后一节都是本章理论方法在图书馆应用中的一个具体实现，便于读者深入掌握。

尽管作者为本书付出了努力，但是由于水平有限，加上时间仓促，书中不妥之处，期待您的批评和建议。如有任何意见或建议，请发邮件到 zdm5180@163.com，谢谢！

作　者
2017年5月于芜湖

目　　录

第1章　概述 ………………………………………………………………1

　1.1　初识数据仓库 ……………………………………………………1

　　1.1.1　数据仓库的产生过程 ……………………………………1

　　1.1.2　数据仓库的体系结构 ……………………………………3

　　1.1.3　数据仓库的关键技术 ……………………………………4

　1.2　初识数据挖掘 ……………………………………………………5

　　1.2.1　数据挖掘对象 ……………………………………………5

　　1.2.2　数据挖掘过程 ……………………………………………7

　　1.2.3　数据挖掘方法 ……………………………………………8

　1.3　数据仓库与数据挖掘的关系 ……………………………………10

　1.4　数据仓库与数据挖掘工具 ………………………………………10

　1.5　图书馆为什么需要数据仓库与数据挖掘 ………………………13

第2章　数据仓库 …………………………………………………………14

　2.1　数据仓库概述 ……………………………………………………14

　2.2　数据仓库与数据库的区别 ………………………………………15

　2.3　数据仓库数据组织结构 …………………………………………16

　2.4　数据仓库开发过程 ………………………………………………18

　　2.4.1　规划分析阶段 ……………………………………………18

　　2.4.2　设计实现阶段 ……………………………………………18

　　2.4.3　使用维护阶段 ……………………………………………21

　2.5　案例：利用SQL Server 2012创建数据仓库 …………………22

　　2.5.1　概念模型设计 ……………………………………………22

2.5.2 逻辑模型设计 ·······························23

2.5.3 物理模型设计 ·······························26

第3章 数据抽取转换加载 ·······························37

3.1 ETL过程 ·······························37

3.1.1 数据抽取 ·······························37

3.1.2 数据转换 ·······························38

3.1.3 数据加载 ·······························39

3.2 T-SQL语句 ·······························40

3.2.1 数据定义语句 ·······························40

3.2.2 数据控制语句 ·······························40

3.2.3 数据操纵语句 ·······························41

3.3 SSIS服务 ·······························41

3.3.1 SSIS工具箱 ·······························41

3.3.2 SSIS包 ·······························42

3.4 案例：利用SQL Server 2012抽取、转换及加载数据 ·······························44

3.4.1 数据抽取 ·······························44

3.4.2 数据清理、转换 ·······························51

3.4.3 数据加载 ·······························53

第4章 联机分析处理 ·······························66

4.1 联机分析处理特性及评价 ·······························66

4.1.1 OLAP特性 ·······························66

4.1.2 OLAP评价准则 ·······························67

4.2 OLAP的一些基本概念 ·······························68

4.3 OLAP的基本操作 ·······························69

4.4 案例：利用SQL Server 2012创建OLAP立方 ·······························73

4.4.1 建立数据源 ·······························73

4.4.2 创建数据源视图 ·······························76

4.4.3 根据向导创建多维数据集 ·······························79

4.4.4 修改Cube中的维度和度量 ·······························86

4.4.5 部署项目 ·······························90

4.4.6 分析多维数据集 ·······························93

第5章　关联规则 ··· 98

5.1　基本概念 ··· 98

5.2　关联规则的分类 ·· 100

5.3　Apriori算法··101

  5.3.1　Apriori性质 ··101

  5.3.2　Apriori算法步骤 ····································101

  5.3.3　Apriori算法示例 ····································102

5.4　Microsoft关联规则算法 ·································106

  5.4.1　Microsoft关联规则算法的参数 ·····················107

  5.4.2　Microsoft关联规则算法的要求 ·····················108

5.5　案例：利用SQL Server 2012进行Microsoft关联规则挖掘·······108

  5.5.1　数据准备 ··108

  5.5.2　实现挖掘任务 ······································111

  5.5.3　浏览模型 ··120

  5.5.4　关联预测 ··124

第6章　分类 ··129

6.1　决策树算法 ··129

  6.1.1　基本概念 ··129

  6.1.2　ID3算法 ···130

  6.1.3　ID3算法示例 ·······································132

  6.1.4　由决策树提取分类规则 ·····························134

  6.1.5　Microsoft决策树算法 ·······························134

6.2　贝叶斯分类算法 ··136

  6.2.1　贝叶斯分类的基础——贝叶斯定理 ··················136

  6.2.2　朴素贝叶斯分类器 ··································137

  6.2.3　朴素贝叶斯分类示例 ································137

  6.2.4　Microsoft Naive Bayes算法 ·························138

6.3　神经网络算法 ··139

  6.3.1　生物神经元与人工神经元 ···························140

  6.3.2　神经网络的激发函数 ································141

  6.3.3　多层感知器 ··141

   6.3.4 Microsoft神经网络算法 ……………………………………143

 6.4 逻辑回归算法 ……………………………………………………144

   6.4.1 逻辑回归算法概述 …………………………………………144

   6.4.2 Microsoft逻辑回归算法 …………………………………145

 6.5 案例：利用SQL Server 2012进行分类挖掘……………………146

   6.5.1 数据准备 ……………………………………………………146

   6.5.2 实现挖掘任务 ………………………………………………148

   6.5.3 浏览模型 ……………………………………………………160

   6.5.4 挖掘性能分析 ………………………………………………172

第7章 聚类 …………………………………………………………………180

 7.1 聚类分析 …………………………………………………………180

   7.1.1 聚类分析中的数据结构 ……………………………………180

   7.1.2 聚类分析中的数据类型 ……………………………………181

 7.2 k-平均算法 ……………………………………………………185

 7.3 EM算法 ……………………………………………………………186

 7.4 Microsoft聚类算法 ………………………………………………186

   7.4.1 Microsoft聚类算法的参数 ………………………………187

   7.4.2 Microsoft聚类算法的要求 ………………………………187

 7.5 案例：利用SQL Server 2012进行Microsoft聚类分析挖掘…………188

   7.5.1 数据准备 ……………………………………………………188

   7.5.2 实现挖掘任务 ………………………………………………190

   7.5.3 浏览模型 ……………………………………………………197

第8章 线性回归 ……………………………………………………………200

 8.1 一元线性回归 ……………………………………………………200

 8.2 多元线性回归 ……………………………………………………201

 8.3 Microsoft线性回归算法 …………………………………………202

   8.3.1 Microsoft线性回归算法的参数 …………………………202

   8.3.2 Microsoft线性回归算法的要求 …………………………203

 8.4 案例：利用SQL Server 2012进行Microsoft线性回归挖掘…………203

   8.4.1 数据准备 ……………………………………………………203

   8.4.2 实现挖掘任务 ………………………………………………204

　　8.4.3　浏览模型 ………………………………………………………211

第9章　时序 ……………………………………………………………213

　9.1　基本概念 …………………………………………………………213

　9.2　简单平均法 ………………………………………………………214

　9.3　移动平均法 ………………………………………………………214

　　9.3.1　简单移动平均 ………………………………………………214

　　9.3.2　加权移动平均 ………………………………………………215

　9.4　指数平滑法 ………………………………………………………215

　　9.4.1　简单指数平滑法 ……………………………………………215

　　9.4.2　考虑趋势调整的指数平滑法 ………………………………216

　　9.4.3　考虑季节性调整的指数平滑法 ……………………………217

　9.5　ARIMA模型 ………………………………………………………218

　　9.5.1　平稳时间序列ARIMA模型的一般形式 …………………218

　　9.5.2　非平稳时间序列ARIMA模型的一般形式 ………………219

　　9.5.3　方法性工具 …………………………………………………220

　9.6　ARIMA模型示例 …………………………………………………222

　9.7　Microsoft时序算法 ………………………………………………225

　　9.7.1　Microsoft时序算法的参数 …………………………………225

　　9.7.2　Microsoft时序算法的要求 …………………………………227

　9.8　案例：利用SQL Server 2012进行Microsoft时序算法挖掘………227

　　9.8.1　数据准备 ……………………………………………………227

　　9.8.2　实现挖掘任务 ………………………………………………230

　　9.8.3　浏览模型 ……………………………………………………237

主要参考文献 ……………………………………………………………241

第1章 概述

随着数据库技术的发展，信息系统的用户除了需要计算机为其处理日常事务外，更需要从大量实际存在的数据中归纳出业务的规律性及其发展趋势去帮助管理决策，传统的数据库的处理方式不能满足决策分析的需求，数据仓库在这样的背景下应运而生。针对数据的复杂化与海量化，如何将这些海量的数据从数据仓库中提取出来，并转为有用的信息，需要更灵活、效率更高及理论更完善的方法和工具。多年来，数理统计方法、人工智能及知识工程等领域的丰硕成果，为开发对数据进行深度分析的工具提供了坚实的理论与技术基础，数据挖掘理论与技术应运而生。

1.1 初识数据仓库

1.1.1 数据仓库的产生过程

数据仓库（Data Warehouse）是一种信息管理技术，是一种新的数据处理体系结构，它为企业决策支持系统提供所需信息。数据量越大，数据仓库的作用就越大。数据仓库的产生主要经历了以下几个阶段[1][2]：

数据仓库概念最早可追溯到20世纪70年代。麻省理工学院的研究员致力于研究一种优化的技术架构，该架构试图将业务处理系统和分析系统分开，即将业务处理和分析处理分为不同层次，针对各自的特点采取不同的架构设计原则。麻省理工学院的研究员认为这两种信息处理的方式具有显著差别，

---

① 潘华,项同德.数据仓库与数据挖掘原理、工具及应用[M].北京:中国电力出版社,2007:9-12.
② 钱星常.远程教与学策略和案例[M].北京:科学出版社,2008:179.

1

以至于必须采取完全不同的架构和设计方法，但受限于当时的信息处理能力，这个研究仅仅停留在理论层面。

20世纪80年代中后期，美国数字设备公司已经开始采用分布式网络架构来支持其业务应用，并且首先将业务系统移植到其自身的RDBMS产品RdBA上。同时，结合麻省理工学院的研究结论，建立了TA2（Technical Architecture2）规范。该规范定义了分析系统的四个组成部分：数据获取、数据访问、目录服务和用户服务。这是系统架构的一次重大转变，第一次明确提出了分析系统架构并将其运用于实践。1988年，为解决全企业集成问题，IBM公司第一次提出了信息仓库（Information Warehouse）的概念，并称之为VITAL规范（Virtually Integrated Technical Architecture Lifecycle）。VITAL定义了85种信息仓库组件，包括PC、图形化界面、面向对象的组件以及局域网等。至此，数据仓库的基本原理、技术架构以及分析系统的主要原则都已确定，数据仓库初具雏形。

1991年Willian Inmon出版了关于数据仓库的第一本书 *Building the Data Warehouse*，标志着数据仓库概念的确立。这本书不仅说明为什么要建数据仓库、数据仓库能带来什么，还详细定义了数据仓库的具体原则：数据仓库是一个面向主题的（Subject Oriented）、集成的（Integrated）、相对稳定的（Non-Volatile）、反映历史变化的（Time Variant）数据集合，用于支持管理决策（Decision-Making Support）。这些原则至今仍然是指导数据仓库建设的最基本原则，因此Willian Inmon被称为数据仓库之父。

1994—1996年，由于企业级数据仓库的设计、实施及其坚持第3范式设计要求，从而无法支持决策支持系统对性能和数据易访问性的要求，因此数据仓库的建设者和分析师开始考虑只建设企业级数据仓库的一部分，提出了"数据集市"的概念，主要采用多维数据模型，在传统的关系型数据模型和多维联机分析之间建立了很好的桥梁。此后，建立企业级数据仓库还是部门级数据集市？关系型还是多维？这个问题在很长时间一直被争论着，相应地出现了"自底向上"和"自顶向下"两种实施方法的争议。"自顶向下"是从企业的整体来考虑数据库的主题和实施，是一种系统的解决方法，并能够最大限度地减少集成问题。然而，它费用高，需要长时间开发，而且缺乏灵活性，因为整个组织的共同数据模型达到一致是较困难的；而"自底向上"是从建造某个部门的数据集市开始，逐步扩充数据仓库所包含的主题和范围，最后形成一个能够完全反映企业全貌的企业级数据库，花费低，并能够得到快速的投资回报，但存在的问题是将分散的数据集市集成，形成一个一致的企业数据仓库并不容易。事实证明，比较切合实际的做法是将"自底向上"和"自顶向下"两种实施方法结合起来构建数据仓库。

2006年，Willian Inmon总结了20年来数据仓库实践经验和存在的问题，提出了DW2.0的概念。DW2.0提出了数据仓库生命周期概念，把整个系统分为四个区：交互区、整合区、近线区、归档区；提出了集成非结构化数据，要求将非结构化文本数据存放在数据仓库中，并与结构化数据整合在一起；提出了要对数据仓库数据进行监视；更加重视元数据的作用，认为元数据是数据仓库基本结构中一个主要且极为重要的部分。

从目前形势看，数据仓库已成为继因特网之后，信息社会中获得企业竞争优势的关键。国外许多厂家和公司相继推出了各自的数据仓库解决方案，例如，IBM所推崇的商业智能，其核心就是数据仓库；微软的SQL server7.0就开始绑定了OLAP服务器，将数据仓库功能集成到数据库中，并建立了数据仓库联盟。

1.1.2 数据仓库的体系结构

数据仓库的体系结构由数据获取层、数据处理层、数据存储层以及数据分析层组成。数据仓库的体系结构如图1-1所示。

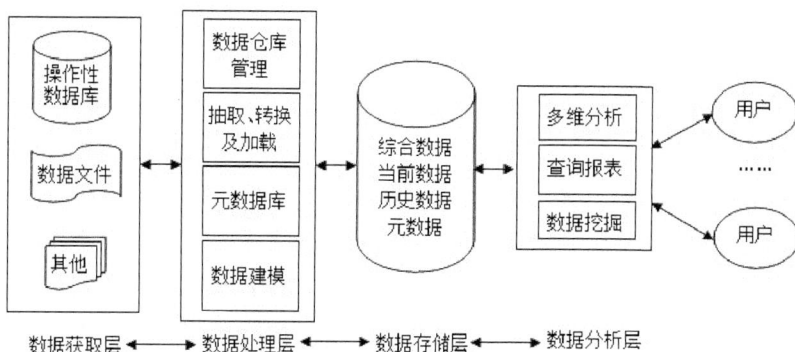

图1-1 数据仓库体系结构

（1）数据获取层：该层是数据仓库的数据获取来源。同一数据仓库可以有多种不同的数据源，包括业务操作数据和其他外部数据源。数据源是数据仓库的基础。

（2）数据处理层：负责将数据源中对决策分析有用的数据进行清洗、转换和加载到数据仓库中，同时还负责监视数据源的数据变化，随时对新的或变化的源数据进行分析、转换并将其更新到数据仓库中。

（3）数据存储层：负责对数据仓库中的数据及元数据进行归档、备份及安全管理。数据仓库中保存的数据量相对传统的数据库来说要大得多，需要有效地进行组织。数据仓库的数据组织把从各数据源获取的数据以不同的粒度级别进行存放，分为历史数据、当前数据及综合数据。粒度越大，数据的综合程度越高；粒度越小，数据的细节程度越高。

（4）数据分析层：数据分析层面向终端用户，为其提供数据查询、协助其分析和评估决策等服务。

1.1.3 数据仓库的关键技术

1. 数据抽取、转换及加载

数据抽取、转换及加载（Extract-Transform-Load，ETL）是数据仓库体系结构中数据处理层的一项关键技术。用户从数据源抽取出所需的数据，经过数据清洗、转换，最终按照预先定义好的数据仓库模型，将数据加载到数据仓库中去，成为联机分析处理、数据挖掘的基础。

例如，不同的图书馆在构建数据仓库过程中，涉及的数据可能有读者基本信息数据库、流通数据库、采购数据库、查询数据库、门禁系统数据库等本地数据，以及网络服务平台中形成的 Web 服务器数据、用户登记信息、代理服务器数据、读者访问电子资源信息等网络数据。这些数据源格式多种多样，有文本文件、电子表格文件、SQL Server 及 Oracle 等数据库文件，必须通过抽取、清洗、转换，然后装载到数据仓库中。ETL 策略的制定必须考虑到源系统、目标系统及业务规则等多方面因素。实现异构数据库抽取数据后，还需建立统一标准进行数据存储。比如我们在处理读者信息时，有的读者身份证数据位数是 15 位，有的是 18 位；日期型的数据在部分图书管理系统中是以字符型存储的，要把它转换成日期型；有的读者所在院系名称写的是全称，而有的写的是简称；对于读者属性的一些分类，在图书管理系统中一般用不同的代码表示而不是用文字，例如，用"001"代表读者流通类型为"教师"，"n"代表读者证状态为"有效"，"F"代表性别为"女"；有的读者部分信息不全等这些问题都要在整个数据进入数据仓库前根据实际需要制定统一规则进行清洗、转换。另外，数据进入数据仓库之后，需制定数据定期更新及维护策略。

2. 联机分析处理

联机分析处理（On-Line Analysis Processing，OLAP）是数据仓库体系结构中数据分析层的一项关键技术。OLAP 是在多维数据结构上进行数据分析的，支持决策人员从不同的角度，迅速、灵活地对数据仓库中的数据进行复杂查询和多维分析，并且以直观、容易理解的形式将查询和分析结果提供给各种决策人员。

例如，图书馆构建好图书流通主题的 OLAP 模型后，可以非常快速地从不同维度查询日常流通业务活动信息，如某周、某月或某年某个馆藏地点图书入库数，某周、某月、某年各类图书的馆藏量及其借还量，各类型读者借还图书情况等，并且可以通过 OLAP 追踪查询某类图书、某类读者借还量变化存在的原因。

1.2　初识数据挖掘

1.2.1　数据挖掘对象

数据挖掘就是从大量数据中挖掘出隐含的、未知的、对决策有潜在价值的关系、模式和趋势，并用这些知识和规则建立用于决策支持的模型，提供预测性决策支持的方法、工具和过程。简言之，数据挖掘就是一深层次的数据分析方法，是要在数据中发现知识。从应用领域的角度看，数据挖掘对象主要包括以下几大类型[1][2]。

1. 关系数据库

关系数据库，是建立在关系数据库模型基础上的数据库，借助于集合代数等概念和方法来处理数据库中的数据，同时也是一个被组织成一组拥有正式描述性的表格。每个表格，也称为关系，包含用列表示的一个或更多的数据种类，每行包含一个唯一的数据实体，这些数据是被列定义的种类。关系

---

[1] 蒋盛益,李霞,郑琪.数据挖掘原理与实践[M].北京:电子工业出版社,2011:6-20.
[2] 苏新宁,杨建林.数据挖掘理论与技术[M].北京:科学技术文献出版社,2003:9-11.

数据库分为两类：一类是桌面数据库，例如 Access、FoxPro 和 dBase 等；另一类是客户/服务器数据库，例如 SQL Server、Oracle 和 Sybase 等。关系数据库是数据挖掘最常见的数据源。

2. 数据仓库

数据仓库是面向决策支持的，其目的是根据不同的主题集成多种异构数据源，建立一种高度一体化的数据存贮处理环境，包括详细和汇总性的数据、历史数据、整合性数据及解释数据的数据。针对不同主题联机分析处理技术提供了对数据仓库中的数据进行复杂显示和分析的方法。数据仓库为数据挖掘准备了良好的数据源。

3. 文本数据库

随着信息技术的不断进步，以电子文本为载体保存下来的信息越来越多，于是形成了文本数据库。文本数据库存储的内容均为文字，是长句、段落甚至全文。文本数据类型多数为非结构化的（如文章摘要和内容），也有些半结构化的（如 XML 数据、Email 邮件、学术期刊数据库等）。部分文本数据如果结构良好，也可用关系型数据库来实现（如文档的标题、作者、出版单位及分类号等）。挖掘内容包括文本分类、文本聚类、文本特征提取等。

4. 空间数据库

空间数据库以描述空间位置和点、线、面、体特征的拓扑结构的位置数据为对象的数据库系统。对空间数据库的挖掘可以为城市规划、环境和资源管理、商业网络、森林保护、人口调查、交通及税收等领域的管理提供决策支持。

5. 时序数据库

时序数据库主要用于存放与时间相关的数据，它可用来反映随时间变化的即时数据或不同时间发生的不同事件。例如，图书馆中连续多年存放的即时的图书借阅信息、门禁记录的读者入馆信息以及电子资源下载等信息。对时序数据的挖掘，可以发现事物的演变过程、隐藏特征及发展趋势。

6. Web 数据库

Web 数据库指在互联网中以 Web 查询接口方式访问的数据库资源。Web 可以描述为在互联网上运行的、全球的、交互的、动态的、跨平台的、分布式的、图形化的超文本信息系统。Web 数据库中的数据类别有网页内的结构、网页间的结构、网页的内容、用户的注册信息及用户访问网页规律等数据，挖掘内容包括 Web 内容挖掘、Web 结构挖掘及 Web 使用挖掘等。由于 Web 本身具备超大量性、高度复杂性、动态性和用户群体的多样性等特点，Web 挖掘具有挑战性。

1.2.2 数据挖掘过程

数据挖掘项目的成功实施有很多决定性因素，如问题如何界定，数据如何选取，生成的模型能否嵌入到现有业务流程中等。为了使数据挖掘过程标准化，数据挖掘软件提供商们提出了各自的数据挖掘过程的方法论。CRISP-DM（Cross Industry Standard Process for Data Mining，跨行业数据挖掘标准流程）是其中的优秀代表，现成为行业通用的模型标准。这个方法论可以在数据挖掘项目的整个生命周期为用户提供指导。CRISP-DM 将数据挖掘过程分为以下6个阶段[1][2]。

1. 理解问题

理解问题是数据挖掘的第一步。这个阶段是了解用户业务问题，明确用户真正需要达到的目的，然后将这些理解转化为数据挖掘的问题定义，并制定项目计划。项目计划应该细化、明确，便于监督。

2. 理解数据

理解数据阶段首先要理解所有与业务对象有关的内、外部数据，在此基础上收集、描述原始数据，产生数据收集、描述报告。对数据质量进行鉴定，产生数据质量报告。

3. 数据准备

数据准备阶段是数据挖掘工作的最关键阶段。现实业务数据往往被存储在不同的数据库或不同的部门中。这一步骤需将这些数据进行抽取、清理、重构、整合及格式化，生成可以建立数据挖掘模型的数据集。

4. 建立模型

建立模型是数据挖掘工作的核心阶段。在模型的建立过程中要选择适当的建模技术，一般一个类型的数据挖掘问题需要选择和应用几种不同的建模技术，需要将不同模型的参数调整到最佳值，在此过程中结合具体业务实践

---

[1] 崔雷.医学数据挖掘[M].北京:高等教育出版社,2006:24-25.
[2] 张文彤,钟云飞.IBM SPSS数据分析与挖掘实战案例精粹[M].北京:清华大学出版社,2013:6-10.

经验，最后选出最好的模型。有些模型建模时在数据形成上有特殊要求，因此经常需要返回到数据准备阶段对数据进行相应处理。

5. 模型评估

模型评估阶段决定已建立的模型是否可以发布应用，是否达到了预期的目标，是否还需要进行调整。模型评估可从两方面着手：一个是业务层面，主要由业务人员对模型在现实业务环境中的适用性进行评估；一个是技术层面，主要由建模人员从技术角度对模型效果进行评估。

6. 结果部署

结果部署阶段是运用数据挖掘结果解决现实业务问题的过程。这一阶段主要任务是实施挖掘结果发布计划、监测和维护模型计划（随着业务环境的变化，模型的适用性和效果也可能发生改变）及总结项目中的经验。

需要注意的是，在实际应用中，以上六个步骤并非完全按照顺序来执行，而是多次反复、多次调整、不断修整完善的过程。

1.2.3　数据挖掘方法

数据挖掘所涉及的学科领域和方法很多，目前比较成熟且应用广泛的方法主要有关联规则分析、分类方法、聚类分析、回归分析及时间序列分析等。

1. 关联规则分析

关联规则分析就是要找到隐藏在数据集中属性之间有意义的联系，所发现的联系可以用关联规则或频繁项集的形式表示。即关联规则是形如 $X \rightarrow Y$ 的蕴涵表达式，其中 X 和 Y 是不相交的项集，即 $X \cap Y = \Phi$。关联规则的强度可以用它的支持度和置信度度量。支持度确定规则可以用于给定数据集的频繁程度，而置信度确定 Y 在包含 X 的事务中出现的频繁程度。关联规则挖掘过程主要包含两个阶段：第一阶段必须先从资料集合中找出所有的高频项目组，第二阶段再由这些高频项目组中产生关联规则。关联规则分析是一种无监督学习，即没有先验知识指导下的分析。例如，图书管理系统在日常工作中保存了借阅明细数据，根据读者借阅图书的历史，分析图书借阅之间的关联。根据图书之间的关联，可以调整图书馆藏布局，让读者有更好的借阅体验。另外，根据读者已经借阅图书的类别，预测读者还可能借阅的图书，主动向读者推荐最可能感兴趣或最需要的图书。

2. 分类方法

分类任务就是确定对象属于哪个预定义的目标类。分类方法用于预测数据对象的离散类别。分类是有监督学习，即用已知类别的样本训练集来设计分类。常见的分类算法有决策树分类、贝叶斯分类及神经网络算法等。例如，我们可以应用分类方法把读者分为"可能需要我们某种服务"和"不可能需要我们某种服务"两类。如果我们知道如何对读者进行分类，那么当我们为读者服务时，就能做出更为明智的决策。

3. 聚类分析

聚类分析是根据"物以类聚"的道理，对样本进行分类的一种多元统计分析方法，其处理的对象是大量的样本，没有任何模式可供参考和指导，即聚类是无监督学习，事先不知样本的类别，而是通过对样本的先验知识来构造分类。例如，根据读者年借阅图书数量、年级、性别及所在学院等变量，对读者进行聚类分析，分析各个读者群的借阅量情况，找出借阅量不同等级的读者群，并分析刻画他们的特征，以便针对不同读者群制定阅读推广策略。

4. 回归分析

回归分析用属性的历史数据预测未来趋势。回归算法中，只包括一个自变量和一个因变量，且二者的关系可用一条直线近似表示，这种回归分析称为一元线性回归分析。如果回归分析中包括两个或两个以上的自变量，且因变量和自变量之间是线性关系，则称为多元线性回归分析。例如，利用线性回归算法挖掘得出图书馆纸质图书被借阅册数和本科生数量、研究生数量、电子图书种数、电子期刊种数、纸质图书册数及纸质报纸期刊种数的线性关系。

5. 时间序列分析

时间序列分析是根据数据随时间变化的趋势预测未来，这一点与回归分析有点类似，但是时间序列分析要考虑时间的特性，尤其要考虑时间周期的层次，如日、周、月、季度及年等。例如，图书馆图书自动化管理系统经过多年的运行，积累了大量的时间序列数据，如每天某个阅览室借出、还回图书册数等，各类电子资源的下载数据，门禁中记录的每天读者进馆数据等，这些都是时间序列数据，应用时间序列挖掘算法对其进行预测，这对图书馆制定长期稳定的藏书发展策略，有效组配内部工作人员结构，充分发挥文献信息资源的作用，降低图书馆服务成本，提高图书馆的服务质量等方面都有着积极的意义。

1.3　数据仓库与数据挖掘的关系

数据仓库和数据挖掘作为决策支持新技术，二者既相互结合、共同发展，又相互影响、相互促进①。

1. 数据仓库为数据挖掘提供了更好更广泛的数据环境

对于数据挖掘来说，数据仓库不是必需的，不必非得建立一个数据仓库。但是企业如果建立了数据仓库，那对于数据挖掘来说是为其提供了更好更广泛的数据环境。因为数据挖掘对数据环境的要求很高，而数据仓库中的数据恰好已经进行过清洗与转换，集成了来自企业内各部门历史的、全面的及综合的数据，那很可能在做数据挖掘时就没有必要再清理一次了，而且所有的数据不一致的问题都已经被解决了，使数据挖掘工作在企业全局的模式下进行知识发现成为可能。

2. 数据挖掘为数据仓库提供更好更广泛的技术支持

数据挖掘是数据仓库系统前端数据分析层的重要组成部分。数据仓库作为数据挖掘的对象，数据挖掘对数据仓库的数据组织提出了更高的要求，促使数据仓库的数据组织更具合理化。同时，数据挖掘的统计分析技术、可视化技术等都为数据仓库提供了强有力的技术支持，提高了数据仓库的决策支持能力。

1.4　数据仓库与数据挖掘工具

一些主要数据库厂商在数据仓库数据集成、数据管理、OLAP和报表等方面都提供了丰富的工具。目前主流的数据仓库与数据挖掘工具②，如表1-1所示。

---

① 孙水华,赵钊林,刘建华.数据仓库与数据挖掘技术[M]北京:清华大学出版社,2012:21-22.
② 蔡颖,鲍立威.商业智能原理与应用[M].杭州:浙江大学出版社,2011:9-10.

表1-1　主要厂商提供的数据仓库与数据挖掘工具

公司名称	ETL工具	数据仓库管理工具	OLAP工具	数据挖掘工具	报表工具
IBM	IBM WebSphere DataStage	DB2	DB2 OLAP Server	Intelligent Miner	Cognos ReportNet
Oracle	Oracle Warehouse Bulider	Oracle	Discoverer	Oracle data Miner	Oracle Reports
Sybase	Data Integration Sulte	Sybase IQ	Power Dimension		InfoMaker
SAS	ETL Studio		SAS OLAP Server	SAS Enterprise Miner	Report Studio
Microsoft	Integration Services	SQL Server	Analysis Servies	Analysis Services	Reporting Servies

本书中所用到的数据仓库与数据数据工具是由 Microsoft 公司提供的 SQL Server 2012。SQL Server 2012 是 Microsoft 公司推出的一套完整的数据仓库与数据挖掘工具，它提供了全面的功能以满足不同行业及人群对数据以及信息的需求，包括来自于不同网络环境的数据的交互，全面的自助分析等创新功能。针对大数据以及数据仓库，提供从数 TB 到数百 TB 全面端到端的解决方案，通过快速的数据探索和数据可视化对大量的数据进行细致深入的研究，从而能够引导决策者提出更为深刻的行业洞见。SQL Server 2012 支持的操作系统有 Windows 7、Windows Server 2008 R2、Windows Server 2008 Service Pack 2 及 Windows Vista Service Pack 2 等。其中，Windows 7 操作系统，必须要求是 SP1 版本的才可以安装。

1. SQL Server 2012 的版本

SQL Server 2012 的版本主要有：SQL Server 2012 企业版（Enterprise）（64位和32位）、SQL Server 2012 标准版（Standard）（64位和32位）及 SQL Server 2012 商业智能版（Business Intelligence）（64位和32位）；专业版本有：SQL Server 2012Web 版（Web）（64位和32位）；延伸版有两个：SQL Server 2012 开发版（Developer）（64位和32位）和 SQL Server 2012 精简版（Express）（64位和32位）。

SQL Server 2012 企业版（Enterprise）（64位和32位）是全功能版本，提供了全面的高端数据中心功能，性能极为快捷，虚拟化不受限制，为关键业务提供了企业的可扩展性、数据仓库安全、高级分析以及报表支持等，为用户提供更加巩固的服务器和执行大规模的在线的事务处理。

SQL Server 2012标准版（Standard）（64位和32位）是一个完整数据管理和业务的智能平台，为企业提供最佳的应用性和可操作性。

SQL Server 2012商业智能版（Business Intelligence）（64位和32位）提供了一个综合性的平台，可以支持组织构建和部署安全、可扩展且易于管理的BI解决方案；提供基于浏览器的数据浏览和可见性等卓越功能，功能强大的数据集成功能，以及增强的集成管理。

SQL Server 2012Web版（Web）（64位和32位）拥有成本低，为从小规模至大规模Web资产提供可伸缩性、经济性和可管理性功能。

SQL Server 2012开发版（Developer）（64位和32位）支持开发人员基于SQL Server构建任意类型的应用程序。它包括企业版的所有功能，但有许可限制，只能用作开发和测试系统，而不能用作生产服务器。

SQL Server 2012精简版（Express）（64位和32位）是入门级的免费数据库，是学习和构建桌面及小型服务器数据驱动应用程序的理想选择，可无缝升级到其他更高端的SQL Server版本。SQL Server 2012中新增了SQL Server Express LocalDB，这是Express的一种轻型版本，该版本在用户模式下运行具备所有可编程性功能。

2. SQL Server 2012的组成

整套的SQL Server 2012是由数据引擎服务（Database Engine Services）、分析服务（Analysis Services）、集成服务（Integration Services）及报表服务（Reporting Services）等服务组件组成，各服务组件有其特有的功能：

数据库引擎服务是用于存储、处理和保护数据的核心服务。利用数据库引擎可控制访问权限并快速处理事务，从而满足企业内需要处理大量数据的应用程序的要求。使用数据库引擎创建用于联机事务处理或联机分析处理数据的关系数据库，这包括创建用于存储数据的表和用于查看、管理和保护数据安全的数据库对象（如索引、视图和存储过程）。可以使用SQL Server Management Studio管理数据库对象。

分析服务主要通过服务器和客户端技术组合提供联机分析处理和数据挖掘的功能。通过分析服务用户可以设计创建和管理来自于其他数据源的多维结构，通过多维结构的分析使单位决策人员对业务数据有更全面的理解。

集成服务用于生成高性能数据集成和工作解决方案的平台，负责完成数据的提取转换及加载等操作。

报表服务主要用于创建和发布报表以及报表模型的一个图形工具和向导，用于管理报表、对象模型编程和扩展的应用程序接口。它是一种基于服务器的解决方案，可以生成多种关系数据源和多维数据源提供内容的企业报表，发布各种可查看的报表，创建的报表可以通过Web链接进行查看。

1.5 图书馆为什么需要数据仓库与数据挖掘

当前，随着信息技术在图书馆领域的应用使得其服务水平得到大幅度提升，图书馆逐渐从传统的提供、整理和传递文献的信息服务，转变为知识的搜集、组织、分析、重组和传递，即知识服务。在这种新的知识服务环境下，读者在图书馆内外各类系统中留下的信息行为数据越来越多，例如，图书馆中门禁记录、RFID流通业务数据及读者网上或手机浏览下载电子资源等信息都记录在服务器的数据库中。要对这些日益增长的结构化和非结构化数据进行集中存储、分析和管理，就需要对图书馆的整个服务技术架构进行创新和完善。与此同时，面对浩如烟海的信息资源，如何利用大数据中的数据集成及知识发现等技术，高效、精准地将适合于读者的信息与服务主动地呈现给他们，提高读者资源获取效率，是图书馆决策管理人员所面临的重要难题。

图书馆自动化集成系统及各数字资源平台能进行信息的收集、存储、加工、使用及传递等功能，可以对数据进行实时增加、删除、修改及查询，很好地解决日常事务处理，但是不能把信息的内在规律更深刻地挖掘出来提供决策分析支持。因为事务处理首先考虑响应的及时性，多数情况都是在处理当前数据，而决策分析需要考虑的是数据的集成性和历史性，需要对业务数据库中的数据进行再加工，形成一个综合的、面向分析的决策支持系统，这个问题不能使用已有的数据库及数据分析技术来解决，需要利用新的方法——数据仓库及数据挖掘技术。

数据仓库及数据挖掘技术在图书馆的应用，一方面为目前图书馆开展精准智慧服务、资源的精准采购与评价、图书馆管理及服务质量评估等方面提供决策支持；另一方面为图书馆培育忠诚读者提供科学的措施、方法，最终达到图书馆和读者的双向赢利，促进图书馆在未来道路上健康发展。

第 2 章 数据仓库

数据仓库研究运用新信息技术从数据库中获取信息的问题。通过数据仓库技术，可以将图书馆业务数据库中无法深入整理分析的读者数据建立成为一个强大的读者关系管理系统，以协助图书馆制定精准服务策略。

2.1 数据仓库概述

数据仓库的概念产生于 20 世纪 80 年代中期。数据仓库之父 Willian H.Inmon 在 *Building the Data Warehouse* 一书中对数据仓库定义如下：数据仓库是面向主题的、集成的、相对稳定的、时变的数据集合，用于支持管理决策[①]。

1. 面向主题的

与传统数据库面向应用进行数据组织的特点相对应，数据仓库中的数据是面向主题组织的。

（1）围绕重要的主题，如读者、图书和借阅。

（2）着眼于决策者的数据建模和分析，而不是日常对数据的操作或处理。

（3）在主题的划分过程中，要保证每个主题的独立性，并且要保证每个主题有自己的逻辑内涵，互不交叉。

2. 集成的

在数据进入数据仓库之前，必须经过加工与集成。这一步实际上是数据仓库建设中最关键、最复杂的一步[②]。

（1）数据仓库的建立是通过集成和整合多个不同的异构数据源，数据源

---

① 王宇,曲刚.管理信息系统[M].北京:电子工业出版社,2014:148-150.
② 徐华.数据挖掘:方法与应用[M].北京:清华大学出版社,2014:38-40.

包括关系型数据库、数据文件和联机事务记录等。

（2）数据集成过程中，需要数据清洗和数据集成技术的应用。其目的是为了保证在集成不同数据源时，保证数据在命名规则、编码结构和属性度量等方面的一致性。

3. 相对稳定性

经过加工和集成进入数据仓库的数据，是不经常进行修改的，其所反映的是历史数据，主要是用于查询，而不是像日常事务处理的数据，需要经常进行查询、修改、插入及删除。

（1）数据仓库物理地分开存放数据。而这些数据都来源于操作性数据库，最极端的情况下，如果数据仓库中的数据被损坏了，还可以通过操作性数据库中的数据信息进行恢复。

（2）数据仓库中的每一条记录都是数据在某一时刻的快照，如果数据仓库环境中的数据要改变，那么就应重新加载、刷新该项数据的快照。

4. 时变性

数据仓库的时变性就是数据应该随时间的推移而发生变化。数据仓库是不同时间的数据集合，它要求数据仓库中的数据在保存时限能满足进行决策分析的需要。

（1）在时间层面上数据仓库中的数据明显地比操作性数据库中的数据存储时间要长，其表现为操作性数据库中的数据往往存储的是当前的数据，而数据仓库是从历史数据的角度提供数据。例如，数据仓库中存储的是 5 至 10 年的数据，而操作性数据库中存储的是当前时间段的数据。

（2）在数据仓库中，关键结构都显式或者隐式地包含时间元素。与之不同的是，在操作性数据库中，关键结构不一定包含时间元素。

2.2 数据仓库与数据库的区别

数据库系统是面向应用、事务型的数据处理，实时性较高，一般存储的是即时性、细节性的数据，并且数据需经常更新。而数据仓库是区别于一般数据库存储的另外一种数据组织方式，它以面向主题的形式进行数据存储，只有数据插入的操作，没有数据的删除和更新操作，主要用于决策分析。数据仓库决策系统与数据库生产系统的区别[①]，如表2-1所示。

表2-1　数据仓库决策系统与数据库生产系统的区别

数据仓库决策系统	数据库生产系统
面向主题	面向事务
实时性要求不高	实时性高
数据检索量大	数据检索量小
存储大量的历史数据和当前数据	只存储当前数据
访问频率中、低	访问频率高
响应时间为几秒或更长	响应时间在几秒以下
用户数量相对较小	用户数量很大

2.3　数据仓库数据组织结构

数据仓库中的数据存在着不同的细节级：早期细节级、当前细节级、轻度综合级以及高度综合级数据级[②]，如图2-1所示。数据是从操作型系统进行抽取，首先进入当前细节级，可以设定一个年限，超过年限的细节级数据就进入早期细节级。同时根据各主题的需求，进一步进行综合，从而使数据进入轻度综合级乃至高度综合级。

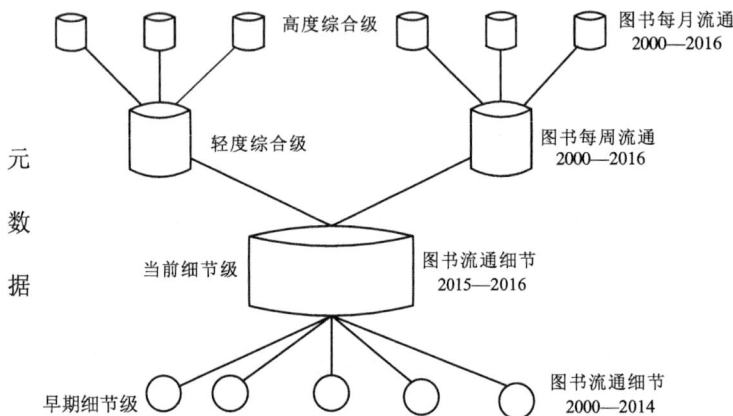

图2-1　数据仓库中数据组织结构

① 王飞,刘国峰.商业智能深入浅出——Congnos,Informatica技术与应用[M].北京:机械工业出版社,2012:22-62.

② (美)W.H.Inmon.数据仓库[M].王志海,林友芳,译.北京:机械工业出版社,2003:24-54.

1. 元数据

从图 2-1 可见，数据仓库组织结构中有一部分重要数据是元数据。元数据是"关于数据的数据"，可对数据仓库中的各种数据进行详细的描述与说明，说明每个数据的上下文关系，使每个数据具有符合现实的真实含义，使最终用户了解这些数据之间的关系。元数据机制主要支持以下五类系统管理功能：

（1）描述哪些数据在数据仓库中。

（2）定义要进入数据仓库中的数据和从数据仓库中产生的数据。

（3）记录根据业务事件发生而随之进行的数据抽取工作时间安排。

（4）记录并检测系统数据一致性的要求和执行情况。

（5）衡量数据质量。

2. 数据粒度

数据粒度是指数据仓库中数据的细化和综合程度。一般情况下，根据数据粒度划分标准，可以将数据仓库中的数据划分为详细数据、轻度综合、高度综合三级。粒度影响存放在数据仓库中的数据量的大小，同时影响数据仓库所能回答问题的细节程度。粒度越小，细节程度越高，综合程度越低，回答查询的种类就越多。反之，粒度的提高将会提高查询效率，但同时也造成回答细节问题能力的下降。为了适应不同查询的需要，在数据仓库中经常是建立多重粒度，如图 2-1 中有按周综合的轻度综合级数据和按月综合的高度综合级数据。

3. 数据分割

数据分割是指将数据分散到各自的物理单元中去以便能分别独立处理，以提高数据处理效率。数据分割的标准可以根据实际情况来确定，通常可选择按日期、地点或业务领域等进行分割，也可以按多个分割标准的组合来进行，但一般情况分割标准都应包括日期项。分割之后数据仓库具有容易重构、重组，自由索引，顺序扫描，容易恢复及监控等优点[①]。

---

① 安淑芝.数据仓库与数据挖掘[M].北京:清华大学出版社,2005:27-52.

2.4　数据仓库开发过程

数据仓库开发过程主要包括以下几个方面：规划分析阶段、设计实现阶段及使用维护阶段。

2.4.1　规划分析阶段

确定数据仓库项目的开发目标。从用户角度分析，给用户提供哪些决策分析内容和功能，根据提供的内容确定相应的主题，进而对每个主题域的内容进行较明确的描述，并尽可能明确主题之间的关系。从技术角度分析，在划分的各个主题中需要哪些业务数据源，确定使用哪种工具构建数据仓库。构建数据仓库工具性能指标包括：

（1）管理大数据量数据的能力。

（2）进行灵活数据存取的能力。

（3）根据数据模型重组数据的能力。

（4）数据发送和接收能力。

（5）周期性成批装载数据的能力。

（6）可设定完成时间的作业管理能力。

2.4.2　设计实现阶段

设计实现阶段主要包括数据模型的设计，数据抽取、转换及加载的设计，终端数据展现设计等内容。其中，数据抽取、转换及加载的设计及终端数据展现设计将分别在第3、4章介绍，这里首先介绍数据模型的设计。数据模型的设计是在理解用户需求的基础上，进行数据仓库概念模型设计、逻辑模型设计及物理模型设计。

1. 概念模型设计

数据仓库的概念模型设计，主要是确定主题所涉及对象之间的相互关系，并集成来自各个事务数据库中的数据而形成一个统一的概念视图。最常用的概念模型设计表示方法是用E-R图法（Entity-Relationship Approach，实体-联系方法）：E-R图法用矩形表示实体型，矩形框内写明实体名；用椭圆表示实体的属性，并用无向边将其与相应的实体型连接起来；用菱形表示实体型之间的联系，在菱形框内写明联系名，并用无向边分别与有关实体型连接起来。

2. 逻辑模型设计

逻辑模型设计是数据仓库数据模型设计的重要步骤之一，它描述了数据仓库主题的逻辑结构，直接反映业务部门的需求。目前，数据仓库中较常用的逻辑模型是多维模型。多维模型主要有两种：星形模型和雪花模型。

（1）星形模型。星形模型由于其外观类似五角星而得名，是一种非正规化的结构。它由一个事实表和一组维表组成，每一个维表都与事实表相连接，数据有一定的冗余。事实表位于星形模型的中心，是分析主题的量化体现，每个事实数据表包含一个由多个部分组成的索引，该索引包含作为外键的相关性维度表的主键，事实表中非键属性称为指标，它们一般都是数值或其他可以进行计算的数据，例如，"图书册数""读者人数"等；而维表是用户分析决策的角度，多个维表共同建立一个多维的分析空间，每个维表包括一个主键及帮助分析数据的属性与层次结构。维度中大都是时间、文字等类型的数据，位于星形模型星形角上。

例如，如果希望按照文献入档时间、馆藏地点、馆藏状态及文献类别进行文献资产清查分析，那么这里的文献入档时间、馆藏地点、馆藏状态及文献类别就是相应的维度，基于不同的维度，可以看到各维度的求和、求平均、计数、百分比的聚集计算情况。文献资产清查分析星形模型，如图 2-2 所示。

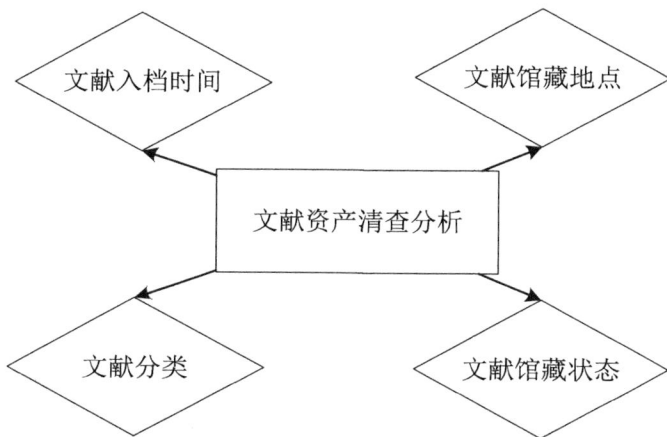

图2-2 星形模型

（2）雪花模型。雪花模型是当有一个或多个维表没有直接连接到事实表上，而是通过其他维表连接到事实表上时，其图解就像多个雪花连接在一起，故称雪花模型。雪花模型是对星形模型的扩展。与星形模型相比，雪花模型增加了一个详细类别实体，详细类别实体代表维度表内的一个单独层次。雪花模型的特点是，去除了数据仓库中的冗余数据，是一种正规化结构，但由于表连接的增加，导致了效率相对星形模型来说要低一些。

例如，将文献资产清查分析星形模型中文献馆藏地点维的校区信息用独立的表存储，再用主键与外部键来维持彼此的关系，这样一方面减少文献馆藏地点维表数据冗余，另一方面图书馆决策人员可以按校区层次查看各馆藏地点的文献资产信息，规范化处理后文献资产清查分析雪花模型如图2-3所示。

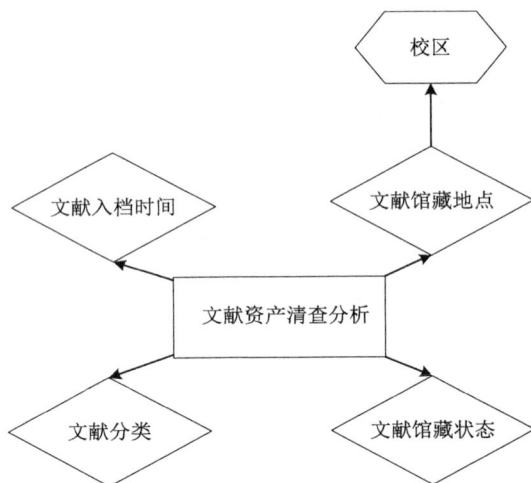

图2-3　雪花模型

此外，逻辑模型的设计过程中的主要工作还有粒度层次的划分、确定数据分割策略等。

3.物理模型设计

物理模型设计主要是确定数据的存储结构，确定索引策略，确定数据存放位置，确定存储分配等。要实现数据仓库的物理模型，设计人员所考虑的因素有：外部设备方面要了解设备的I／O特性，存储设备的特性，如分块原则、块大小的规定等；选用的数据库管理系统方面要了解其数据存储结构和存取方法；分析使用的数据方面要了解数据环境、数据的使用频度、使用方式、数据规模以及响应时间要求等。根据这些要求，所做的工作包括以下几点①：

（1）确定系统配置。一般数据库管理系统产品都提供了一些存储分配参数，供设计人员对数据库进行物理优化。初始情况下，系统都有参数默认值，但是这些参数值不一定适合每一种应用环境，在进行物理设计时，需要重新对这些变量赋值以改善系统的性能。通常情况下，这些配置变量包括同时使用数据库的用户数，同时打开的数据库对象数，使用的缓冲区长度、个数，时间片大小，数据库的大小，装填因子，锁的数目等。这些参数值影响存取时间和存储空间的分配，在物理设计时要根据应用环境确定这些参数值，以使系统性能最优。

（2）确定数据存放位置。在物理设计时，我们常常要按数据的重要程度、使用频率以及响应时间的要求进行分类，并将不同类的数据分别存储在不同的存储设备中。重要程度高、经常存取并对响应时间要求高的数据存放在高速存储设备上；对于数据库数据备份、日志文件备份等，由于只在故障恢复时才使用，而且数据量很大，可以考虑存放在磁带上。

（3）确定数据的存储结构及索引策略。一般数据库管理系统产品往往都提供多种存储结构以供设计人员选用，不同的存储结构有不同的实现方式，各有各的适用范围和优缺点，在选择合适的存储结构时应该权衡三个方面的主要因素：存取时间、存储空间利用率和维护代价。

由于数据仓库的数据量大，同时不常更新，因而可以设计多种多样的索引结构来提高数据存取效率，可以考虑对各个数据存储建立专用的、复杂的索引，以获得最高的存取效率。

2.4.3　使用维护阶段

使用阶段包含的内容有：针对用户的培训，使用户明白数据仓库的工作原理，通过实际操作使用户清楚如何使用数据仓库。维护的内容主要包括：

1. 备份与恢复

这是为了保证用户使用的同时，也对数据仓库中的数据进行妥善处理，以应对将来历史数据的增加和规模的扩大。

---

① 刘伟江.商务智能概念、方法及在管理中的应用[M].北京:社会科学文献出版社,2012:16—24.

2. 数据归档

运行和维护如何将数据仓库中海量的、历史细节性的数据有效地管理起来，是数据仓库过程中最重要的组成部分。因为数据量的不断增加，数据仓库对这些数据不断地进行备份，不仅增加了系统的复杂度，也严重影响系统的性能。因此，数据仓库需要将历史细节性数据归档到离线的存储设备上，从而降低运行和维护的难度。

3. 性能管理

由于数据仓库中数据量巨大，前面在设计过程中考虑了系统性能的问题，那么在后期使用维护阶段，性能管理应包括用户针对业务系统响应的时间，文件传输的时间，数据备份和恢复的时间，数据抽取、转换及加载的时间等方面。

2.5 案例：利用SQL Server 2012创建数据仓库

本节基于微软公司的商务智能产品 Microsoft SQL Server2012 的解决方案，介绍数据仓库技术在高校图书馆的应用，操作系统采用 Windows Server 2008 Enterprise Edition。通过对某高校图书馆内各业务部门的业务需求分析，确定拟构建的数据仓库主题：读者入馆情况分析，图书流通分析，读者需求分析，图书采购情况分析，馆藏图书结构及复本分析，数字资源利用情况分析，参考咨询服务情况分析等。下面以其中"图书流通分析"主题为例，介绍数据仓库模型的构建过程。

整体思路：数据仓库模型设计包括概念模型设计、逻辑模型设计及物理模型设计三个部分。

2.5.1 概念模型设计

"图书流通分析"主题涉及到的实体有"读者""文献"及"工作人员"，这三个实体通过"流通"工作有机的联系起来。图 2-4 表示了图书馆中读者、文献和工作人员这三个实体之间关系的 E-R 图：用矩形框表示"读者""文献"及"工作人员"三实体；用椭圆表示各实体的属性，并用无向边将其与相应的实体型连接起来；用菱形表示实体型之间的联系"流通"，并用无向边分别与有关实体型连接起来。

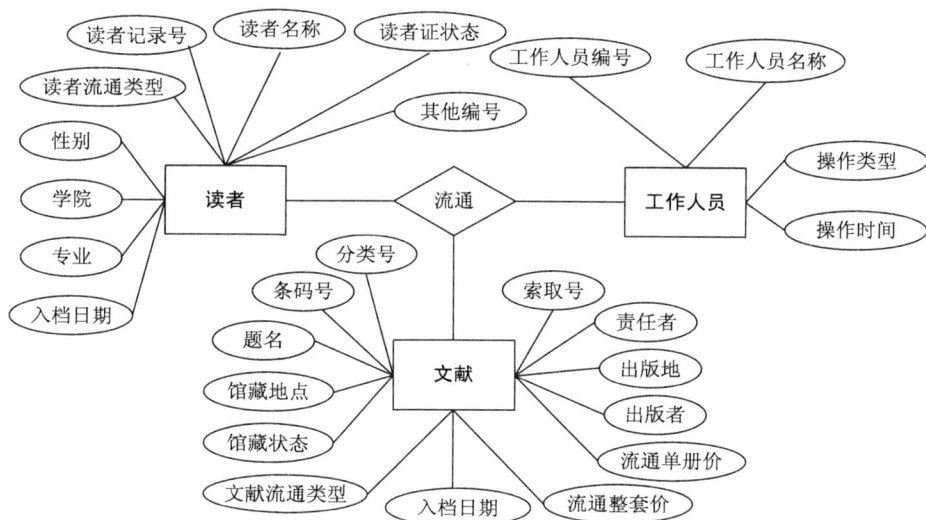

图2-4 读者、文献和工作人员三个实体之间关系的E-R图

2.5.2 逻辑模型设计

1. 粒度的级别

由于低的粒度级别能提供详尽的数据，但要占用较多的存储空间和需要较长的查询时间，高的粒度级别能快速方便的进行查询，但不能提供过细的数据，一般粒度级别的设计需要在数据量大小与查询的详细程度之间作出权衡。

本例中我们根据业务需要确定数据的粒度，"图书流通分析"主题在时间维度上需要查询到每天的每个时段的数据，以便详细分析一天中每个时段图书流通规律；在文献类别维度上需要查询到中图法的一级类目的数据，以便详细分析各类别图书的流通规律。

2. 选定维度

根据图书馆流通业务实际情况，主要需要从文献的类别、读者流通类型、工作人员各种流通业务操作等角度来分析图书馆的图书流通情况。据此，确定的维度有文献维度、读者维度、工作人员维度及操作日期维度。初步方案设定图书流通分析逻辑模型为星形模型，如图2-5所示。

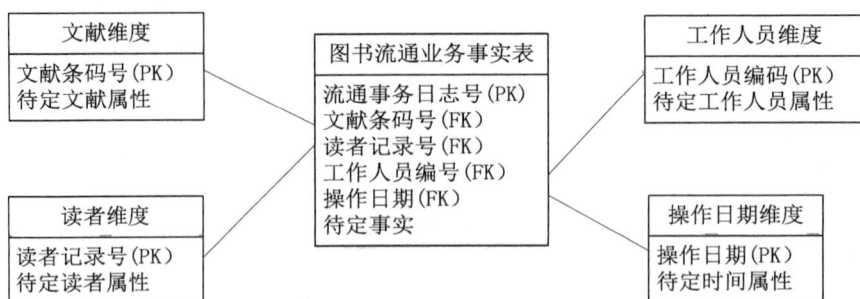

图2-5   图书流通分析星形模型初步方案

3. 确定事实

事实表中的主键是图书流通业务系统中每笔业务的事务日志号，外键是各个维度表的主键。事实数值指标有文献册数、文献流通单册价及文献流通整套价。图2-6表示图书流通分析方案的度量事实。

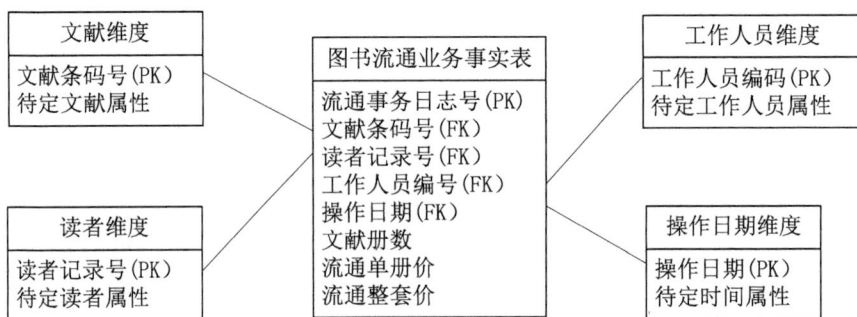

图2-6   图书流通分析方案的度量事实

4. 确定维度表属性

确定了事实表的粒度及维度，事实表的粒度确定之后，基本维度属性也随之确定，接下来需要用各个维度丰富的属性将它们填充起来。图2-7是为各个维度选取的属性。文献维度属性有文献条码号、文献馆藏地点、文献索取号、文献流通类型、文献馆藏状态及文献入档日期等，读者维度属性有读者记录号、读者证状态、读者性别、读者学院、读者专业、读者流通类型及读者入档日期等，工作人员维度有工作人员编码、工作人员名称及操作类型等，操作时间维度属性见日期维度构建。

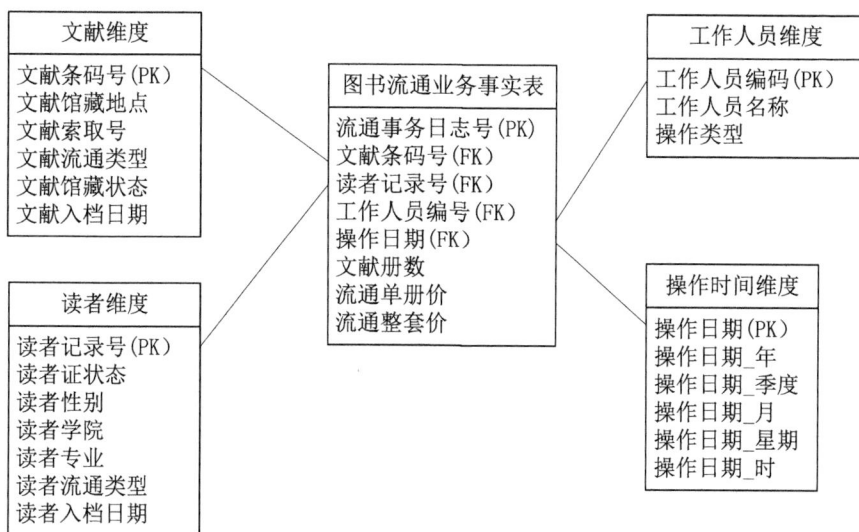

图2-7 图书流通分析方案的各维度属性

5. 日期维度

日期维度几乎是每个数据仓库数据中心都必须提供的一个维度，因此设计合理的时间维度，也是一个数据仓库项目开始必备的资源储备。在图书流通分析方案中，有3个时间维度表，分别是操作日期维表、文献入档日期维表及读者入档日期维表。根据实际分析需要，操作日期维表创建以日期、年、季度、月、星期、日、时层次的时间维度表，文献入档日期维表及读者入档日期维表创建以日期、年、季度、月层次的时间维度表。

6. 雪花模型

最后将各维度的不同层次属性都融合到事实表中，形成一个宽表。并对一些可以进行规范化处理的维进行规范化处理，一般称做雪花处理。这种处理将冗余属性从维表中去掉，并放到另一个规范化的维度表中去。图2-8是对图书流通分析方案的部分维度进行雪花处理。

文献馆藏地点维度
文献馆藏地点编码（PK） 文献馆藏地点名称 校区编码（FK）

校区维度
校区编码(PK) 校区名称

读者专业维度
读者专业编码(PK) 读者专业名称

文献分类维度
文献一级分类编码(PK) 文献一级分类名称

读者学院维度
读者学院编码(PK) 读者学院名称

图书流通业务事实表
流通事务日志号(PK) 文献条码号(FK) 文献馆藏地点编码（FK） 文献一级分类(FK) 文献流通类型编码（FK） 文献馆藏状态编码（FK） 文献入档日期(FK) 读者记录号(FK) 读者专业编码（FK） 读者学院编码(FK) 读者证状态编码（FK） 读者性别编码（FK） 读者流通类型编码（FK） 读者入档日期（FK） 工作人员编号(FK) 操作类型编码(FK) 操作日期(FK) 文献册数 流通单册价 流通整套价

文献流通类型维度
文献流通类型编码（PK） 文献流通类型名称

读者证状态维度
读者证状态编码(PK) 读者证状态名称

文献馆藏状态维度
文献馆藏状态编码（PK） 文献馆藏状态名称

读者性别维度
读者性别编码(PK) 读者性别名称

文献入档日期维度
文献入档日期(PK) 文献入档日期_年 文献入档日期_季度 文献入档日期_月 文献入档日期_星期

读者流通类型维度
读者流通类型编码(PK) 读者流通类型名称

读者入档日期维度
读者入档日期(PK) 读者入档日期_年 读者入档日期_季度 读者入档日期_月 读者入档日期_星期

操作类型维度
操作类型编码(PK) 操作类型名称

操作时间维度
操作日期(PK) 操作日期_年 操作日期_季度 操作日期_月 操作日期_星期 操作日期_时

工作人员维度
工作人员编码(PK) 工作人员名称

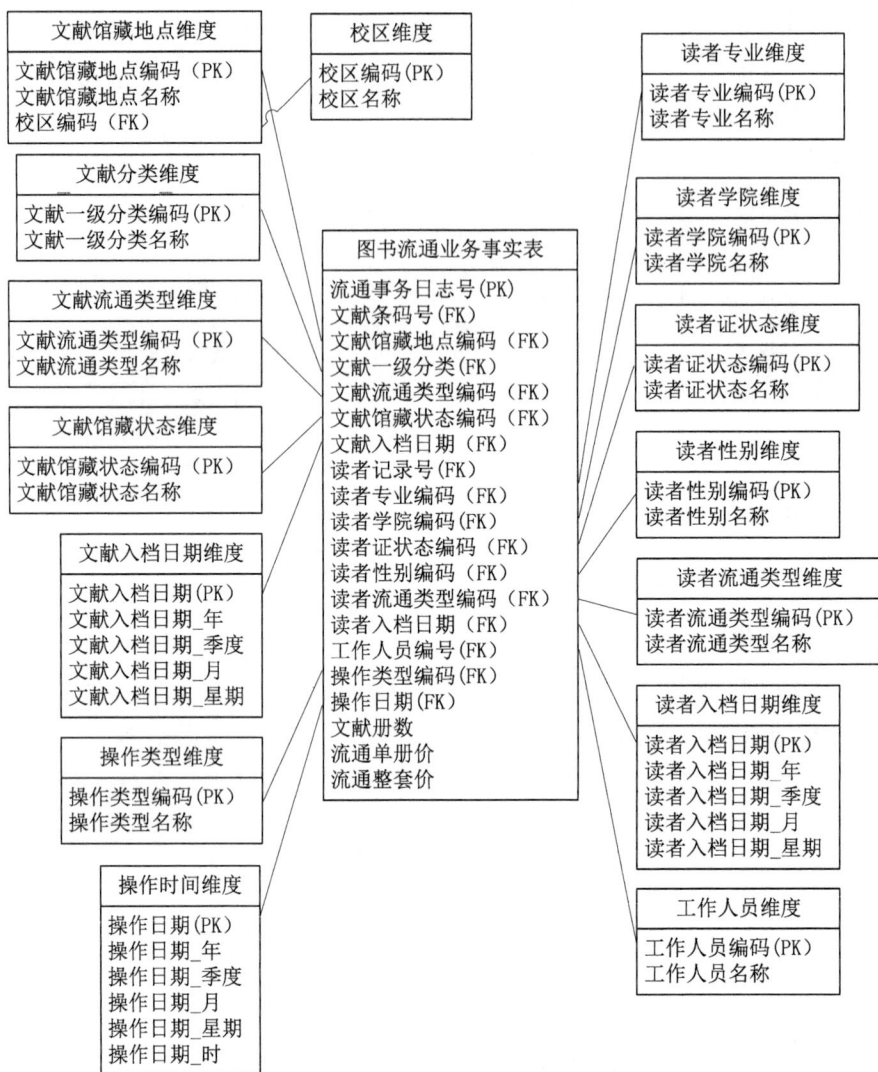

图2-8　图书流通分析方案的部分维度雪花处理

2.5.3　物理模型设计

下面利用SQL Server Management Studio工具，进行"图书流通分析"主题数据仓库的物理模型设计。创建逻辑名称为"图书流通分析"的数据库，将物理文件保存在事先创建的目录"F:\图书\数据仓库"中，数据库的主数据文件名为"图书流通分析.mdf"，文件大小为5MB，自动增量为1MB，不限制增长。事务日志文件为"图书流通分析_log.lbf",文件大小为1MB,自动增量为10%,不限制增长。

1. 创建数据库

方法1:界面创建数据库

(1)启动和登录SQL Server Management Studio。在Windows操作系统"开始"菜单中,选择Microsoft SQL Server中的SQL Server Management Studio菜单命令。在弹出的"连接服务器"对话框中,分别对服务器类型、服务器名称及身份验证模式进行配置,如图2-9所示,点击"连接"按钮完成登录。

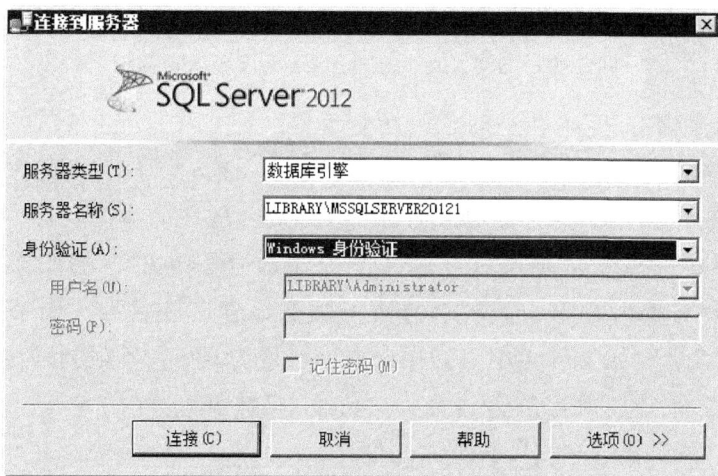

图2-9 "连接服务器"对话框

(2)SQL Server Management Studio窗口。启动并登录好的SQL Server Management Studio窗口,如图2-10所示。在默认情形下,屏幕左边为"对象资源管理器",中间为"查询分析器"窗口,右边为"属性"窗口。"对象资源管理器"主要用来浏览服务器、创建和定位对象、管理数据源以及查看日志等。"查询分析器"窗口主要功能是创建和执行查询,这些查询使用的语言既可以是用于关系数据库的Transact-SQL,也可以是用于Analysis Serverices数据库的MDX及用于数据挖掘的DMX等。"属性"窗口用于说明SQL Server Management Studio中的项的连接状态,以及有关数据库对象:表、视图等的信息。

图2-10　SQL Server Management Studio 窗口

（3）新建数据库。在"对象资源管理器"窗口中单击"数据库"选项，在弹出的快捷菜单中选择"新建数据库"命令。此时弹出"新建数据库"窗口，如图2-11所示。在"数据库名称"文本框中输入数据库名称"图书流通分析"。系统默认主数据文件名为"图书流通分析.mdf"，初始文件大小为5MB，自动增量为1MB，不限制增长；事务日志文件名为"图书流通分析_log.ldf"，设置初始文件大小为1MB，自动增量为10%，不限制增长。数据文件及日志文件选择保存位置路径为"F:\图书\数据仓库"。单击"确定"按钮，完成"图书流通分析"数据库的创建。

图2-11　"新建数据库"窗口

方法2：命令创建数据库

除了可以通过"SQL Server Management Studio"的图形界面方式创建数据库外，还可以使用Transact-SQL命令来创建数据库，而且命令方式更为灵活。

在"SQL Server Management Studio"窗口中单击"新建查询"按钮。在Transact-SQL查询窗口中，执行以下语句：

```
CREATE DATABASE ［图书流通分析］
CONTAINMENT = NONE
ON PRIMARY
（NAME = N'图书流通分析'，FILENAME = N'F:\图书\数据仓库\图书流通分析.
mdf'，SIZE = 5120KB，MAXSIZE = UNLIMITED，FILEGROWTH = 1024KB）
LOG ON
（NAME = N'图书流通分析_log'，FILENAME = N'F:\图书\数据仓库\图书流通分析
_log.ldf'，SIZE = 1024KB，MAXSIZE = 2048GB，FILEGROWTH = 10%）
```

2. 在数据库中创建数据表

（1）表及设计。在完成数据库设计并且已创建好数据库之后，需要在数据库中创建数据表。前面逻辑设计阶段已对事实表和各维度表进行了规划，下面需要对各表进行详细的设计，包括事实表及各维度表的表名，表存放在哪个文件组中，每列的名称、数据类型及长度，哪列定义为主键，哪些列需要定义为外键，哪些列不允许空值等。事实表及各维度表的详细设计，分别如表2-2至表2-14所示。另外，涉及时间的维度表，如操作日期维表、文献入档日期维表及读者入档日期维表，只需在事实表中增加相应的datetime型字段，在后面章节构建OLAP多维数据集时系统会自动从该字段推算出完整的时间相关的层次结构。

表2-2 图书流通业务事实表

字段名	数据类型	长度	说明
流通事务日志号	char	10	关键字
文献条码号	char	10	外部关键字
文献馆藏地点编码	char	4	外部关键字
文献一级分类	char	1	外部关键字
文献流通类型编码	char	4	外部关键字
文献馆藏状态编码	char	1	外部关键字
文献入档日期	Datetime		外部关键字
读者记录号	char	10	外部关键字

续表

字段名	数据类型	长度	说明
读者专业编码	char	3	外部关键字
读者学院编码	char	2	外部关键字
读者证状态编码	char	2	外部关键字
读者性别编码	char	1	外部关键字
读者流通类型编码	char	4	外部关键字
读者入档日期	Datetime		外部关键字
工作人员编号	char	10	外部关键字
操作类型编码	char	4	外部关键字
操作日期	Datetime		外部关键字
流通单册价	numeric	38	度量值
流通整套价	numeric	38	度量值

表2-3　文献馆藏地点维表

字段名	数据类型	长度	说明
文献馆藏地点编码	char	4	关键字
文献馆藏地点名称	Nvarchar	22	不允许空
校区编码	char	2	外部关键字

表2-4　校区维表

字段名	数据类型	长度	说明
校区编码	char	2	关键字
校区名称	Nvarchar	8	不允许空

表2-5　文献分类维表

字段名	数据类型	长度	说明
文献一级分类编码	char	1	关键字
文献一级分类名称	Nvarchar	2	不允许空

表 2-6 文献流通类型维表

字段名	数据类型	长度	说明
文献流通类型编码	char	4	关键字
文献流通类型名称	Nvarchar	10	不允许空

表 2-7 文献馆藏状态维表

字段名	数据类型	长度	说明
文献馆藏状态编码	char	1	关键字
文献馆藏状态名称	Nvarchar	6	不允许空

表 2-8 读者专业维表

字段名	数据类型	长度	说明
读者专业编码	char	3	关键字
读者专业名称	Nvarchar	20	不允许空

表 2-9 读者学院维表

字段名	数据类型	长度	说明
读者学院编码	char	2	关键字
读者学院名称	Nvarchar	20	不允许空

表 2-10 读者证状态维表

字段名	数据类型	长度	说明
读者证状态编码	char	2	关键字
读者证状态名称	Nvarchar	4	不允许空

表 2-11 读者性别维表

字段名	数据类型	长度	说明
读者性别编码	char	1	关键字
读者性别名称	Nvarchar	2	不允许空

表2-12　读者流通类型维表

字段名	数据类型	长度	说明
读者流通类型编码	char	4	关键字
读者流通类型名称	Nvarchar	12	不允许空

表2-13　工作人员维表

字段名	数据类型	长度	说明
工作人员编号	char	10	关键字
工作人员名称	Nvarchar	8	不允许空

表2-14　操作类型维表

字段名	数据类型	长度	说明
操作类型编码	char	4	关键字
操作类型名称	Nvarchar	10	不允许空

这里，"文献册数"字段未设计进入事实表，在第4章构建OLAP多维数据集时将通过其计数功能实现"文献册数"的计数，因为事实表中1条记录代表1册图书。

（2）创建数据表。

方法1：界面创建表

这里我们以"图书流通业务事实表"为例，介绍使用SQL Server Management Studio创建表的过程。

①在"对象资源管理器"窗口中展开"图书流通分析"数据库。单击"表"文件夹，在弹出的快捷菜单中选择"新建表"命令，出现表设计器选项卡。

②在表设计器选项卡的第一行中，在"列名"列中键入"流通事务日志号"，在"数据类型"列中输入"char（10）"，勾掉"允许Null值"选项，即不允许空值。在工具栏上点击"设置主键"图标按钮，将该字段设置为此表的主键。

③在表设计器选项卡的第二行中，在"列名"列中键入"文献条码号"，在"数据类型"列中输入"char（10）"，勾掉"允许Null值"选项，即不允

许空值。

④在表设计器选项卡的第三行中，在"列名"列中键入"文献馆藏地点编码"，在"数据类型"列中输入"char（4）"，勾掉"允许Null值"选项，即不允许空值。

⑤在表设计器选项卡的第四行中，在"列名"列中键入"文献一级分类"，在"数据类型"列中输入"char（1）"，勾掉"允许Null值"选项，即不允许空值。

⑥在表设计器选项卡的第五行中，在"列名"列中键入"文献流通类型编码"，在"数据类型"列中输入"char（4）"，勾掉"允许Null值"选项，即不允许空值。

⑦在表设计器选项卡的第六行中，在"列名"列中键入"文献馆藏状态编码"，在"数据类型"列中输入"char（1）"，勾掉"允许Null值"选项，即不允许空值。

⑧在表设计器选项卡的第七行中，在"列名"列中键入"文献入档日期"，在"数据类型"列中输入"Datetime"，勾掉"允许Null值"选项，即不允许空值。

⑨在表设计器选项卡的第八行中，在"列名"列中键入"读者记录号"，在"数据类型"列中输入"char（10）"，勾掉"允许Null值"选项，即不允许空值。

⑩在表设计器选项卡的第九行中，在"列名"列中键入"读者专业编码"，在"数据类型"列中输入"char（3）"，勾掉"允许Null值"选项，即不允许空值。

⑪在表设计器选项卡的第十行中，在"列名"列中键入"读者学院编码"，在"数据类型"列中输入"char（2）"，勾掉"允许Null值"选项，即不允许空值。

⑫在表设计器选项卡的第十一行中，在"列名"列中键入"读者证状态编码"，在"数据类型"列中输入"char（2）"，勾掉"允许Null值"选项，即不允许空值。

⑬在表设计器选项卡的第十二行中，在"列名"列中键入"读者性别编码"，在"数据类型"列中输入"char（1）"，勾掉"允许Null值"选项，即不允许空值。

⑭在表设计器选项卡的第十三行中，在"列名"列中键入"读者流通类型编码"，在"数据类型"列中输入"char（4）"，勾掉"允许Null值"选项，即不允许空值。

⑮在表设计器选项卡的第十四行中，在"列名"列中键入"读者入档日期"，在"数据类型"列中输入"Datetime"，勾掉"允许Null值"选项，即不允许空值。

⑯在表设计器选项卡的第十五行中，在"列名"列中键入"工作人员编号"，在"数据类型"列中输入"char（10）"，勾掉"允许Null值"选项，即不允许空值。

⑰在表设计器选项卡的第十六行中，在"列名"列中键入"操作类型编码"，在"数据类型"列中输入"char（4）"，勾掉"允许Null值"选项，即不允许空值。

⑱在表设计器选项卡的第十七行中，在"列名"列中键入"操作日期"，在"数据类型"列中输入"Datetime"，勾掉"允许Null值"选项，即不允许空值。

⑲在表设计器选项卡的第十八行中，在"列名"列中键入"流通单册价"，在"数据类型"列中输入"Money"，勾掉"允许Null值"选项，即不允许空值。

⑳在表设计器选项卡的第十九行中，在"列名"列中键入"流通整套价"，在"数据类型"列中输入"Money"，勾掉"允许Null值"选项，即不允许空值。

㉑在工具栏上点击"保存"按钮创建此表，输入表名称"图书流通业务事实表"，最后"确定"完成。

㉒使用相同的过程，按以上步骤创建其他维度表。一定要确保"数据类型"列中都输入了正确的数据类型，"列属性"窗口的"长度"一栏中设置了正确的值，"允许Null值"选项都被钩掉了，并且为带有（PK）字样的每个字段创建一个主键。

方法2：命令创建表

在"SQL Server Management Studio"窗口中单击"新建查询"按钮。在Transact-SQL查询窗口中，执行以下语句：

```
CREATE TABLE ［dbo］.［图书流通业务事实表］(
［流通事务日志号］［char］(10) NOT NULL,
［文献条码号］［char］(10) NOT NULL,
［文献馆藏地点编码］［char］(4) NOT NULL,
［文献一级分类］［char］(1) NOT NULL,
［文献流通类型编码］［char］(4) NOT NULL,
［文献馆藏状态编码］［char］(1) NOT NULL,
［文献入档日期］［datetime］ NOT NULL,
［读者记录号］［char］(10) NOT NULL,
［读者专业编码］［char］(3) NOT NULL,
［读者学院编码］［char］(2) NOT NULL,
［读者证状态编码］［char］(2) NOT NULL,
［读者性别编码］［char］(1) NOT NULL,
［读者流通类型编码］［char］(4) NOT NULL,
［读者入档日期］［datetime］ NOT NULL,
［工作人员编号］［char］(10) NOT NULL,
［操作类型编码］［char］(4) NOT NULL,
［操作日期］［datetime］ NOT NULL,
［流通单册价］［numeric］(38, 0) NOT NULL,
［流通整套价］［numeric］(38, 0) NOT NULL,
CONSTRAINT ［PK_图书流通业务事实表］ PRIMARY KEY CLUSTERED
(
［流通事务日志号］ ASC
) ) ON ［PRIMARY］
```

按以上过程创建数据表后，如果发现有任何错误，可以右键单击有错误的表，在弹出的快捷菜单中选择"设计"命令对有错误的地方进行修改，修改后保存。如果保存时出现"不允许保存修改"的对话框时，可以在SQL Server Management Studio 的"工具"菜单的"选项"对话框中，如图2-12所示，选择"Designers"中的"表设计器和数据库设计器"页，在该页右侧，勾掉"阻止保存要求重新创建表的更改"复选框，点击"确定"。

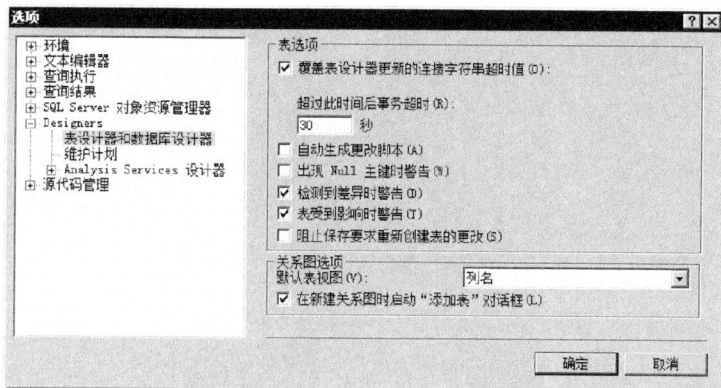

图2-12 "工具—选项"对话框

35

至此，我们已经使用SQL Server Management Studio完成了"图书流通分析"主题数据仓库的数据结构的创建。关于使用该数据仓库结构作为数据源创建多维数据集及在此基础上的联机分析将在第4章介绍。

第3章　数据抽取转换加载

数据仓库中的数据是以面向主题的方式组织的，而其数据多来源于异构的业务数据库中的事务数据。将业务数据库中的数据抽取并加载到数据仓库中，是一个十分复杂并费时的数据处理过程，其过程包括数据抽取、转换及加载等，以解决数据分散、冗余等问题。本章将从T-SQL语言、集成服务（SQL Server Integration Services，简称SSIS）两个方面结合介绍如何进行数据仓库的ETL（Extract-Transform-Load）过程。

3.1　ETL过程

ETL是用来描述将业务系统中的数据从来源端经过抽取、转换及加载至数据仓库所在的中心存储库目的端的过程。制定这一过程的策略称为ETL策略，而完成ETL过程的工具是ETL工具[1]。

3.1.1　数据抽取

数据抽取将数据从各种原始的业务系统中读取出来，这是所有工作的前提。抽取过程将记录写入ODS（Operational Data Store，操作数据存储）或者临时存储区以备进一步处理。数据抽取往往是以远程、分布式的方式进行，并涉及各种各样的方法和手段。

1. 数据源

在多数情况下，数据源与数据库并不处于同一数据服务器中，它们往往

---

[1] 郑岩.数据仓库与数据挖掘原理及应用[M].2版.北京:清华大学出版社,2015:23-29.

是独立的，并处在远程系统中。数据源中的数据可能是一个关系数据库，一个Excel文件，文本文件或者其他类型的文件。根据数据源不同的数据形式，一般选择数据抽取接口原则有[①]：

（1）对于数据形式为关系数据库系统，一般采用ODBC、OLEDB或专用数据库驱动接口方式。

（2）对于数据形式是文件形式的源数据，一般直接进入数据转换和加载流程。

（3）对于要求较高、业务量大的业务系统，一般采用高性能的数据抽取接口，比如专用数据库驱动接口、OLEDB接口等。

（4）对于数据量特别大的业务系统数据的抽取，必须采用高效率的数据接口，比如专用的API接口，进行编程。

2. 抽取策略

就抽取数据范围大小而言，数据抽取策略包括全量抽取、增量抽取等方式。

（1）全量抽取。全量抽取类似于数据迁移或数据复制，它将数据源中的表或视图的数据原封不动地从数据库中抽取出来，并转换成自己的ETL工具可以识别的格式。

（2）增量抽取。增量抽取只抽取自上次抽取以来数据库中要抽取的表中新增或修改的数据。在ETL使用过程中，增量抽取较全量抽取应用更广。增量数据的数据量小，从而转换和加载的数据量也小，能够极大地提高数据加载性能。目前，增量抽取中常用的捕获变化数据的方法有触发器、时间戳、全表比对及日志对比等。

从数据源抽取出的数据通常先放置在临时的数据区。这个临时的数据区是数据的中转区，可以是一个临时的数据库或者一个简单的文件。下一步的数据转换就可以在临时数据区完成，不仅保证了转换和加载的高效性，而且数据更新时不会影响用户对共享系统的访问。

3.1.2 数据转换

数据转换按照预先设计好的规则将抽取的数据进行转换，使本来异构的

---

①李晓波.科学数据共享关键技术[M].北京:地质出版社,2007:85-90.

数据格式能统一起来，如字段的异名同义、同名异义、单位不统一及字长不一致等，将源数据变换为目标数据。数据转换需要理解业务侧重点、信息需求和目前可用的数据源。数据转换规则有：

（1）直接映射。原来是什么就是什么，原封不动取进来。

（2）字段运算。数据源的一个或多个字段进行数学运算后得到目标字段，这种规则一般是针对数值型字段而言的。

（3）字符串处理。从数据源某个字符串字段中经常可以获取特定信息。对字符串的操作通常有类型转换、字符串截取等。

（4）日期转换。在数据仓库中日期值一般都会是特定的，需要一些函数来处理。

（5）空值判断。对于空值的处理是数据库中一个常见问题。对于可能有空值的字段，要对空值进行判断，不要采用直接映射的规则，可以事先将其转换成特定的值。

（6）数据粒度转换。业务系统一般存储明细数据，而数据仓库中的数据是用来分析，不需要非常明细的数据，一般情况下，将业务系统数据按照数据仓库粒度进行聚合。

（7）聚集运算。对于事实表中的度量字段，通常是通过数据源的一个或多个字段运用聚集函数得来的，这些聚集函数包括 SUM、COUNT、AVG、MIN 及 MAX 等。

3.1.3 数据加载

将转换完的数据按计划加载到数据仓库中，通常分为以下几种方式：

（1）初始加载。一次对整个数据仓库进行加载。

（2）增量加载。在数据仓库中，增量加载可以保证数据仓库与数据源变化的同期性。

（3）完全刷新。周期性地重写整个数据仓库，有时只对一些特定数据进行刷新。

ETL 的实现有多种方法，常用的有三种。第一种是借助 ETL 工具，如 Oracle 的 OWB、SQL 的 SSIS 服务等实现；第二种是以 SQL 方式实现；第三种是 ETL 工具和 SQL 相结合。前两种方法各有优缺点，优点是借助工具可以快速地建立起 ETL 工程，屏蔽复杂的编码任务，提高速度，降低难度，但是欠缺灵活性。SQL方法的优点是灵活，能够提高ETL运行效率，但是编码复杂，对技术要求比较高。第三种综合了前两种方法的优点，极大地提高了ETL的开发速度和效率[①]。

3.2 T-SQL语句

T-SQL即Transact-SQL，是SQL在Microsoft SQL Server上的增强版，它是用来让应用程序与SQL Server沟通的主要语言。T-SQL是SQL Server系统产品独有的，其他的关系数据库不支持T-SQL。

3.2.1 数据定义语句

数据定义语句（Data Definition Language，DDL）用于在数据库系统中对数据库、表、视图及索引等数据库对象进行创建和管理。DDL包括的主要语句有：

CREATE语句，用于创建数据库或数据库对象；不同数据库对象，其CREATE语句的语法形式不同。

ALTER语句，对数据库或数据库对象进行修改；不同数据库对象，其ALTER语句的语法形式不同。

DROP语句，删除数据库或数据库对象；不同数据库对象，其DROP语句的语法形式不同。

3.2.2 数据控制语句

数据控制语句（Data Control Language，DCL）用于安全管理，确定哪些用户可以查看或修改数据库中的数据，实现对数据库中数据的完整性、安全性等的控制。DCL包括的主要语句有：

GRANT语句，授予权限，可把语句许可或对象许可的权限授予其他用户和角色。

REVOKE语句，收回权限，与GRANT的功能相反，但不影响该用户或角色从其他角色中作为成员继承许可权限。

---

① 肖慎勇.数据库开发与管理(SQL Server版)[M].北京:清华大学出版社,2013:346-350.

DENY 语句，收回权限，并禁止从其他角色继承许可权限，功能与 RE-VOKE 相似，不同之处是，除收回权限外，还禁止从其他角色继承许可权限。

3.2.3　数据操纵语句

数据操纵语句（Data Manipulation Language，DML）用于操纵数据库中的各种对象，检索和修改数据。DML 包括的主要语句有：

SELECT 语句，从表或视图中检索数据，是使用最频繁的 SQL 语句之一。

INSERT 语句，将数据插入到表或视图中。

UPDATE 语句，修改表或视图中的数据，既可修改表或视图的一行数据，也可修改一组或全部数据。

DELETE 语句，从表或视图中删除数据，可根据条件删除指定的数据。

这些 T-SQL 语句可以在 SQL Server 2012 的查询编辑窗格中单独输入运行，也可以通过创建存储过程和触发器程序，在调用存储过程或者触发事件成立时一起执行。

3.3　SSIS 服务

SSIS 是一个生成高性能数据集成解决方案的平台，其中包括对数据仓库提供数据提取、转换和加载处理的包。SSIS 在 SQL Server 2005 中引入，是对 SQL Server 2000 中 DTS（Data TansformationServices）的重大改写。SQL Server 2012 中 SSIS 在可用性、项目模型及 SSIS 服务器等方面较以前版本进行了更好的改进，从而降低了新用户学习 SSIS 的难度。SSIS 包括：生成并调试包的图形工具和向导；用于提取和加载数据的数据源和目标；执行工作流功能的任务；用于清理、聚合、合并和复制数据的转换；管理服务，即用于管理包执行和存储的 Integration Services 服务；以及用于对 Integration Services 对象模型编程的应用程序编程接口（API）。

3.3.1　SSIS 工具箱

SSIS 设计器的左边有一个工具箱窗口，这是 SQL Server 2012 中 SSIS 的新功能，且是 SSIS 的本地功能。工具箱窗口包含控制流任务和数据流转换相关项。要使用工具箱中的项，可以把这些项从工具箱中拖放到相应的设计区域：控制流视图提供了一个设计环境，在这个设计环境中可以使用工具箱中与控制流相关的项来构建控制流；数据流视图也提供了一个设计环境，在这个设计环境中可以使用工具箱中与数据流相关的项来构建数据流。

控制流用于调用一个或多个任务，可以看成实现整个逻辑工作流的机制；数据流执行对数据的修改，并把数据从源移动到目的地，数据流是控制流中的一个任务。

3.3.2　SSIS 包

包是SSIS项目中基本的部署和执行单元，它是以循序渐进的方式执行任务的集合，这些任务有优先约束，由开发者定义规则来管理任务的执行。包的扩展名为".DTSX"，一个包由"连接管理器""控制流""数据流""参数""事件处理程序""包资源管理器"及"执行结果"等元素构成。SSIS项目中可以包含多个包，每个包只包含一个控制流，而该控制流可以包含一个或者多个数据流[①]。

1. 连接管理器

连接管理器的作用是连接到不同类型的数据源以提取和加载数据。任何需要使用数据或引用文件的任务或转换都需要连接管理器提供源数据。源数据的类型可以是平面文件、关系数据库、Analysis Services数据库及其他数据源等。

2. 控制流

控制流由一组任务、相关约束及容器组成。任务包括：网络服务任务（FTP、发送邮件及WEB服务任务），数据流任务，大容量插入任务，XML任务，执行包任务，执行进程任务，执行T-SQL语句任务，脚本任务，VMI任务及数据配置任务等；在任务与任务之间有优先约束，控制流的执行结果分三种：成功、失败和完成；容器是向包提供结构的SSIS对象，一个容器中可以包含其他类型的容器。这些容器包括For循环容器、Foreach循环容器及序列容器等。For循环容器用来建立可循环的控制流，Foreach循环容器在枚举中逐个循环，序列容器定义一个控制流子集，可以控制多个任务的属性。容器丰富了控制流运行时的执行模型。SSIS包里包含一个控制流，用来控制包的整体执行顺序，以及执行方式。

---

① （美）Jamie MacLennan，ZhaoHui Tang，Bogdan Crivat.数据挖掘原理与应用[M].2版.董艳，程文俊，译.北京：清华大学出版社，2012：291-296.

3. 数据流

数据流主要用于提取、转换及加载数据。通常数据从一个或多个源流出，然后经过必要的转换对数据进行清洗和调整，最后进入一个或多个目标。

源包括：ADO.NET 源、CDC 源、Excel 源、ODBC 源、OLE DB 源、XML 源及平面文件源等。

目标包括：ADO.NET 目标、DataReader 目标、Excel 目标、ODBC 目标、OLE DB 目标及 SQL Server 目标等。

转换是数据流的关键组件，当数据流一步一步执行时将源数据转换为所期望的目标格式。常用的转换包括：同步转换和异步转换、聚合转换、有条件拆分转换、数据转换、派生列转换、查找转换、缓存转换、行计数转换、脚本组件、渐变维度转换、排序转换及 Union ALL 转换等。另外还包括许多可以用来完成更复杂数据流的转换。

4. 参数

参数允许包创建输入参数。在 SQL Server 2012 中参数替代了配置文件和表，可以用来重写任何属性。例如，通过对属性的设置可以将参数设置为敏感或必需。

5. 事件处理程序

事件处理程序可以定义由特定的执行事件触发的后续响应操作，能够用来处理任务、容器或包中的错误、警告及完成等引发的事件，以扩展包的功能，并使包在运行时更容易管理。

6. 包资源管理器

包资源管理器将所有的设计面板合并为一个单独视图，并列出了所有的任务、连接、容器、事件处理程序、变量及转换等。可以双击其中任何项来进行配置。

SSIS 包开发好后，执行包的方式有按 F5 键、选择"调试"->"启动调试"可以执行包、在解决方案资源管理器中单击包并选择"执行包"及按工具栏中的"启动调试"图标等几种方式。

3.4 案例：利用 SQL Server 2012 抽取、转换及加载数据

问题描述：前面第 2 章的案例中我们建立了"图书流通分析"主题数据仓库模型的数据库结构，本章以某图书馆 ILASIII 图书自动化集成管理系统作为主要数据源为例，介绍如何向数据仓库中各表加载数据。ILASIII 是一个完整的数字图书馆解决方案和实用系统，功能涉及资源建设与加工系统、读者服务与网上图书馆、个人数字图书馆及各类数字化技术的应用接口等；底层数据库采用 Oracle，该数据库记录了每一笔图书馆日常流通业务操作。由于图书自动化集成管理系统已经运行了十几年，期间也经过几次升级，不同年份系统中部分信息录入标准不统一或信息缺失。例如，为了从多个角度分析读者的借阅特征，需要从学校的学生教务系统、研究生院信息系统及人事系统中获取读者的详细数据，如性别、学院及专业等对其进行信息规范处理及信息补全处理。

整体思路：抽取异构数据源中的数据到数据仓库的 ODS 中，所有数据抽取完，对其进行清理、转换，最后加载到数据仓库中。

3.4.1 数据抽取

1. 通过链接服务器抽取数据

SQL Server 2012 中链接服务器在分布式数据库系统中可以很方便解决跨数据库、跨服务器异构数据源的数据查询与抽取。

（1）SQL Server 2012 中建立 Oracle 11g 的链接服务器。

步骤 1：由于我们需要抽取远程安装 ILASIII 图书自动化集成管理系统的服务器上的 Oracle 11g 数据库中的数据，因此，首先需要在本地服务器上安装 Oracle 11g 客户端。安装成功后，进入服务器的 ODBC 数据源管理器，就可以查看到驱动程序中包括有 Oracle 11g 的驱动程序，如图 3-1 所示。

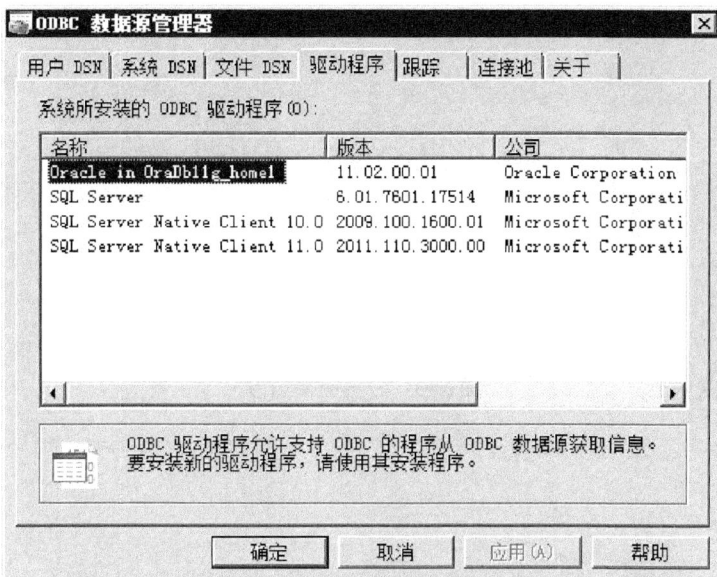

图3-1 ODBC数据源管理器

步骤2：在SQL Server 2012中打开SQL Server Management Studio，开始->所有程序->Microsoft SQL Server 2012-> SQL Server Management Studio。在"对象资源管理器"中，鼠标右键单击"服务器对象"后，选择"新建"->"链接服务器"命令，如图3-2所示。

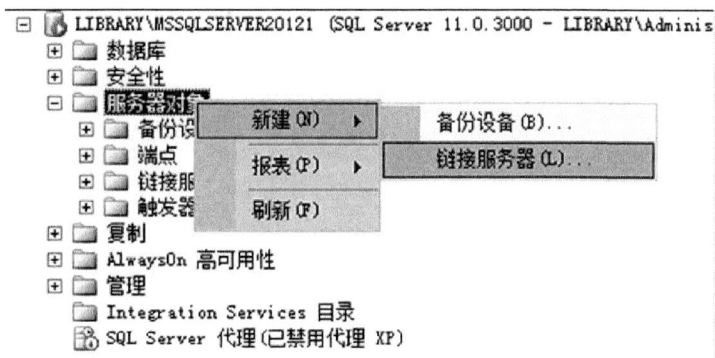

图3-2 新建链接

步骤3：设置链接服务器、数据源及访问接口字符串等信息，如图3-3所示。

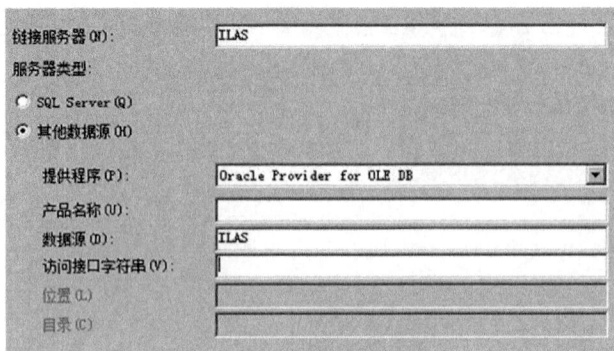

图3-3　设置链接信息

步骤4：链接服务器的安全性，设置远程数据库的账号和密码，如图3-4所示。

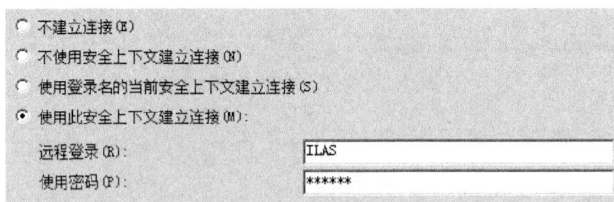

图3-4　设置安全性帐号

步骤5：测试链接是否成功；成功链接后，在链接服务器对象中就可以看到远程服务器中的ILAS图书管理系统数据库中的表了，如图3-5所示。

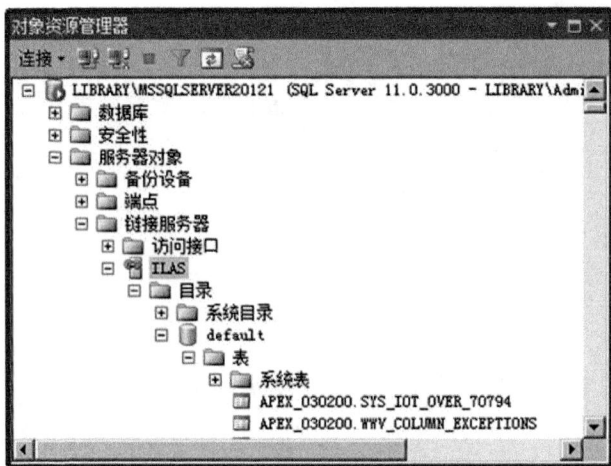

图3-5　链接服务器成功链接

（2）抽取远程数据。

步骤1：新建数据库"library"作为图书馆数据仓库的ODS。在Transact-SQL查询窗口中，执行以下语句：

```
CREATE DATABASE ［library］
CONTAINMENT = NONE
ON PRIMARY
（NAME = N'library', FILENAME = N'F:\librarydata\library.mdf', SIZE =
5120KB, MAXSIZE = UNLIMITED, FILEGROWTH = 1024KB）
LOG ON
（NAME = N'library_log', FILENAME = N'F:\librarydata\library_log.ldf', SIZE =
1024KB, MAXSIZE = 2048GB, FILEGROWTH = 10%）
```

步骤2：抽取文献信息数据。将链接服务器ILAS中的BIBLIOS表（中央书目库）、HOLDING表（中央馆藏库）进行关联，抽取文献信息数据到数据仓库的ODS数据库"library"中。在Transact-SQL查询窗口中，执行以下语句：

```
select
hla 书条码号,
ti 题名,
author 责任者,
pub 出版者,
pub_address 出版地,
calno 索取号,
SUBSTRING(calno,1,1) 文献一级分类,
SUBSTRING(calno,1,2) 文献二级分类,
SUBSTRING(calno,1,3) 文献三级分类,
No_class 分类号,
isbn ISBN号,
HLf 流通类型,
HLH 馆藏状态,
HLE 馆藏地点,
HLc 文献入档日期,
price 价格
into 文献
from ILAS..ILAS.BIBLIOS left join ILAS..ILAS.HOLDING on hlb=bib_recno
where hle in('Z001','Z002','Z003','N001','N002','N003',
'N004','B001','B002','B003')
```

以上SQL语句中，我们通过对索取号字段拆分的方法获得文献的一级分类、二级分类及三级分类。索取号字段数据拆分：索取号是图书馆赋予每一种馆藏图书的号码，在馆藏系统中，每本书的索取号是唯一的，可以准确地确定馆藏图书在书架上的排列位置，是读者查找图书非常必要的代码信息。一般图书馆索取号由图书分类号+责任者代码号+辅助区分号等组成。依据业

务需求对索取号字段进行分解，得出文献一级分类、文献二级分类及文献三级分类，抽取数据时我们用到了SUBSTRING（）函数，SUBSTRING（）函数用来截取字符串。

步骤3：抽取读者信息数据。从链接服务器ILAS中的READER表（读者表）抽取读者信息数据到数据仓库的ODS数据库"library"中。在Transact-SQL查询窗口中，执行以下语句：

```
select
R000 读者记录号,
R0a 读者姓名,
R0b 读者证号,
R0c 其他编号,
R0s 读者证状态,
R0s 性别,
R0t 读者流通类型,
R0u 工作单位,
convert (date,[R0d]) 入档日期,
convert (date,[R0z]) 注销日期 into 读者
from ILAS..ILAS.READER
```

读者入档日期格式转换：将入档日期字段类型由nvarchar（8）类型转换成datetime型，用到convert（）函数，convert（）函数是时间类型与字符串类型相互转换的通用函数。

步骤4：抽取流通日志信息数据。从链接服务器ILAS中的ILOG表（用户日志表）抽取流通日志信息数据到数据仓库的ODS数据库"library"中。在Transact-SQL查询窗口中，执行以下语句：

```
Select
LOG0 日志号,
LOGA1 操作日期,
DATEADD(s，convert(int，[LOGA2])，'1970-01-01 08:00:00') 操作时间,
LOC 操作类型,
LOG 读者记录号,
LOH 书目记录号,
LOI 条码号,
LOE 工作人员编号 into 流通日志
from ILAS..[ILAS].[LOG]
```

注意：操作时间字段格式转换，由于ILAS业务系统中操作时间是unix格式时间戳，unix时间戳是从1970年1月1日（UTC/GMT的午夜）开始所经过的秒数，不考虑闰秒，如用字段值"1105693998"表示北京时间"2005-01-14 17：13：18"。为了将unix时间戳格式转成北京时间格式，抽取数据时要用到convert（）函数及DATEADD（）函数，DATEADD（）函数在日期中添加

或减去指定的时间间隔。

2. 通过导入导出向导抽取数据

SQL Server 导入和导出向导为在数据源之间复制数据和构造基本包提供了一种最为简单的方法，可用访问接口数据源有 SQL Server、Microsoft Office Excel、Microsoft Office Access 及平面文件等。下面将从平面文件源导入读者个人信息。

图书馆 ILAS 图书自动化集成管理系统已经过十几年的运行，读者个人信息某些字段，如读者的学院、专业等字段信息不全或录入标准不一样，导致信息不一致。因此，需从其他部门提供的文本文件中抽取读者个人信息数据到数据仓库的 ODS 数据库"library"中，以便对读者信息进行"信息补全"或"统一规范"处理。

步骤 1：打开 SQL Server Management Studio，在"对象资源管理器"的"数据库"文件夹中找到我们前面建立的"library"数据库，鼠标右键单击，在弹出的快捷菜单中选择"任务"->"导入数据"命令，此时弹出"导入导出向导"窗口，如图 3-6 所示。数据源：选择"平面文件源"；文件名：单击右侧"浏览"按钮，选择我们需要导入的文本文件；其他保存默认不变，单击"下一步"按钮。

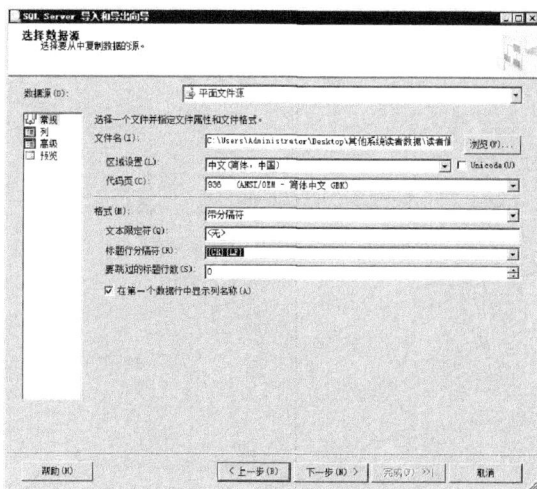

图3-6 选择数据源窗口

步骤 2：选择数据导入的目标数据库，如图 3-7 所示。目标选择"SQL

Server Native Client 11.0"，服务器名称：选择本服务器安装SQL Server 2012时的实例名称，身份验证："Windows身份验证"，目标数据库：选择我们刚才新建的"library"数据库，单击"下一步"按钮。

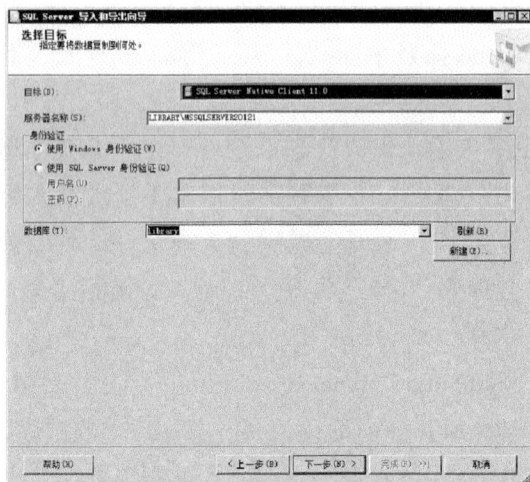

图3-7　选择目标数据库窗口

步骤3：在"保存并执行包"对话框中选中"立即执行"复选框，然后单击"下一步"按钮。当执行完后，显示成功导入记录的条数，如图3-8所示，最后单击"关闭"按钮。

图3-8　数据导入成功窗口

3.4.2 数据清理、转换

问题1：字段格式转换

文献入档日期字段在ILAS业务系统中是nvarchar（8）类型，如用字段值"20010327"表示"2001年3月27日"。为了建立"文献入档日期"维度，需要将该字段转换成date型，但是在抽取数据转换过程中出现错误，原因是少部分文献入档日期不规范，位数少于8位或为空值。为了不影响维度的建立，数据抽取后，首先对该部分文献的入档日期统一进行了替换处理。在Transact-SQL查询窗口中，执行以下语句：

```
update ［dbo］.［文献］
set ［文献入档日期］= '19990101'
where len（［文献入档日期］）<8
```

文献入档日期位数少于8位或为空值处理后，接着将文献入档日期字段类型由nvarchar（8）类型转换成date型，用到convert（）函数。convert（）函数是时间类型与字符串类型相互转换的通用函数。在Transact-SQL查询窗口中，执行以下语句：

```
select
［书条码号］,
［题名］,
［责任者］,
［出版者］,
［出版地］,
［索取号］,
［文献一级分类］,
［文献二级分类］,
［文献三级分类］,
［分类号］,
［ISBN号］,
［文献流通类型］,
［馆藏状态编码］,
［馆藏地点编码］,
convert（date,［文献入档日期］）文献入档日期,
［流通单册价］,
［流通整套价］into 文献处理后
from ［dbo］.［文献］
```

问题2：规范字段值

文献价格字段，录入不规范，部分含有"CNY"字符，因此要将"CNY"字符统一清除，用到了SUBSTRING（）函数，用SUBSTRING（）函

数用来截取字符串。在Transact-SQL查询窗口中，执行以下语句：

```
update ［dbo］.［文献处理后］
set ［价格］= SUBSTRING（流通单册价，4，len（流通单册价））
where SUBSTRING（流通单册价，1，3）= 'CNY'
```

问题3：清理重复记录

学校其他部门：教务处、研究生院及人事处提供的读者信息有部分数据完全重复，因此我们要清理那些完全相同的记录。

步骤1：查看重复记录。在Transact-SQL查询窗口中，执行以下语句：

```
select *
from ［dbo］.［读者信息其他系统］
where 学号 in（select 学号 from ［dbo］.［读者信息其他系统］
group by 学号 having count（［学号］）>1）
```

步骤2：抽取完全不重复的数据到一个新表。在Transact-SQL查询窗口中，执行以下语句：

```
select distinct *
into ［dbo］.［读者信息其他系统全部］
from ［dbo］.［读者信息其他系统］
```

问题4：补全读者记录信息

通过上面已经清理过的学校其他部门提供的读者信息对读者库中的读者信息进行补全，如读者的专业名称、行政年级及人员类型等。在Transact-SQL查询窗口中，执行以下语句：

```
create view ［dbo］.［读者（补全学院及系）］
as
select dbo.读者ILAS.读者记录号，dbo.读者ILAS.读者姓名，dbo.读者ILAS.读者证号，
dbo.读者ILAS.其他编号，dbo.读者ILAS.读者证状态，dbo.读者ILAS.性别，dbo.读者
ILAS.读者流通类型，dbo.读者ILAS.工作单位，dbo.读者ILAS.入档日期，dbo.读者
ILAS.注销日期，dbo.读者信息其他系统全部.专业名称，dbo.读者信息其他系统全部.行
政年级，dbo.读者信息其他系统全部.人员类型
from dbo.读者ILAS left outer join dbo.读者信息其他系统全部
on dbo.读者ILAS.其他编号 = dbo.读者信息其他系统全部.学号
```

问题5：构建事实表

由于事实表的数据来源于流通日志、读者信息及文献信息，现通过构建视图，将事实表所需字段从3个表中合并起来。在Transact-SQL查询窗口中，执行以下语句：

```
create view ［dbo］.［流通日志－读者－文献］
as
  select dbo.流通日志.日志号，dbo.流通日志.操作类型，dbo.流通日志.读者记录号，
dbo.流通日志.书目记录号，dbo.流通日志.条码号，dbo.流通日志.工作人员编号，dbo.
流通日志.操作时间，dbo.［读者（补全学院及系）］.专业名称，dbo.［读者（补全学院
及系）］.行政年级，dbo.［读者（补全学院及系）］.人员类型，dbo.［读者（补全学院
及系）］.学院，dbo.［读者（补全学院及系）］.性别，dbo.［读者（补全学院及
系）］.读者流通类型，dbo.［读者（补全学院及系）］.读者入档日期，dbo.［读者（补
全学院及系）］.注销日期，dbo.文献处理后.责任者，dbo.文献处理后.出版者，dbo.文
献处理后.出版地，dbo.文献处理后.文献一级分类，dbo.文献处理后.文献二级分类，
dbo.文献处理后.文献三级分类，dbo.文献处理后.文献流通类型，dbo.文献处理后.馆藏
状态，dbo.文献处理后.馆藏地点，dbo.文献处理后.文献入档日期，dbo.文献处理后.
价格
from dbo.流通日志 left outer join dbo.［读者（补全学院及系）］ on dbo.流通日志.读者记
录号 = dbo.［读者（补全学院及系）］.读者记录号 left outer join dbo.文献处理后 on dbo.
流通日志.条码号 = dbo.文献处理后.书条码号
```

问题6：构建读者入档日期维表、文献入档日期维表及操作时间维表

由于"图书流通分析"主题包含了3个时间维表：读者入档日期维表、文献入档日期维表及操作时间维表。其中读者入档日期维表、文献入档日期维表，时间上精确到"日"，我们用系统时间维表建立的方法构建该维表，详见第4章；而操作时间维表，时间上精确到"时"，我们需要自己构建这个时间维表。在Transact-SQL查询窗口中，执行以下语句：

```
select
distinct（［操作时间］）as 日期，
DATEPART（yy，操作时间）as 年，
DATEPART（QQ，操作时间）as 季度，
DATEPART（MM，操作时间）as 月，
DATEPART（DAY，操作时间）as 日，
DATENAME（DW，操作时间）as 星期，
DATENAME（hh，操作时间）as 小时
into 操作时间维表 from ［dbo］.［流通日志］
```

3.4.3 数据加载

数据加载主要任务是将在数据仓库ODS数据库中清理及转换好的数据加载到我们第2章建立好的数据仓库中，以其中加载事实表为例，采用SSIS工具，通过建立SSIS项目实现事实表首次进行装载、后期自动增量更新。

由于事实表中有关读者、图书等信息数据经常有新增及更新，如读者转专业、读者卡丢失更换及图书改馆藏地点等。因此，本SSIS数据加载项目中"事实表加载"包的目的主要就是实现将新增的数据加载进入事实表中，同时更新的数据也会在事实表中被修改。具体构建过程如下：

步骤1：创建SSIS项目。在SQL Server 2012中打开SQL Server Data Tools（SSDT）：开始 -> 所有程序 -> Microsoft SQL Server 2012-> SQL Server Data Tools。单击菜单栏的"文件"->"新建项目"命令，弹出如图3-9所示的"新建项目"对话框，选择项目中的"Integration Services项目"，在"名称""解决方案名称"文本框中，写入项目名称和解决方案名称；在"位置"文本框中，单击右侧"浏览"按钮，选择解决方案的保存路径；最后单击"确定"按钮。

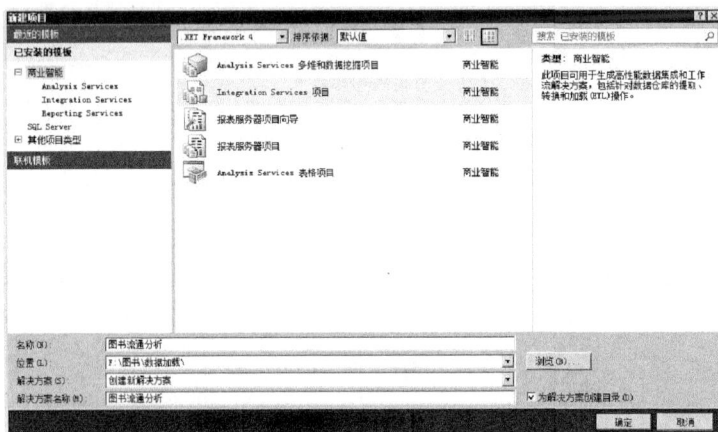

图3-9　新建SSIS项目

步骤2：创建包。在SQL Server Data Tools（SSDT）右边的"解决方案资源管理器"窗口中，单击"SSIS包"新建SSIS包，并重命名为"事实表加载.dtsx"。

步骤3：创建控制流任务。单击"控制流"选项卡，从SSDT左边的"SSIS工具箱"中拖放一个"数据流任务"到中间空白设计窗格中，如图3-10所示。

步骤4：编辑数据流任务。双击"数据流任务"，对此数据流进行编辑，将所需项两个"OLE DB源"从左侧"SSIS工具箱"的"其他源"栏目中拖动到中间空白设计窗格中，此时这两个数据源项上都出现一个"红×"，表明还没对数据源进行设置或设置错误，如图3-11所示。

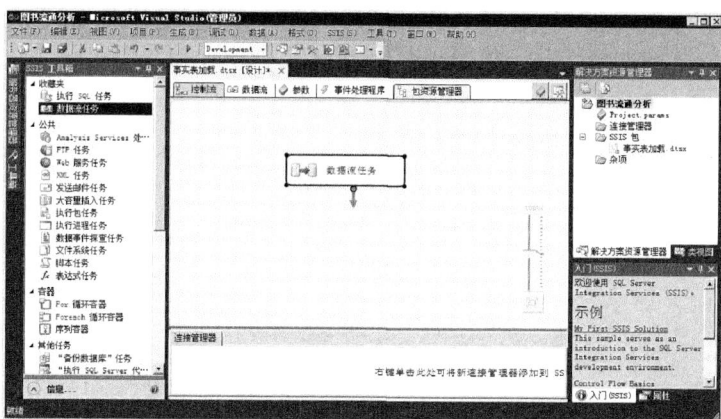

图3-10 控制流任务设计：建立数据流任务

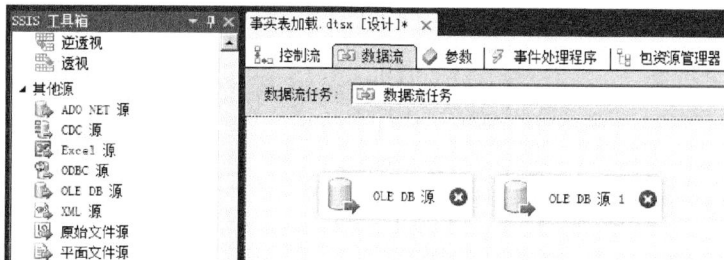

图3-11 数据流源

步骤5：配置数据源和包的连接。上图中"OLE DB 源"连接前面建立的"图书流通分析"数据仓库ODS数据库"library"，"OLE DB 源1"连接"图书流通分析"主题数据仓库的事实表。

双击"OLE DB 源"对其进行配置，弹出"OLE DB 源编辑器"窗口，单击"新建"按钮来指定 OLE DB 数据的源，出现"OLE DB 连接管理器"窗口，如图3-12所示。左边"数据连接"框显示的连接是已创建好的数据库连接，右边"数据库连接"属性框显示对应的属性信息。

单击图3-12中的"新建"按钮，出现"连接管理器"窗口，如图3-13所示。在"连接管理器"对话框中："服务器名"选择SQL数据库的位置，"登录到服务器"中选择"使用Windows身份验证"，"连接到一个数据库"选择前面建立的数据仓库ODS数据库"library"，单击"确定"按钮，完成"OLE DB 源"数据库的连接。

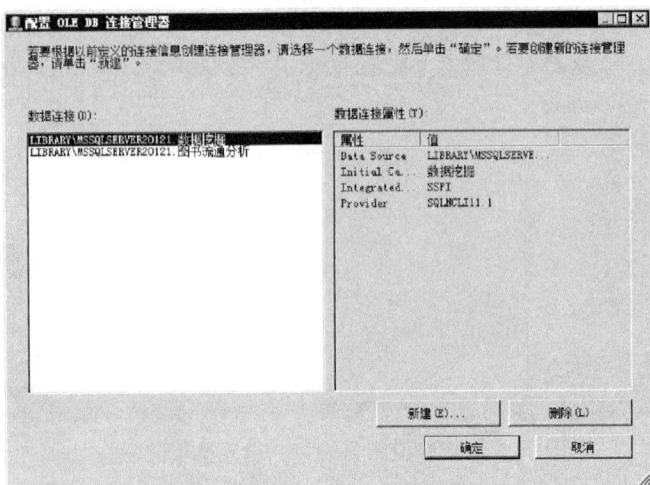

图3-12　OLE DB连接管理器

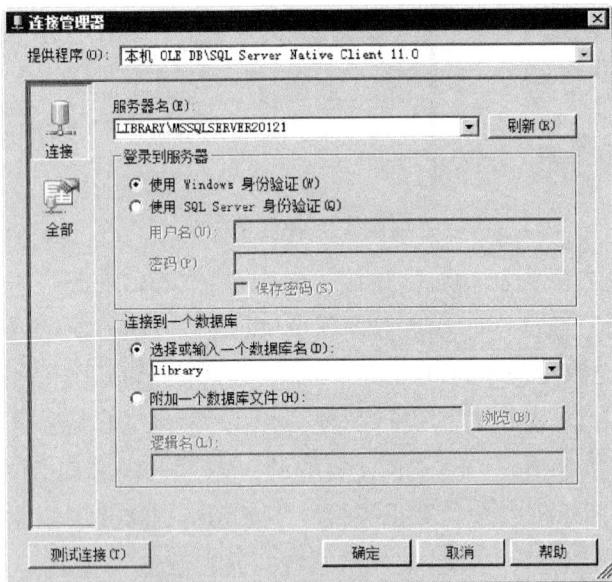

图3-13　OLE DB源连接管理器设置

　　用同样的方法完成"OLE DB源1"名为数据库的的连接，其中不同的地方是"连接到一个数据库"选择第2章建立的数据仓库数据库"图书流通分析"。配置好后在SSDT窗口最下方"连接管理器"中看到相应的连接信息，如图3-14所示。对图中任何连接图标单击，可以根据需要修改其属性。

连接管理器

| LIBRARY\MSSQLSERVER20121.library | LIBRARY\MSSQLSERVER20121.图书流通分析 |

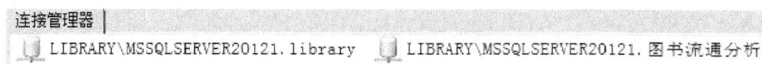

图3-14 连接管理器

连接管理器设置好后，就可以在"OLE DB 源编辑器"中选择数据源中的表了，"数据访问模式"选择"表或视图"，"表或视图的名称"选择"流通日志-读者-文献"，如图3-15所示。同理，在"OLE DB1源编辑器"中，"表或视图的名称"选择"图书流通业务事实表"，如图3-16所示。

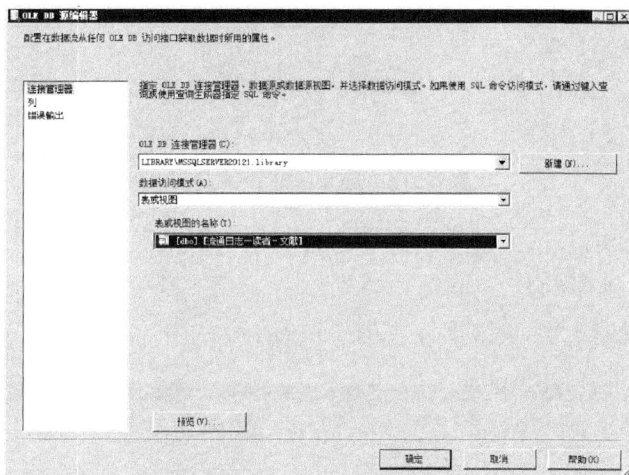

图3-15 OLE DB源编辑器

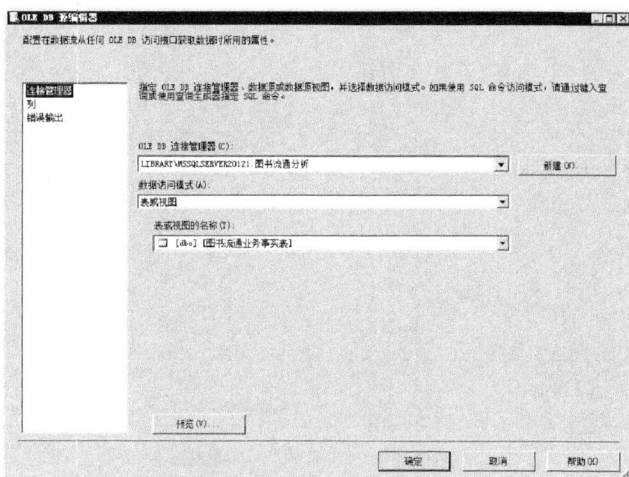

图3-16 OLE DB1源编辑器

步骤6：分别对"OLE DB 源""OLE DB 源1"进行排序及合并联接。将所需项"排序""合并联接"从左侧"SSIS 工具箱"的"公共"栏目中拖动到设计窗格上，然后单击"排序"项的图标，将箭头从"排序"项拖动到"合并联接"项，此时，弹出选择合并连接方式窗口，选择"合并联接左侧输入"，如图3-17所示。

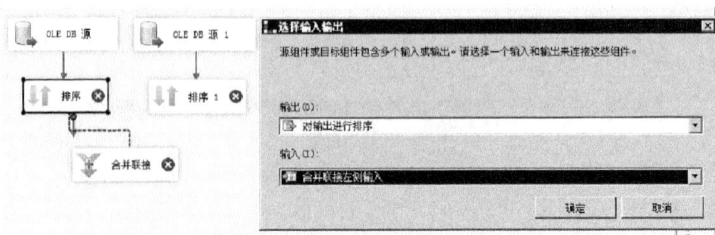

图3-17　选择合并连接方式

步骤7：分别对两个"排序"项进行编辑。双击"排序"项，选择"日志号"字段作为排序的列，如图3-18所示；双击"排序1"项，选择"流通事务日志号"字段作为排序的列，如图3-19所示。

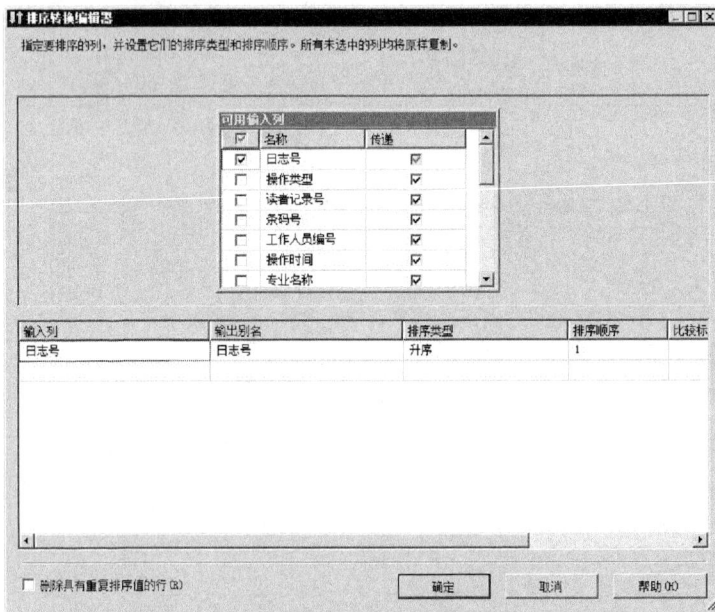

图3-18　"排序"项编辑

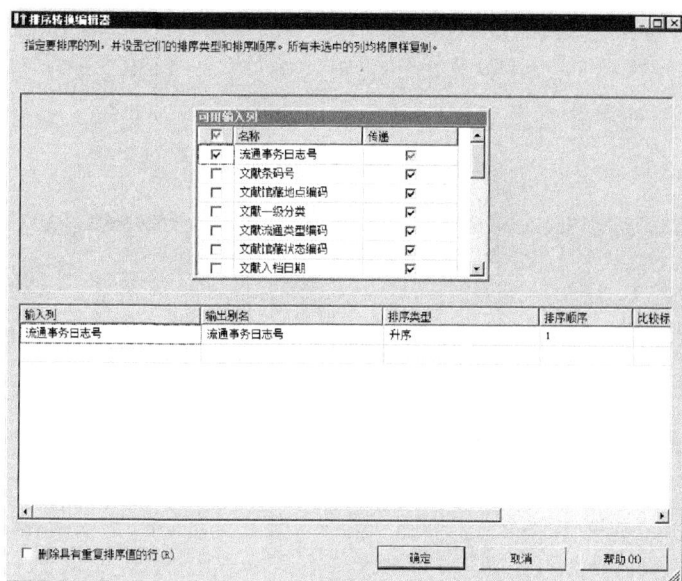

图3-19　"排序1"项编辑

步骤8："合并联接"项编辑。双击"合并联接"项，选择"左外部联接"作为联接类型，左侧排序字段选择所有字段，右侧排序字段选择"流通事务日志号"字段，如图3-20所示。

图3-20　"合并联接"项编辑

步骤9：将所需项"有条件拆分"从左侧"SSIS工具箱"的"公共"栏目中拖动到设计窗格上，并对其进行编辑。分支一，输出名称：新增；条件：ISNULL（［流通事务日志号］）。分支二，输出名称：更新；条件:！ISNULL（［流通事务日志号］），如图3-21所示。

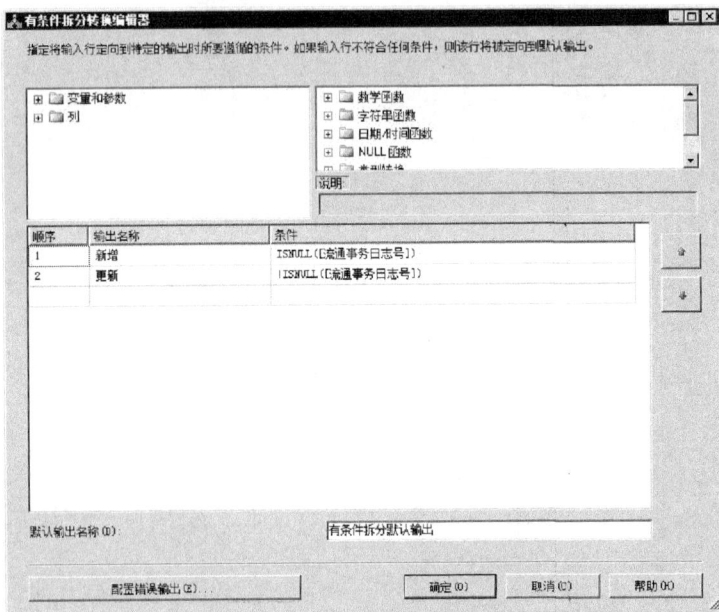

图3-21　"条件性拆分"项编辑

步骤10：将所需项"OLE DB目标"从左侧"SSIS工具箱"的"其他目标"栏目中拖动到设计窗格上，并从"有条件拆分"向"OLE DB目标"拖动箭头时，弹出选择输入输出窗口。此时，我们选择上一步骤中建立的分支一：新增，如图3-22所示。

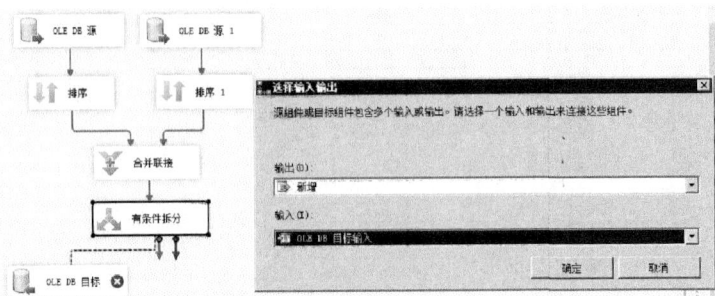

图3-22　选择输入输出

步骤11：将所需项"OLE DB命令"从左侧"SSIS工具箱"的"公共"栏目中拖动到设计窗格上，并从"有条件拆分"向"OLE DB命令"拖动箭头时，弹出选择输入输出窗口。此时，我们选择上一步骤中建立的分支二：更新，如图3-23所示。

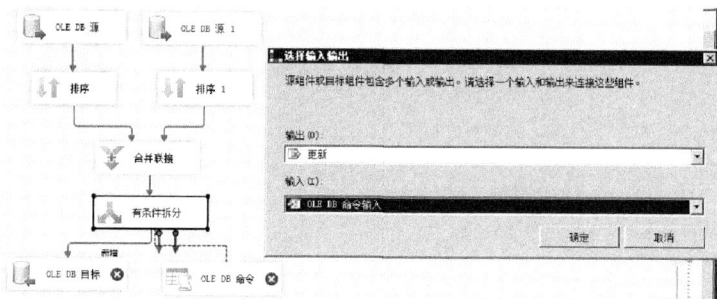

图3-23　选择输入输出

步骤12：双击"OLE DB目标"项，单击左侧"连接管理器"属性页，选择OLE DB连接管理器对象、表或视图的名称，如图3-24所示；单击左侧"映射"属性页，将来自"可用输入列"列表中的列与"可用目标列"列表中的列相匹配，如图3-25所示。

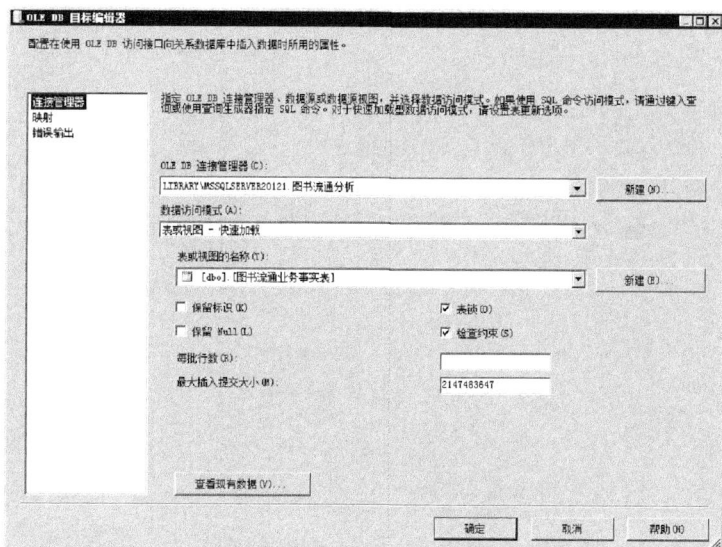

图3-24　OLE DB目标编辑器"连接管理器"属性页

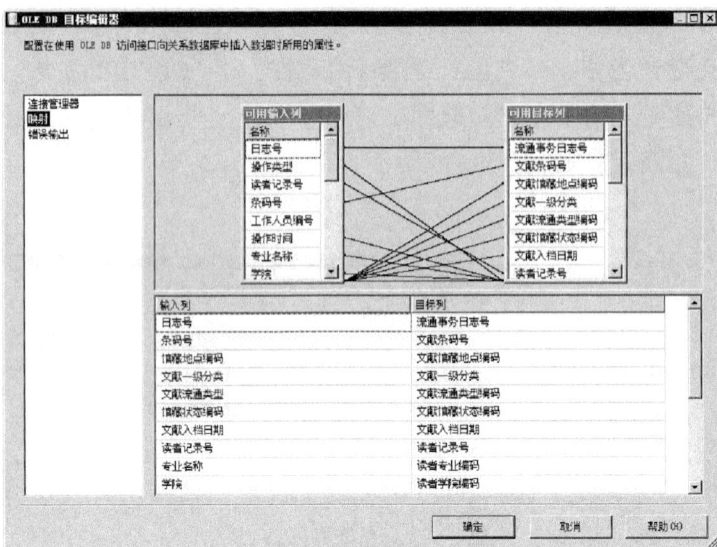

图3-25　OLE DB目标编辑器"映射"属性页

步骤13：双击"OLE DB命令"项，单击"连接管理器"选项卡，选择连接对象名称，如图3-26所示；单击"组件属性"选项卡，设置SqlCommand属性，编写sql语句，参数值用"？"号代替，如图3-27所示；单击"列映射"选项卡，将来自"可用输入列"列表中的列与"可用目标列"列表中的参数列相匹配，如图3-28所示。

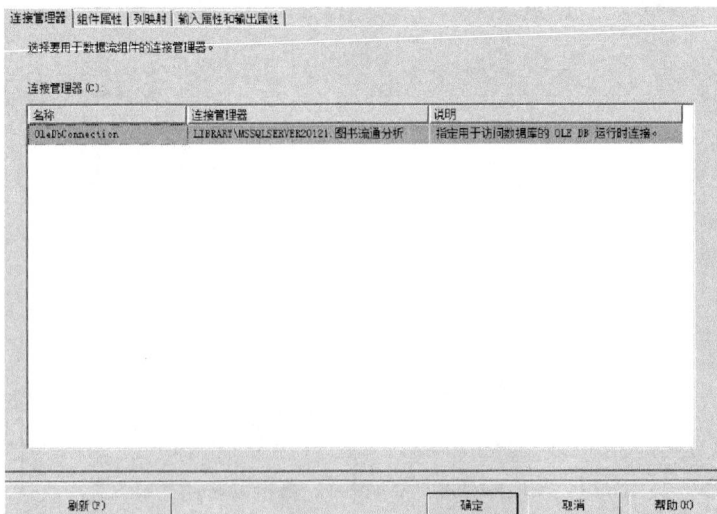

图3-26　OLE DB命令编辑器"连接管理器"选项卡

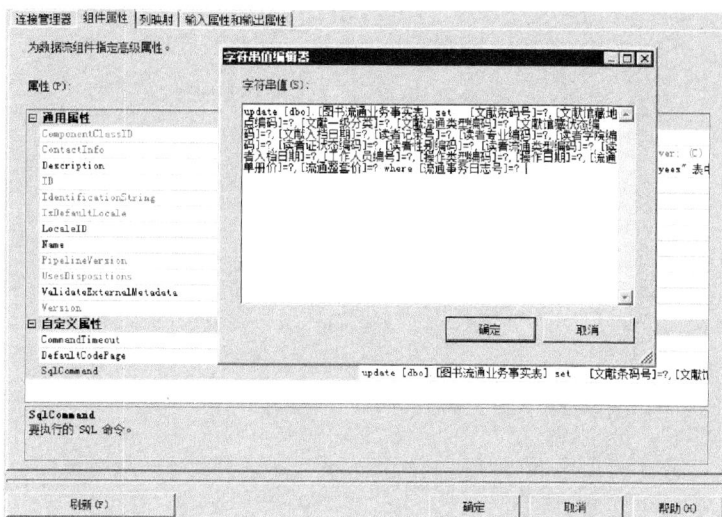

图3-27 OLE DB命令编辑器"组件属性"选项卡

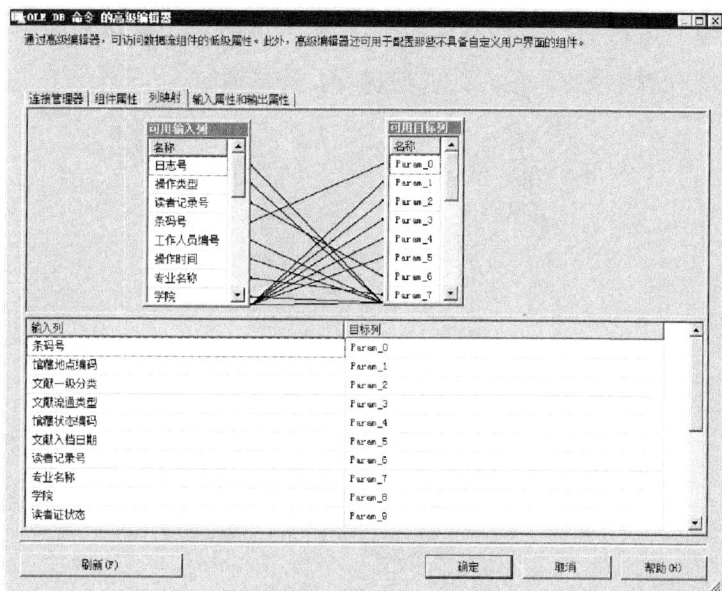

图3-28 OLE DB命令编辑器"列映射"选项卡

至此，构建的"图书流通分析"主题数据仓库事实表数据加载数据流，如图3-29所示。

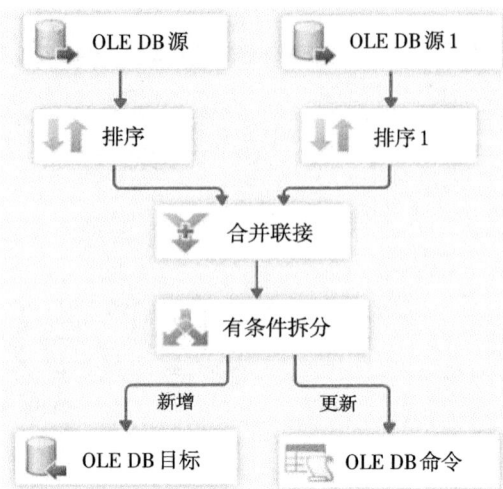

图3-29　"图书流通分析"事实表数据加载数据流

步骤14：包验证。右键单击"事实表加载.dtsx"，选择"执行包"，或者，按F5键，运行包，包执行结果，如图3-30所示，包执行进度，如图3-31所示。从执行结果看，包能够成功执行，验证通过。

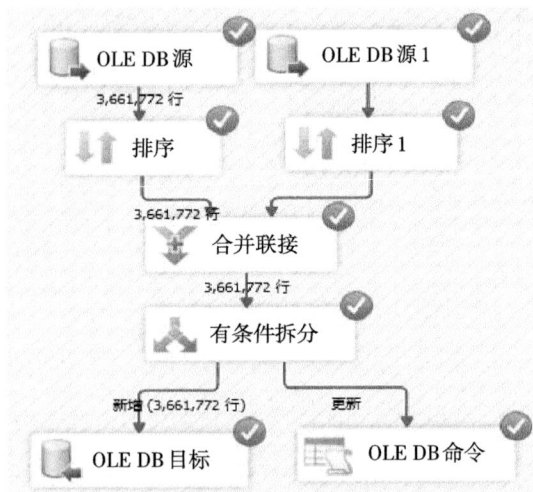

图3-30　"事实表加载.dtsx"执行结果

事实表加载.dtsx [设计] ✕

⊞ 控制流 | 🔯 数据流 | ◈ 参数 | ⚡ 事件处理程序 | ⏘ 包资源管理器 | ⇨ 进度

▸ 进度: 执行之前 - 已完成 62%
▸ 进度: 执行之前 - 已完成 75%
▸ 进度: 执行之前 - 已完成 87%
▸ 进度: 执行之前 - 已完成 100%
▸ [SSIS.Pipeline] 信息: 正开始执行阶段。
▸ [OLE DB 目标 [213]] 信息: "OLE DB 目标"中的数据插入操作的最终提交已开始。
▸ [OLE DB 目标 [213]] 信息: "OLE DB 目标"中的数据插入操作的最终提交已结束。
▸ [SSIS.Pipeline] 信息: 正开始执行之后阶段。
▸ 进度: 执行之后 - 已完成 0%
▸ 进度: 执行之后 - 已完成 12%
▸ 进度: 执行之后 - 已完成 25%
▸ 进度: 执行之后 - 已完成 37%
▸ 进度: 执行之后 - 已完成 50%
▸ 进度: 执行之后 - 已完成 62%
▸ 进度: 执行之后 - 已完成 75%
▸ 进度: 执行之后 - 已完成 87%
▸ 进度: 执行之后 - 已完成 100%
▸ [SSIS.Pipeline] 信息: "OLE DB 目标"已写入 3661772 行。
▸ [SSIS.Pipeline] 信息: 正开始清除阶段。
▸ 进度: 清除 - 已完成 0%
▸ 进度: 清除 - 已完成 12%
▸ 进度: 清除 - 已完成 25%
▸ 进度: 清除 - 已完成 37%
▸ 进度: 清除 - 已完成 50%
▸ 进度: 清除 - 已完成 62%
▸ 进度: 清除 - 已完成 75%
▸ 进度: 清除 - 已完成 87%
▸ 进度: 清除 - 已完成 100%
◀ 完成, 21:49:13, 占用时间: 00:14:52.918
🔎 验证完毕
⇨ 开始, 21:34:20

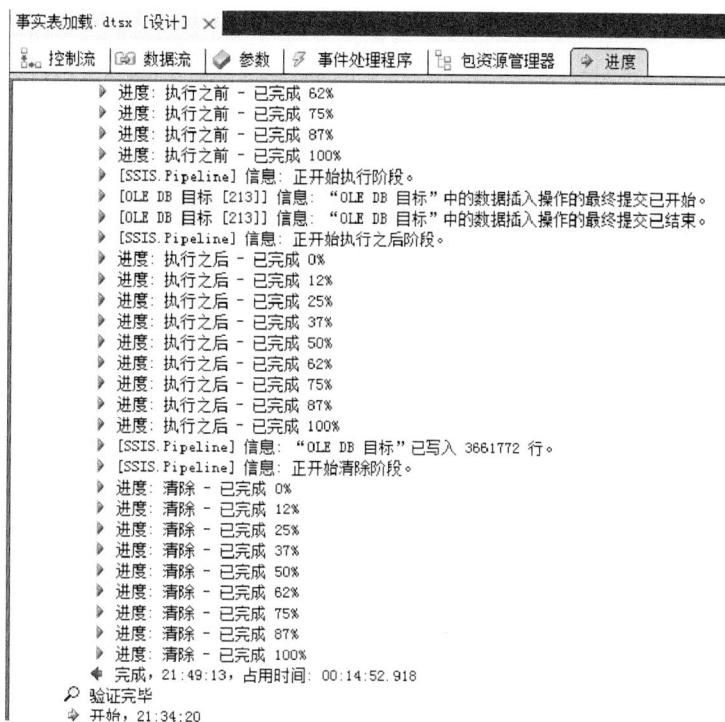

图3-31　"事实表加载.dtsx"执行进度

第4章 联机分析处理

联机分析处理（On-Line Analytical Processing，简称OLAP）对信息从多个维度形式进行快速、稳定一致和交互性的存取，允许管理决策人员对数据进行深入观察。对图书馆来说，通过OLAP技术使决策人员能够直观地进行数据操作并且分析结果以图形或者表格的形式来表示，从而使数据的分析变得轻松而高效。

4.1 联机分析处理特性及评价

OLAP是关系数据库之父E.F.Codd在1993年正式提出的。当时，E.F.Codd认为联机事务处理（On-Line Transaction Processing，OLTP）不能满足终端用户对数据库查询分析的需求。越来越多的用户需要更为复杂、动态的历史数据，要求从不同的数据源中综合数据，从不同的角度观察数据。因此E.F.Codd提出了多维数据库和多维分析的概念。OLAP建立在数据多维视图的基础上，可以提供给用户强大的统计、分析及趋势预测的能力，是数据仓库上的分析展示工具。

4.1.1 OLAP特性

1.快速性

用户对数据分析快速反应能力有很高的要求，如果终端用户在30秒内没有得到系统响应就会变得不耐烦，OLAP系统在专门的数据存储格式、大量的事先运算及特殊的硬件设计等技术条件支撑下，能在短时间内对用户大部分分析要求做出反应。

2. 可分析性

OLAP系统能处理与应用有关的任何逻辑分析和统计分析，用户无须编程就可以定义新的专门计算，将其作为分析的一部分，并以用户理想的方式给出报告。用户可以在OLAP平台上进行数据分析，也可以连接到其他外部分析工具上，如数据挖掘工具。

3. 多维性

多维性是OLAP的关键属性。系统必须提供对数据分析的多维视图和分析，包括对层次维和多重层次维的完全支持。多维分析的基本操作有数据切片、数据切块、数据钻取（上钻、下钻）及数据旋转等。

4. 信息性

不论数据量有多大，也不管数据存储在何处，OLAP系统能及时获得信息，并且管理大容量信息。这里有许多因素需要考虑，如数据的可复制性、可利用的磁盘空间、数据的传输速度、OLAP产品的性能及与数据仓库的结合度等。

4.1.2 OLAP评价准则

E.F.Codd提出了关于OLAP的12条评价准则来描述OLAP系统。

准则1：OLAP模型必须提供多维概念视图

准则2：透明性准则

准则3：存取能力准则

准则4：稳定的报表性能

准则5：客户/服务器体系结构（伸缩性、适应性、交互性）

准则6：维的等同性准则

准则7：动态稀疏矩阵处理准则

准则8：多用户支持能力准则

准则9：非受限的跨维操作

准则10：直观的数据操纵

准则11：灵活的报表生成

准则12：非受限的维与聚集层次

4.2 OLAP的一些基本概念

多维结构是决策支持的支柱，也是OLAP的核心。OLAP展现在用户面前的是一幅幅多维视图[①]。

1. 维

维是人们观察数据的特定角度，是考虑问题时的一类属性，相同类型数据的集合构成一个维，如时间维、图书类别维等。数据仓库中的数据是按照维来组织的，维成为数据仓库中识别数据的索引。维有自己固有的属性，如层次结构、排序、计算逻辑等，这些属性对决策支持是非常有用的。

2. 维的层次

维的层次就是人们观察数据的某个特定角度存在细节程度不同的描述方面，如时间维可以从日期、周、月份、季度、年等不同层次来描述，那么日期、周、月份、季度、年等就是时间维的层次。

3. 维的取值

维的取值也就是维的成员。当维有多个层次时，维成员由多个维的所有取值的组合构成。如考虑时间维具有日期、月份、年这3个层次，分别在日期、月份、年上各取一个值组合起来，就得到了时间维的一个维成员，一个维成员并不一定在每个维层次上都要取值，"某年某月""某月某日""某年某月某日""某年""某月"等都是时间维的维成员。

4. 多维数据集

多维数据集也叫立方体。多维数据集可以用一个多维数据（维1，维2，维3，…，维n）来表示。例如，若文献资产清查数据按文献馆藏地点、文献馆藏状态、文献入档日期组织起来的三维立体，加上度量"文献册数"，就组成了一个多维数组（文献馆藏地点、文献馆藏状态、文献入档日期，文献册数），它表示的含义就是某个馆藏地点在某个时间入档的文献各种馆藏状态的图书册数。另外，OLAP的多维视图可以冲破物理三维的概念，采用多种可视化技术，在屏幕上展示多维视图的结构。又如，若文献资产清查数据增加一维（如文献分类），度量也增加一个（如文献单册价），使用户直观地对更多

[①] 国家税务总局教材编写组.数据库与数据仓库[M].北京:人民出版社,2004:100-112.

维度组合要求的数据的理解、分析及决策的支持。

5. 数据单元

数据单元就是多维数据组的取值,当多维数据组的各个维都选中一个维成员时,这些维成员的组合就唯一确定了一个变量的值,数据单元可以表示为(维1的取值,维2的取值,维3的取值,…,维n的取值)。如在文献馆藏地点、文献馆藏状态、文献入档日期各取维成员"自然科学阅览室""入藏""2016年5月",就唯一确定了度量"文献册数"的一个值(假设为3226),则该数据单元可以表示为(自然科学阅览室,入藏,2016年5月,3226)。

4.3　OLAP的基本操作

OLAP分析主要是通过对多维数据进行切片、切块、钻取、旋转和聚合等分析动作,以使用户能够从多个维度、多个侧面和多重数据综合层观察数据仓库中的数据,从而了解数据背后蕴含的规律。

1. 数据切片

数据切片是在给定的多维数据集的一个维上进行的选择操作。切片的结果得到了一个二维的平面数据。如在"文献资产清查"立方体中,从"文献馆藏地点、文献馆藏状态、文献入档日期"三个维,按文献入档日期进行切片,使用条件:文献入档年="2006",进行选择,就得到文献馆藏地点和馆藏状态两个维上的切片结果,如表4-1所示。

表4-1　文献资产清查立方体切片结果

馆藏地点	2006年					
	馆藏状态					
	丢失	借出	入藏	锁定	剔除	总计
社科阅览室二	18	521	26524			27063
社科阅览室三	15	399	17222		60	17696
社科阅览室一	37	644	31862		49	32592
自然科学阅览室	18	209	26669		97	26993
理科阅览室	6	96	4302	2	23	4429
文科阅览室	6	315	10230		21	10572
综合书库			6298			6298

2. 数据切块

数据切块就是在一定的维上选定值后，关心度量数据在剩余的三个或三个以上维中的分布，即将完整的数据立方体切去一部分数据，得到的新的数据立方体。切片是切块的特例，切块是切片的扩展，切片的结果得到了一个二维的平面数据，而切块得到的是三维或三维以上的立体数据。如在"文献资产清查"立方体中，从"文献馆藏地点、文献馆藏状态、文献流通类型、文献入档日期"四个维度中，使用条件：（文献馆藏地点="理科阅览室"or文献馆藏地点="文科阅览室"）and（文献馆藏状态="借出"or文献馆藏状态="入藏"）and（文献流通类型="普通阅览"or文献流通类型="特定阅览"）and（文献入档年="2005"or文献入档年="2006"），进行选择，得到的在四个维上的切块效果，如表4-2所示。

表4-2　文献资产清查立方体按四个维度切块结果

馆藏地点	馆藏状态		
	借出	入藏	总计
理科阅览室	169	10156	10325
2005	87	6026	6113
普通阅览	87	6024	6111
特定阅览		2	2
2006	82	4130	4212
普通阅览	82	4128	4210
特定阅览		2	2
文科阅览室	488	19770	20258
2005	197	9980	10177
普通阅览	197	9978	10175
特定阅览		2	2
2006	291	9790	10081
普通阅览	291	9788	10079
特定阅览		2	2

3. 数据钻取

数据钻取是改变维的层次，变换分析粒度，它包括上钻和下钻。数据上钻就是从较低的维度层次上升到较高的维度层次上来看更综合的多维数据；数据下钻就是从较高的维度层次下降到较低的维度层次上来看更多的详细的多维数据。维度层次越高，代表的数据综合程度越高，细节越少，数据量越少；维度层次越低，代表的数据综合程度越低，细节越多，数据量越大。

例如，在"读者入馆情况"分析立方体中，从"读者院系、读者入馆时间"两个维度上，使用条件：（读者院系 = "教育科学学院"or读者院系 = "经济管理学院"or读者院系 = "历史与社会学院"）and（读者入馆时间 = "2015"），进行选择，即进行两个维上的切片，得出的读者入馆情况，如表4-3所示。在此基础上分别对读者院系、读者入馆时间维度进行向下钻取，把读者院系数据细化到各专业，把年度数据细化到季度数据，得出的读者入馆情况，如表4-4所示。反之，从表4-4到表4-3的过程就是上钻的过程。

表4-3　按年显示的各学院入馆人次

门禁计数	读者入馆时间	
读者院系	2015年	总计
教育科学学院	14771	14771
经济管理学院	61464	61464
历史与社会学院	45815	45815
总计	122050	122050

表4-4　按季度显示的各学院各系入馆人次

读者院系	2015年				
	一季度	二季度	三季度	四季度	总计
教育科学学院	138	2779	2054	9800	14771
教育技术学	38	357	253	995	1643
教育学	8	762	679	2723	4172
小学教育	35	27	1	23	86
心理学	25	429	268	1471	2193
学前教育	20	997	668	3319	5004
应用心理学	12	207	185	1269	1673

续表

读者院系	2015年				
	一季度	二季度	三季度	四季度	总计
经济管理学院	10836	17706	6080	26842	61464
财务管理	2774	3896	1364	6533	14567
会计学	2452	3760	1230	4801	12243
经济学	2189	3818	1621	7091	14719
人力资源管理	1448	2838	807	3205	8298
市场营销	1129	1647	552	1921	5249
投资学			45	913	958
物流管理	844	1747	461	2378	5430
历史与社会学院	9549	13139	4321	18806	45815
公共事业管理	2155	2866	991	4528	10540
历史学	4284	5481	1911	7102	18778
社会工作	1924	2624	685	3971	9204
社会学	1186	2168	734	3205	7293

4. 数据旋转

数据旋转就是变换维的方向，如在表格中行列互换，用户就可以从其他视角来观察多维数据，如表4-5是将表4-1中的数据进行旋转。

表4-5　文献资产清查立方体切片结果

馆藏状态	2006年							
	馆藏地点							
	社科阅览室二	社科阅览室三	社科阅览室一	自然科学阅览室	理科阅览室	文科阅览室	综合书库	总计
丢失	18	15	37	18	6	6		100
借出	521	399	644	209	96	315		2184
入藏	26524	17222	31862	26669	4302	10230	6298	123107
锁定					2			2
剔除		60	49	97	23	21		250

4.4 案例：利用 SQL Server 2012 创建 OLAP 立方

问题描述：前面第 2 章我们以"图书流通分析"主题为例创建了数据仓库的结构并对其加载了数据。为了对图书流通业务数据仓库中信息进行多维分析，我们需要进一步构建 OLAP 多维数据集。

整体思路：首先创建数据源及创建数据源视图，接着根据向导创建多维数据集、修改多维数据集中的维度和度量属性，最后对其进行部署与处理。

4.4.1 建立数据源

步骤 1：创建 SSAS 项目。在 SQL Server 2012 中打开 SQL Server Data Tools（SSDT），开始 -> 所有程序 ->Microsoft SQL Server 2012-> SQL Server Data Tools。单击菜单栏的"文件"->"新建项目"命令，弹出如图 4-1 所示的"新建项目"对话框，选择项目中的"Analysis Services 多维和数据挖掘项目"，在"名称""解决方案名称"文本框中，写入项目名称和解决方案名称；在"位置"文本框中，单击右侧"浏览"按钮，选择解决方案的保存路径；最后单击"确定"按钮。

图 4-1 新建 Analysis Services 项目

步骤 2：在 SQL Server Data Tools（SSDT）右边的"解决方案资源管理器"窗口中单击"数据源"文件夹，选择"新建数据源"命令，如图 4-2 所示。

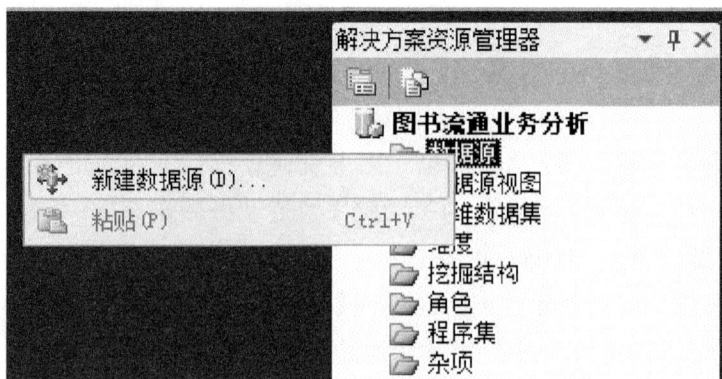

图4-2　新建数据源

步骤3：在弹出的"数据源向导"窗口中单击"下一步"按钮，在接下来的"选择如何定义连接"窗口中选择"基于现有连接或新连接创建数据源"，单击"新建"按钮，如图4-3所示。

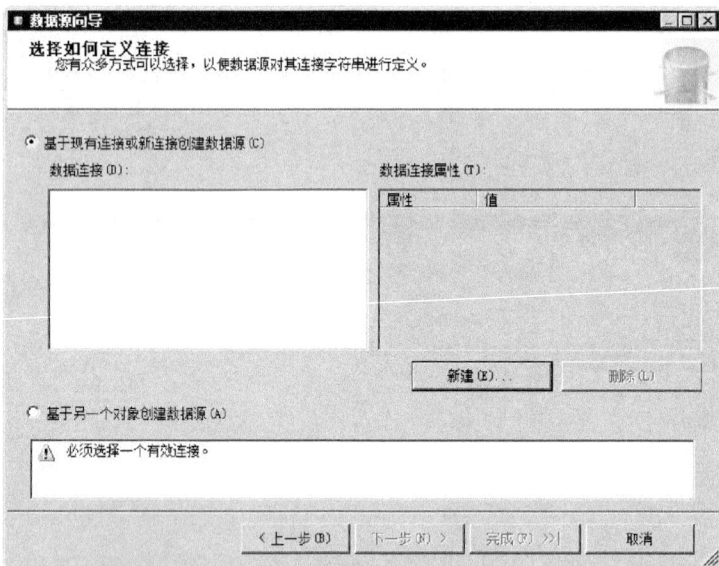

图4-3　选择定义连接方式

步骤4：进入"连接管理器"窗口，"提供程序"选择"本机 OLE DB\SQL Server Native Client11.0"（这是默认值，如果是基于SQL SERVER做的话，不要做更改），"服务器名"为已连接的服务器名，"登录到服务器"方式选择"使用Windows身份验证"，"连接到一个数据库"选择前面已创建好并加载好数据的"图书流通分析"数据库，如图4-4所示。

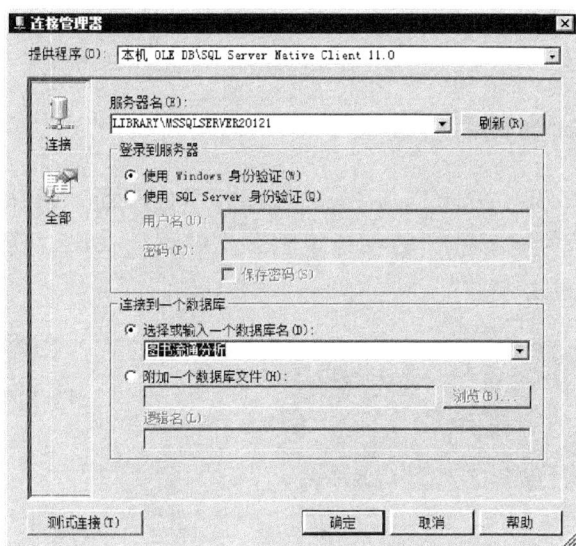

图4-4 连接管理器窗口

步骤5：单击图4-4中"测试连接"按钮，可以预先查看连接是否成功。单击图4-4中"确定"按钮回到"选择如何定义连接"窗口中，单击"下一步"按钮，进入"模拟信息"窗口，选择"使用特定Windows用户名和密码"作为连接数据源的凭证，同时输入"用户名"和"密码"，如图4-5所示。

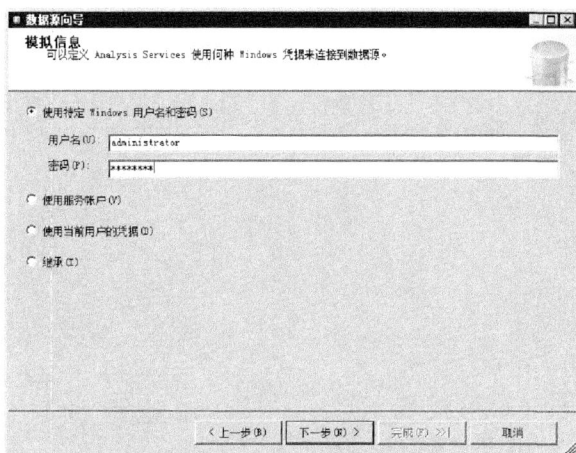

图4-5 选择连接数据源的凭证

步骤6：单击图4-5中"下一步"按钮，进入"完成向导"窗口，这个窗口需要提供一个名称来完成向导，确定数据源的名称后，单击"下一步"按钮完成数据源的建立。

4.4.2　创建数据源视图

步骤1：在SQL Server Data Tools（SSDT）右边的"解决方案资源管理器"窗口中鼠标右键单击"数据源视图"文件夹，选择"新建数据源视图"命令，如图4-6所示。

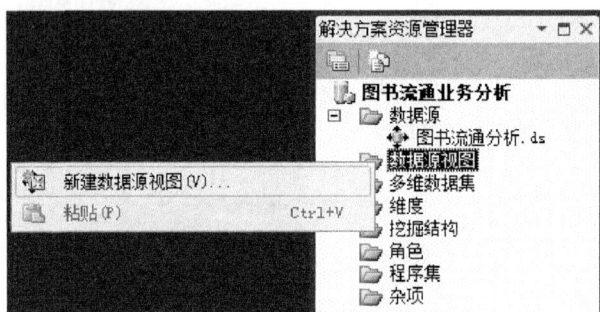

图4-6　新建数据源视图

步骤2：在弹出的"数据源视图向导"窗口中单击"下一步"按钮，在接下来的"选择数据源"窗口中选择已经创建的关系数据源"图书流通分析"，如图4-7所示。

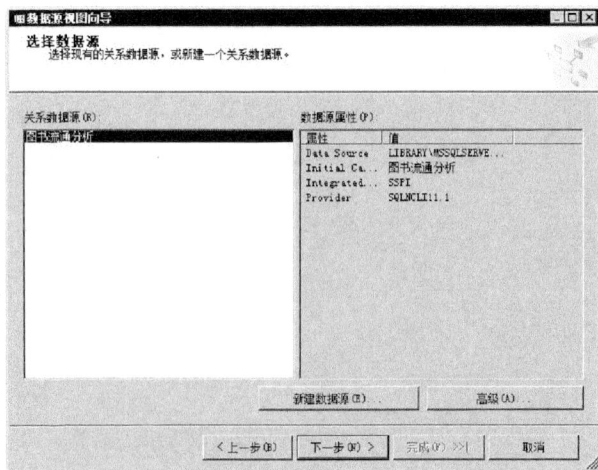

图4-7　选择视图的数据源

步骤3：单击图4-7中"下一步"按钮，弹出"名称匹配"窗口，选择"与主键同名"的外键匹配方式，如图4-8所示。

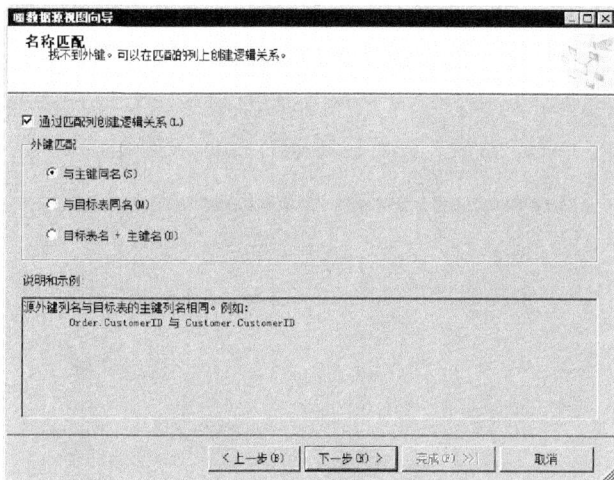

图4-8　设置名称匹配

步骤4：单击图4-8中"下一步"按钮，弹出"选择表和视图"窗口，从左侧"可用对象"窗格列表框中选择构建多维数据集所需要的表和视图，然后单击向右箭头图标" > "将选择的表和视图依次移动到右侧"包含的对象"窗格列表框中，或单击向右箭头图标" » "将选择的表和视图一次性全部移动到右侧"包含的对象"窗格列表框中，如图4-9所示。

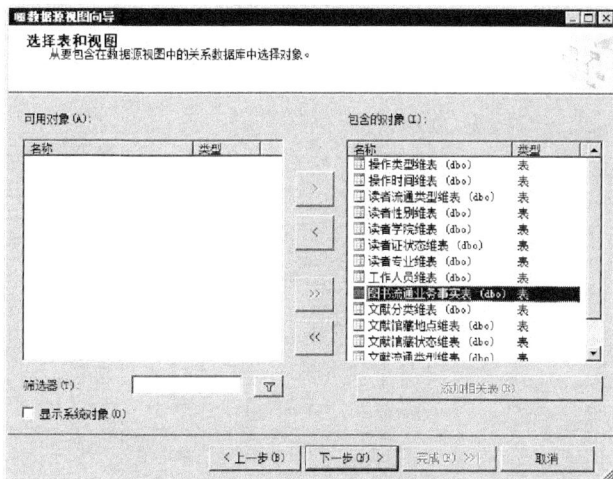

图4-9　选择表和视图

步骤5：单击图4-9中"下一步"按钮，进入"完成向导"窗口：单击"完成"按钮结束向导。进入"数据源视图"页面，此时由于事实表和维表之间的关系还没建立，各数据表之间相互独立，需进一步指定事实表和维表之间的关系。在视图空白处单击鼠标右键，选择"新建关系"命令，弹出"指定关系"窗口，如图4-10所示。将事实表中的相应外键作为源，维度表中的主键作为目标，如果方向错了，可以单击"反向"按钮。

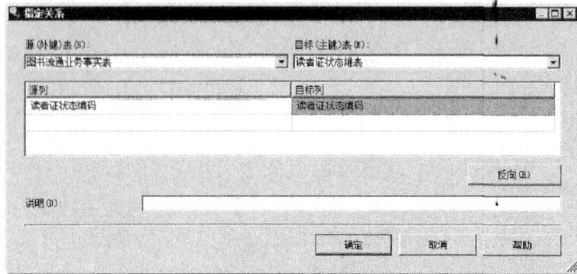

图4-10 指定事实表与各维表的关系

步骤6：按图4-10操作，将事实表分别与每一个维表建立关系后，在视图空白处单击鼠标右键，选择"排列表"命令，排列后视图，如图4-11所示。

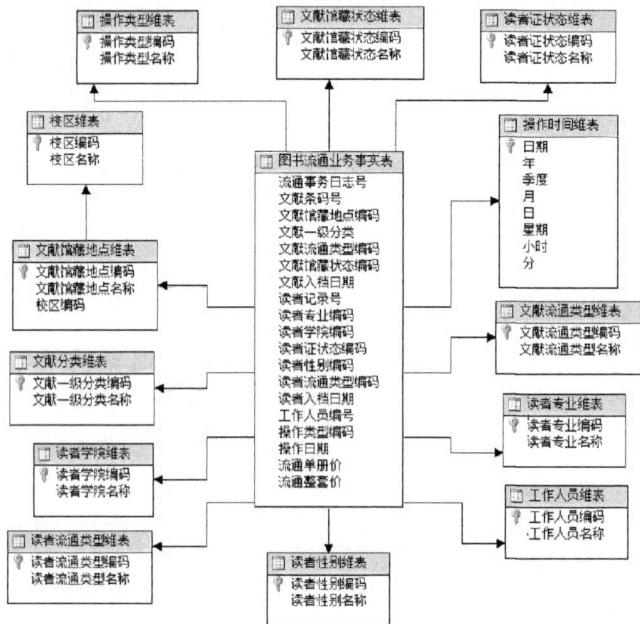

图4-11 排列后的数据源视图

4.4.3　根据向导创建多维数据集

根据向导创建多维数据集之前，我们首先创建时间维表，作为图书入档时间维表与读者入档时间维表。由于"图书流通分析"主题中包含3个时间维度，分别是：图书入档时间维度、读者入档时间维度及操作时间维度。操作时间维度由于要分析到"时"层次，前面我们已经构建了维表；而图书入档时间维度、读者入档时间维度我们只需要分析到"日"层次，我们运用系统构建时间维度的方法，通过向导创建其时间维度。

1. 创建时间维表

步骤1：在SQL Server Data Tools（SSDT）右边的"解决方案资源管理器"窗口中单击"维度"文件夹，选择"新建维度"命令，如图4-12所示。

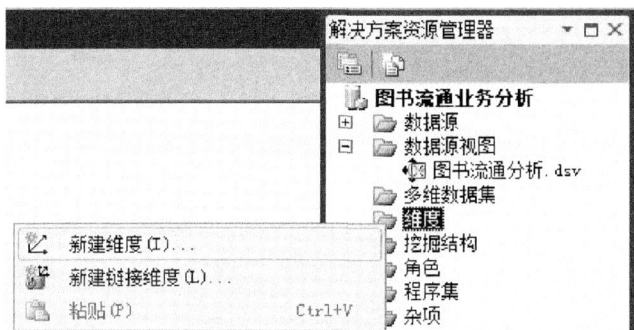

图4-12　新建维度

步骤2：在弹出的"维度向导"窗口中：单击"下一步"按钮后，在"选择创建方法"窗口中选择创建维度的方法"在数据源中生成时间表"，如图4-13所示。

步骤3：单击图4-13中"下一步"按钮，弹出"定义时间段"窗口：填好"第一个日历日""最后一个日历日"，选择好"每周第一天""时间段"等，如图4-14所示。

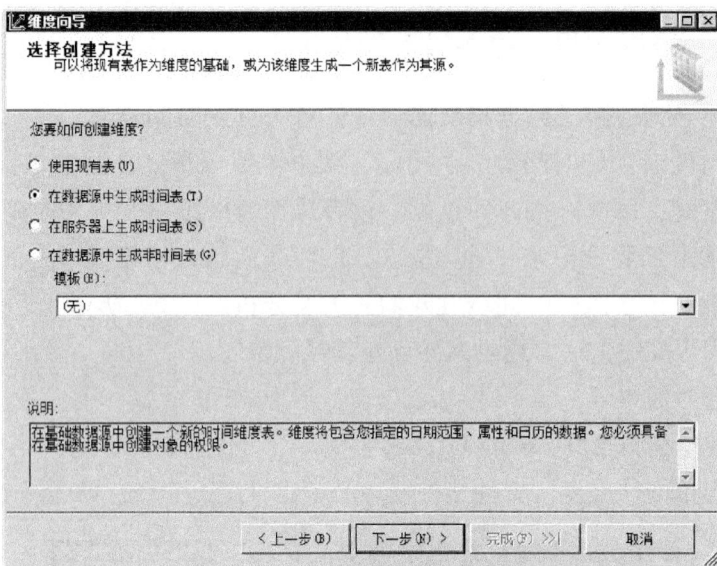

图4-13　选择时间维表创建方法

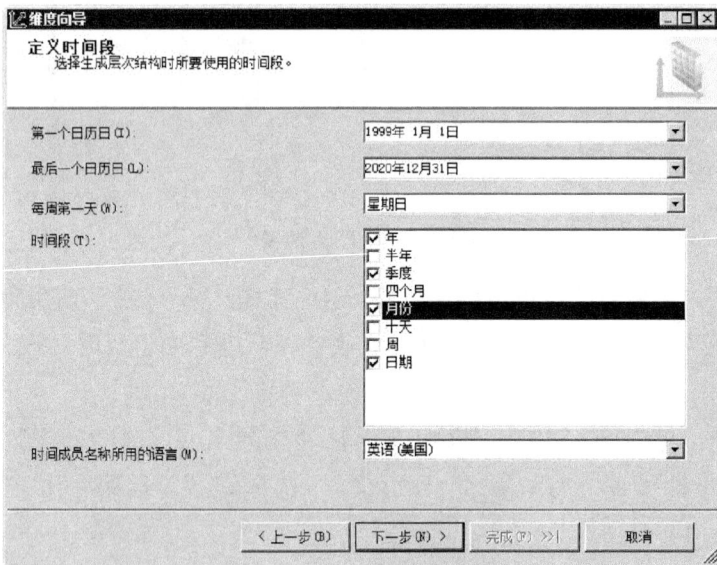

图4-14　定义维度时间段

步骤4：单击图4-14中"下一步"按钮，弹出"选择日历"窗口选择"常规日历"。单击"下一步"按钮，进入"完成向导"窗口填好"名称"，选择"立即生成架构"，如图4-15所示。

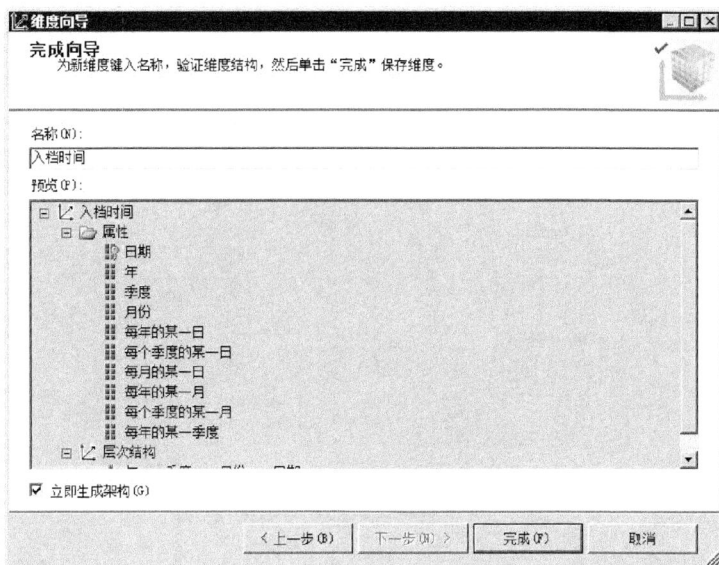

图4-15 完成时间维度向导

步骤5：单击图4-15中"完成"按钮，进入"架构生成向导"窗口，单击"下一步"按钮，弹出"指定目标"窗口选择默认的"创建新的数据源视图"，如图4-16所示。

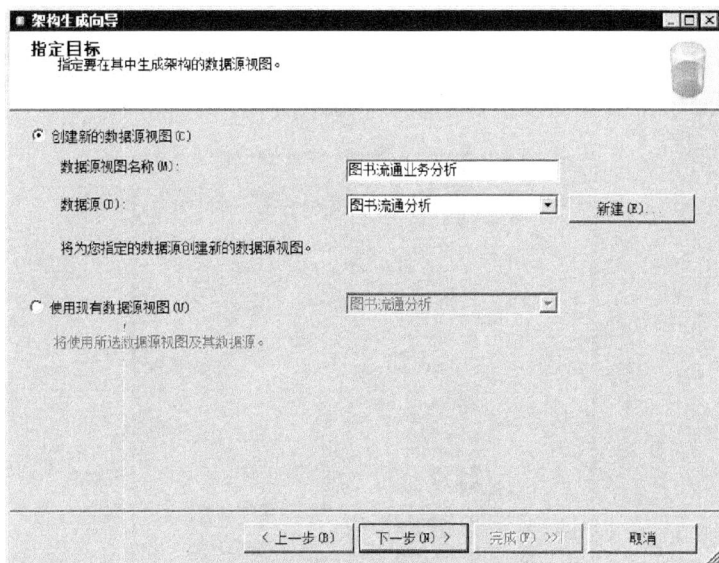

图4-16 指定架构生成所在的数据源视图

步骤6：单击图4-16中"下一步"按钮，弹出"主题区域数据库架构选项"窗口，如图4-17所示。

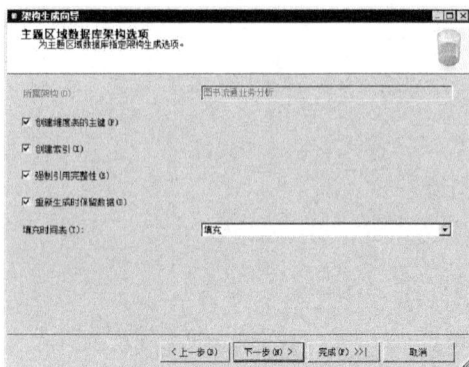

图4-17 主题区域数据库架构选项

步骤7：单击图4-17中"下一步"按钮，弹出"指定命名约定"窗口。单击"下一步"按钮，完成向导，单击"完成"按钮，开始生成架构。至此，我们完成了"入档时间"维度的创建，打开 SQL Server Management Studio，在"对象资源管理器"的"数据库"文件夹中找到数据源"图书流通分析"数据库，可以看到已生成的"入档时间"表，如图4-18所示。另外，在数据源视图中，分别新建"入档时间"维表与事实表中"读者入档时间"与"图书入档时间"逻辑关系，建好后，在视图空白处单击鼠标右键，选择"排列表"命令，变成比较整齐的视图，如图4-19所示。

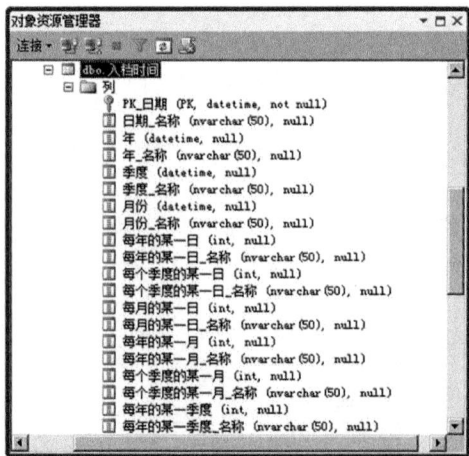

图4-18 数据源中生成的"入档时间"表

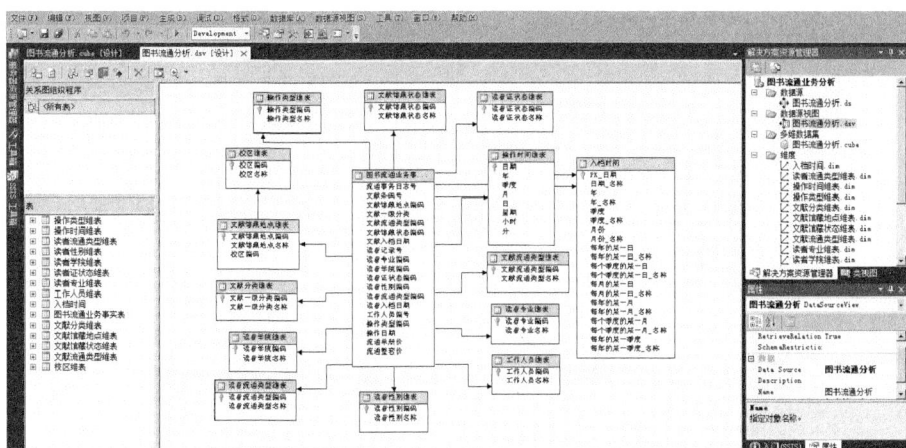

图4-19　增加"入档时间"维度排列后的数据源视图

2. 新建多维数据集

步骤1：在SQL Server Data Tools（SSDT）右边的"解决方案资源管理器"窗口中鼠标右键单击"多维数据集"文件夹，选择"新建多维数据集"命令，启动多维数据集向导。如图4-20所示。

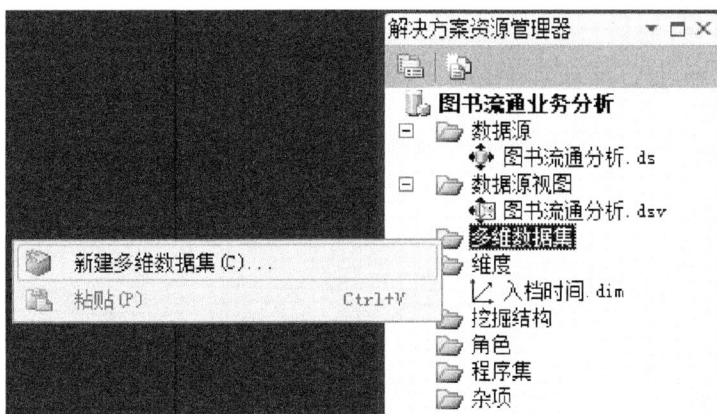

图4-20　新建多维数据集

步骤2：在弹出的"多维数据集向导"窗口中单击"下一步"按钮，在接下来的"选择创建方法"窗口中选择"使用现有表"，单击"下一步"按钮，进入"选择度量值组表"窗口。"数据源视图"选择我们创建好的"图书流通分析"，"度量值组表"选择"图书流通业务事实表"，如图4-21所示。

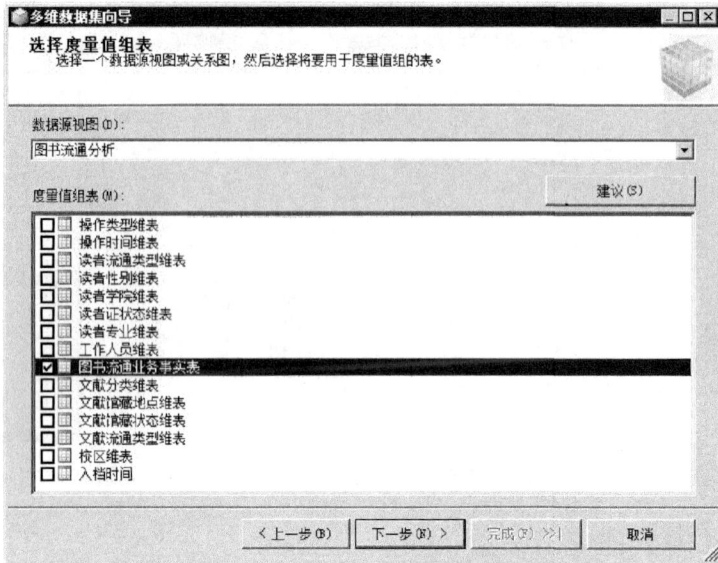

图4-21 选择度量值组表

步骤3：单击图4-21中"下一步"按钮，弹出"选择度量值"窗口，选择"流通单册价""流通整套价"及"图书流通业务事实表计数"作为度量值，如图4-22所示。由于事实表中，粒度方面一条记录表示读者借阅一册图书，因此"图书流通业务事实表计数"，表示读者借阅图书的册数。

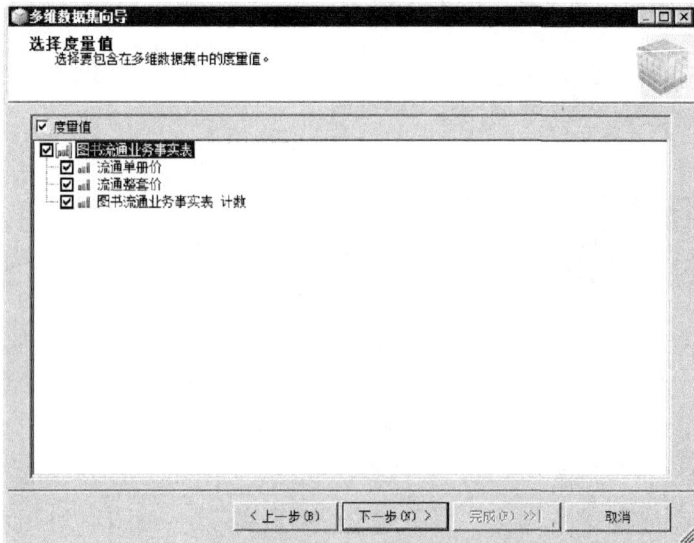

图4-22 选择度量值

步骤4：单击图4-22中"下一步"按钮，弹出"选择新维度"窗口，选择好需要添加的维度，如图4-23所示。

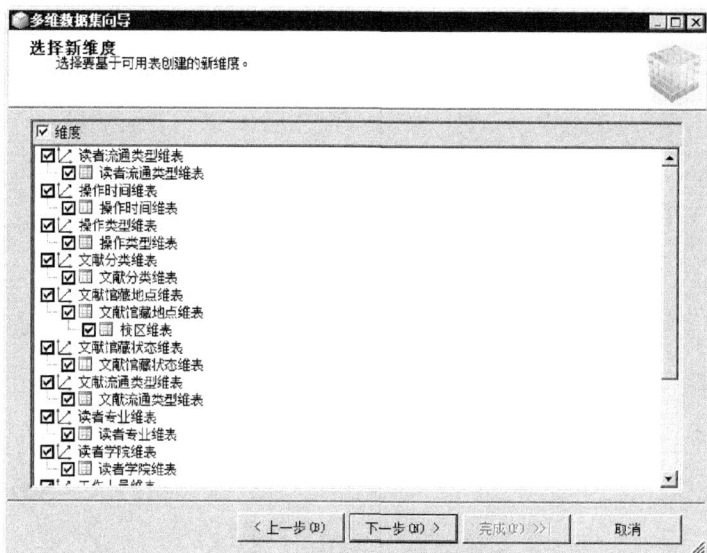

图4-23 选择新维度

步骤5：单击图4-23中"下一步"按钮，完成多维数据集向导，如图4-24所示。

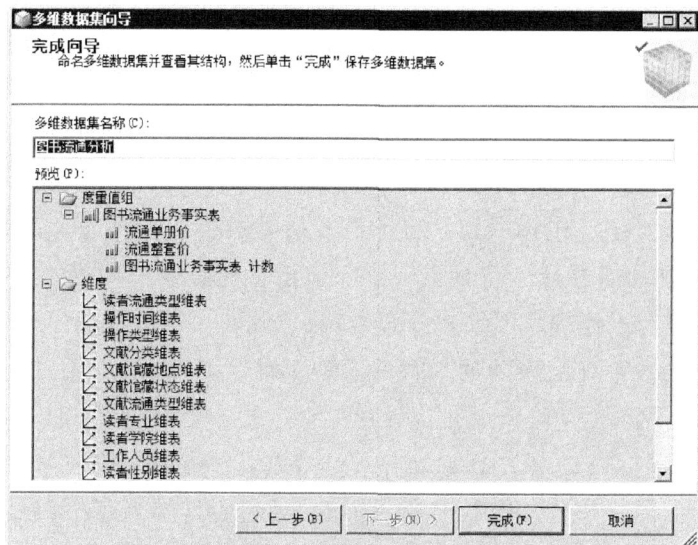

图4-24 完成多维数据集向导

步骤6：单击图4-24中"完成"按钮，一个雪花架构的多维数据集的创建就完成了，如图4-25所示。可以看到多维数据集中的"度量值""维度"。在数据源视图中，中间事实表用黄色标记，周围维度表用蓝色标记。

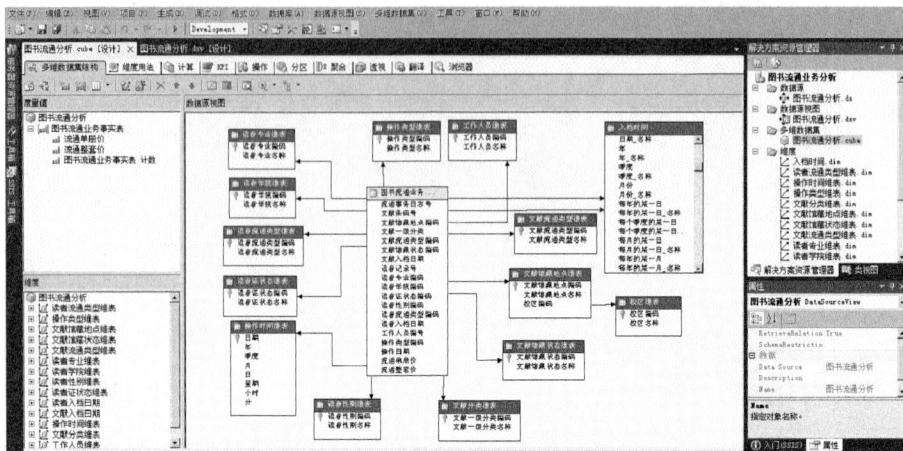

图4-25　创建完成多维数据集界面

4.4.4　修改Cube中的维度和度量

1. 编辑度量

步骤1：鼠标右键单击图4-25中"度量值"窗格列表中"图书流通业务事实表计数"度量值，选择"重命名"命令，对其重命名为"册数"。

步骤2：鼠标右键单击"度量值"窗格列表中刚重新命名为"册数"的度量值，选择"编辑度量值"命令，可以对其进行编辑，弹出如图4-26所示的"编辑度量值"窗口，这里有"用法""源表""源列"三项，其中"用法"下拉框中是一些操作，包括总和、行计数及最大最小值等，选取其中需要的用法即可，这里我们选择"行计数"，一行记录表示对一册图书的操作，"源表"就是要进行操作的字段是来自哪个表，"源列"就是要进行操作的列，由于"图书流通业务事实表计数"度量值是多维数据集自动产生的，不对应事实表中的任何列。

步骤3：鼠标右键单击图4-25中"度量值"窗格列表中"流通单册价"，选择"属性"命令，弹出"流通单册价"的属性设置窗口，将其"FormatString"属性设置为"Currency"。同理设置"流通整套价"的属性。

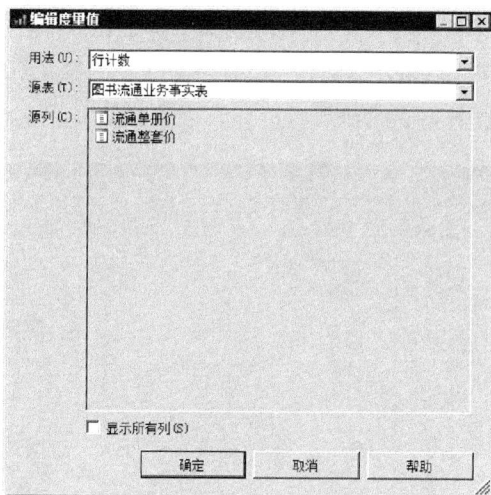

图 4-26 编辑度量值

2. 编辑维度

鼠标右键单击图 4-25 中"维度"窗格列表中的每一个维度，对其编辑，定义及配置"维度属性""层次结构"。下面分别以"馆藏地点"维度、"入档时间"维度为例，说明维度的编辑。

步骤1：单击"馆藏地点维表"前面的"+"号，展开出现"编辑馆藏地点维表"超链接，如图 4-27 所示。

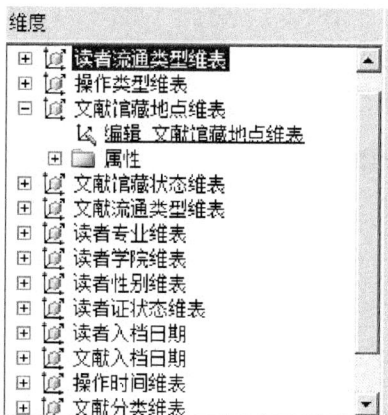

图 4-27 维度窗格

步骤2：单击"编辑馆藏地点维表"超链接，弹出"维度设计器"的"维度结构"选项卡页面，包括"属性"设计窗格、"层次结构"设计窗格及"数据源视图"窗格，如图4-28所示。

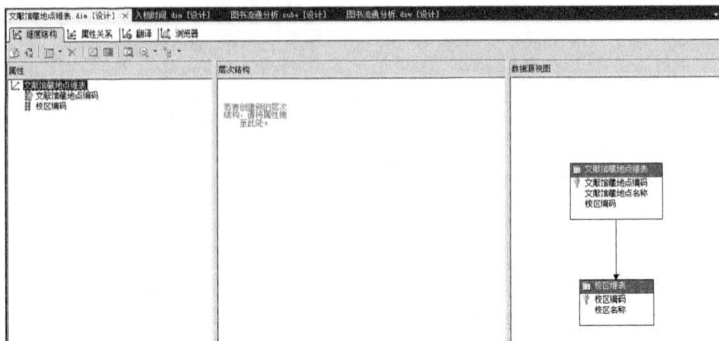

图4-28　维度设计器"维度结构"选项卡页面

步骤3：向维度中添加属性及定义维度层次结构。好的层次结构可以帮助我们更好地从维度角度去查看分析数据，并且可以提高多维数据集的处理性能和查询性能。因此，为了获得最佳性能，通常应将属性组织到维度层次结构中，然后定义与维度层次结构中的级别相对应的属性间的属性关系。

添加属性：单击图4-28中"数据源视图"窗格中"校区维表"中的"校区名称"列拖放到"属性"窗格中，同理单击"文献馆藏地点维表"中的"文献馆藏地点名称"列并拖放到"属性"窗格中。依次将"属性"窗格中的"校区名称"属性、"文献馆藏地点名称"属性拖放到"层次结构"窗格中，来定义维度层次结构，如图4-29所示。

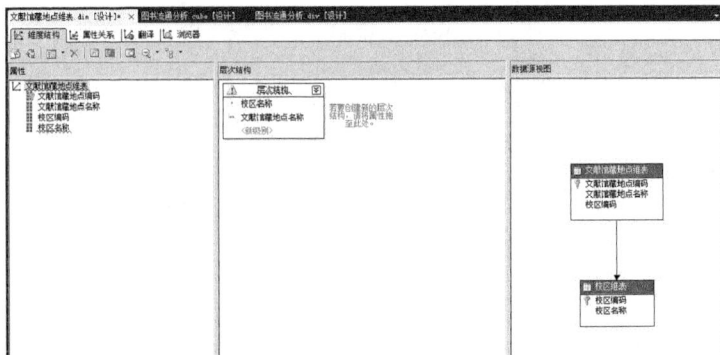

图4-29　文献馆藏地点维度结构中维度属性及层次结构设计

步骤4：图4-29的"层次结构"设计窗格中出现"⚠"警告符号，这是由于多维数据集向导或维度向导不检测此层次结构并创建"校区名称"与"文献馆藏地点名称"的属性关系，这时我们还应手动定义层次结构中的属性关系。

单击"维度设计器"的"属性关系"选项卡页面，鼠标右键单击页面空白处弹出菜单，弹出"创建属性关系"对话框，选择"创建属性关系"命令，源属性选择"文献馆藏地点名称"，相关联的属性选择"校区名称"，关系类型选择"柔性"。对于不会变化的关系，关系类型设置为"刚性"，给定月份中的日期就是一种不会变化的关系。对于可能变化的关系，关系类型设置为"柔性"，如这里的"校区名称"与"文献馆藏地点名称"，如图4-30所示。

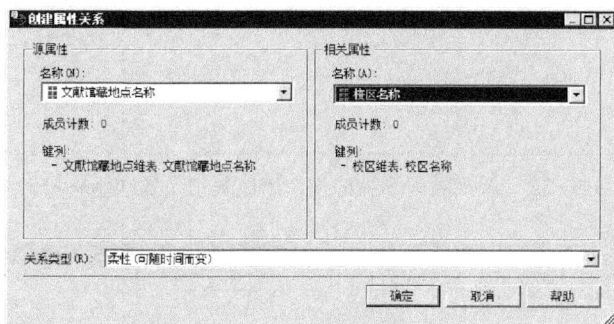

图4-30 创建属性关系

建立的"馆藏地点名称"属性与"校区名称"属性是多对一的关系，如图4-31所示。建好属性关系后，图4-29中的"层次结构"设计窗格中的"⚠"警告符号消失。

图4-31 文献馆藏地点维度结构中维度属性关系设计

步骤5：同理，按以上步骤编辑"入档时间"维度。其中，入档时间维度结构设计，如图4-32所示；入档时间维度属性关系设计，如图4-33所示。

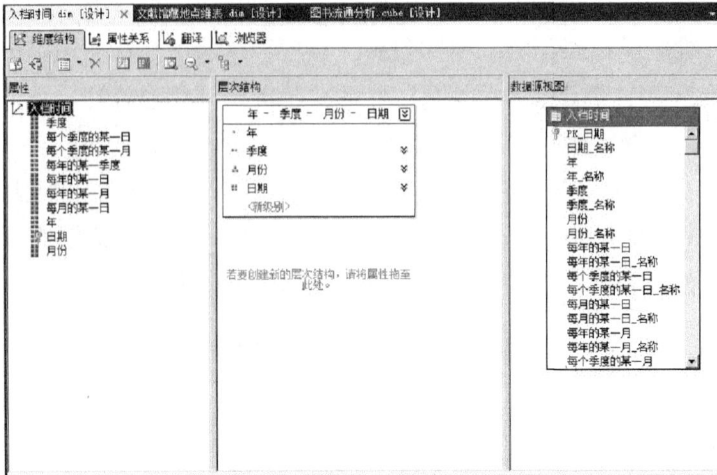

图4-32　入档时间维度结构中维度属性及层次结构设计

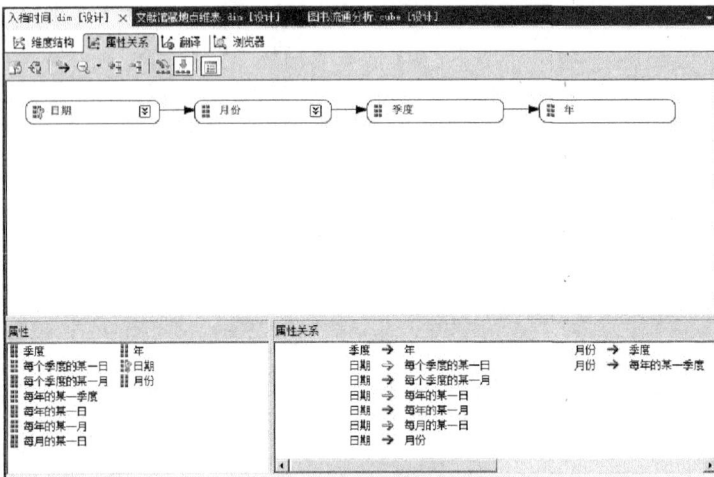

图4-33　入档时间维度结构中维度属性关系设计

4.4.5　部署项目

若要查看位于Analysis Services项目中的多维数据集和维度数据，必须将该项目部署到指定的Analysis Services实例中，然后再处理该多维数据集及其维度。部署 Analysis Services 项目将在 Analysis Services 实例中创建定义的对象。处理 Analysis Services 实例中的对象是将基础数据源中的数据复制到多维数据集对象中。

步骤1：在 SQL Server Data Tools（SSDT）右边的"解决方案资源管理器"窗口中单击项目名称"图书流通业务分析"，选择"属性"命令，在弹出的"属性页"窗口中选择其左窗格的"配置属性"节点，单击"部署"，设置项目将要部署到其中的目标服务器实例名及数据库名称，如图4-34所示。可以定义多个配置，每个配置可以具有不同的属性。可以将同一项目配置为部署到多个不同的服务器，设置不同的数据库名称或处理属性。

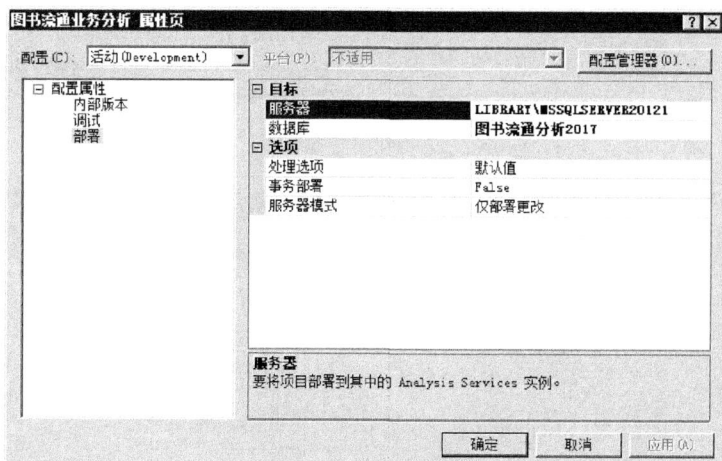

图4-34　项目属性页

步骤2：在 SQL Server Data Tools（SSDT）右边的"解决方案资源管理器"窗口中单击项目名称"图书流通业务分析"，选择"部署"命令，如图4-35所示，部署时需要等待一段时间。

步骤3：查看"部署进度"窗口的内容，可以看出验证已生成，并且没有出现错误，已经将 Analysis Services 多维数据集成功部署到 Analysis Services 的服务器实例中，如图4-36所示。单击"部署进度"窗口的"状态树视图"中的某项前的"+"号，可以查看详细信息。

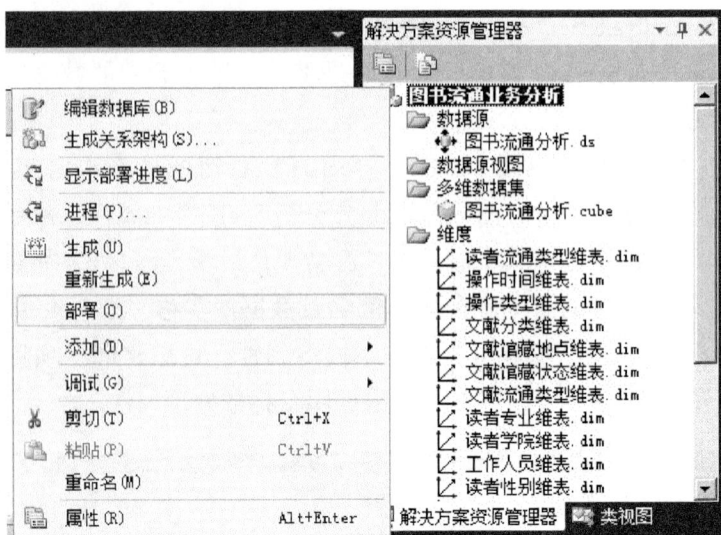

图4-35　部署项目

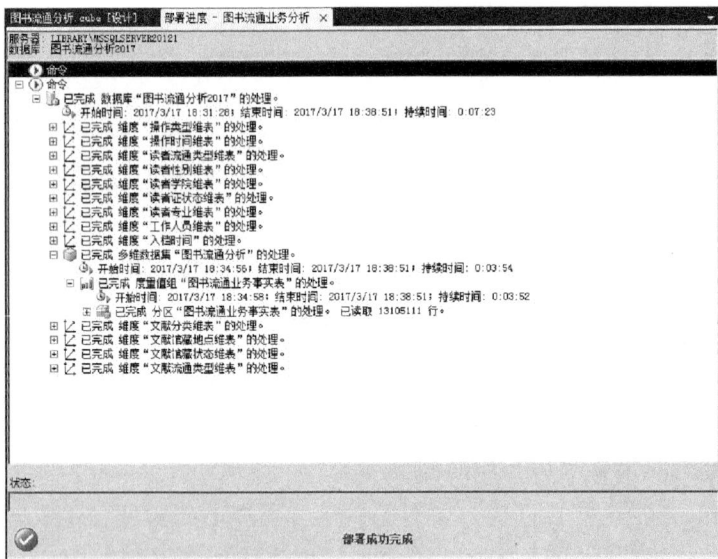

图4-36　多维数据

　　至此，已经将多维数据集成功部署到 Analysis Services 的本地实例，并已对部署的多维数据集进行了处理。处理成功后，打开 SQL Server Management Studio，连接 Analysis Services 数据库，在"对象资源管理器"可以找到已生成的 Analysis Services 项目。

另外，平时如果对多维数据集维度或度量值重新修改，需要对多维数据集重新处理，可以在"解决方案资源管理器"窗口中单击多维数据集"图书流通分析.cube"，并选择"进程"命令方式对多维数据集进行处理。系统显示处理多维数据集页面，单击"运行"，进入多维数据集处理进度窗体，这里可以清楚地看到数据集的处理情况，如图4-37所示。

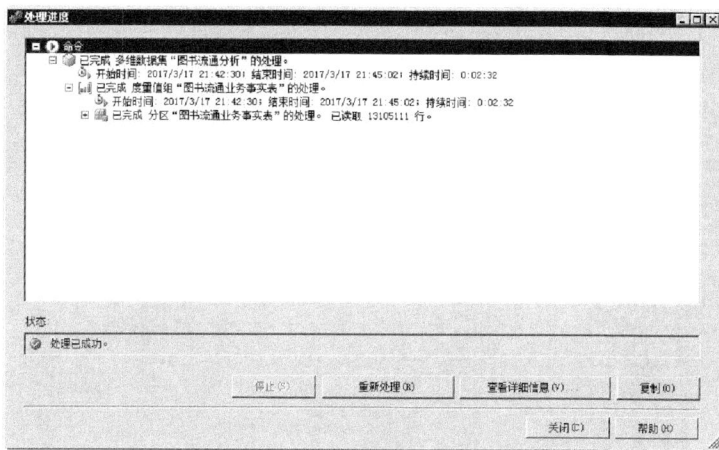

图4-37　多维数据集处理进度

4.4.6　分析多维数据集

在部署多维数据集后，就可以分析多维数据集中的数据了。一般常用以下方式分析多维数据集。

1. SQL Server Data Tools（SSDT）分析多维数据集

在SQL Server Data Tools（SSDT）右边的"解决方案资源管理器"窗口中单击多维数据集"图书流通分析.cube"，选择"浏览"命令，进入多维数据集设计器的"浏览器"选项卡的页面。在该浏览页面中，页面左侧是"元数据"窗格，该窗格包含如度量值、维度及KPI值等可用于进行查看的选择项；页面右侧上部窗格是"筛选器"窗格，通过该窗格，可以使用比较运算、范围运算及MDX表达式来构建一个过滤表达式，页面右侧下部是"数据"窗格，可以将度量值和维度层次结构从元数据窗格拖放到数据区域，对数据进行分析。

例如，通过操作类型维度、操作时间维度、文献馆藏地点维度及读者专业维度综合分析图书的流通情况，如图4-38所示。分别将事实表中度量值"册数"、读者专业维度中读者专业名称属性从页面左侧"元数据"窗格中拖放到页面右侧下部"数据"窗格中，实现对多维数据集数据的分析；将操作类型维度、操作时间维度、文献馆藏地点维度从页面左侧"元数据"窗格中拖放到页面右侧上部"筛选器"窗格中，通过选择维度中的层次结构、设置运算符及筛选表达式实现对多维数据集切片分析。

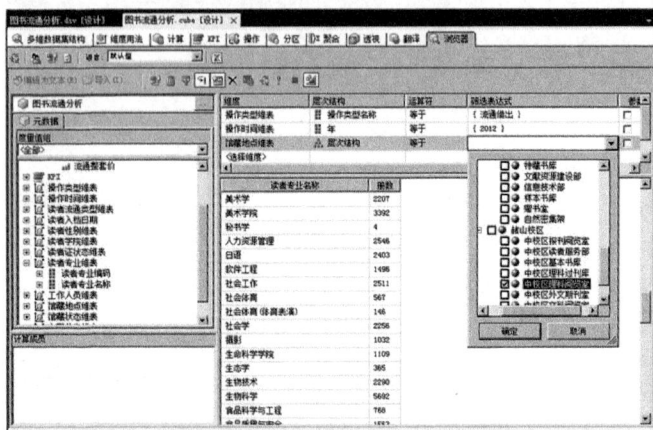

图4-38　多维数据集浏览界面

同理，通过操作类型维度、读者入档日期及文献入档日期等维度综合分析图书的流通情况，如图4-39所示。

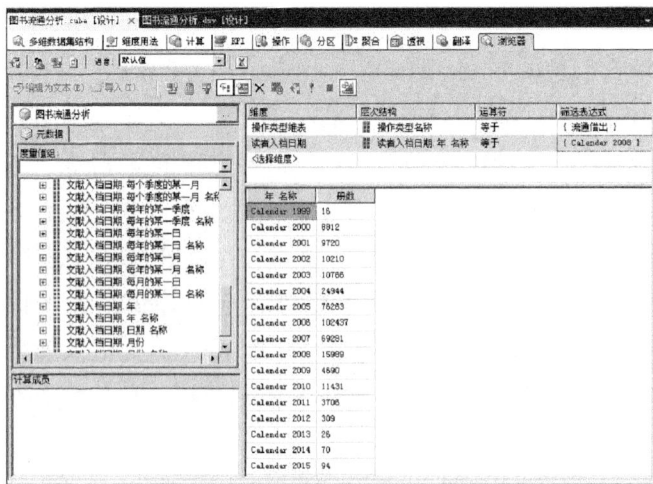

图4-39　多维数据集浏览界面

将图4-39事实表中度量值"册数"、文献入档日期维度中的入档日期年名称属性从页面左侧"元数据"窗格中拖放到页面右侧下部"数据"窗格中，实现对多维数据集数据的分析；将操作类型维度、读者入档日期维度从页面左侧"元数据"窗格中拖放到页面右侧上部"筛选器"窗格中，通过选择维度中的层次结构、设置运算符及筛选表达式实现对多维数据集切片分析。

2. Excel分析多维数据集

除了SSDT中多维数据集浏览器的分析功能，如果运行SSDT的计算机上安装Excel，那么通过工具栏上的Excel图标按钮实现在Excel表格中分析数据；或者终端客户计算机上安装Excel，通过数据透视表分析服务器上多维数据集数据。例如，终端客户计算机安装Excel2013后，分析服务器上的多维数据集步骤如下：

步骤1：连接数据源。新建一个Excel文件并打开，选择"数据"菜单项下的"自其他来源"，在弹出的列表中，选择"来自Analysis Services"，出现数据连接向导窗口，输入多维数据集所在的服务器名称，登录凭据中的用户名和密码。验证成功后，出现如图4-40所示的选择数据库和表的窗口，选择已部署好的多维数据集。

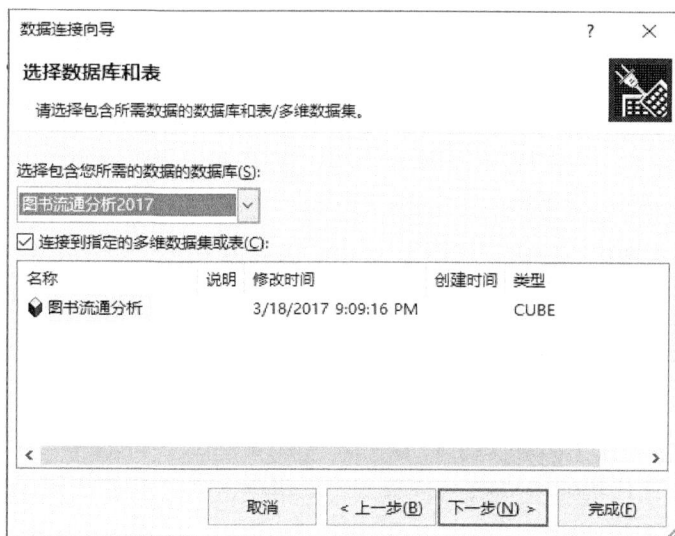

图4-40　数据连接向导：选择数据库和表

步骤2：保存数据连接并完成。单击图4-40中"下一步"按钮，出现保存数据连接并完成窗口，单击"完成"按钮，完成多维数据集数据源的连接。接下来出现导入数据对话窗口，如图4-41所示，选择多维数据集数据在工作簿中的显示方式及数据放置位置。

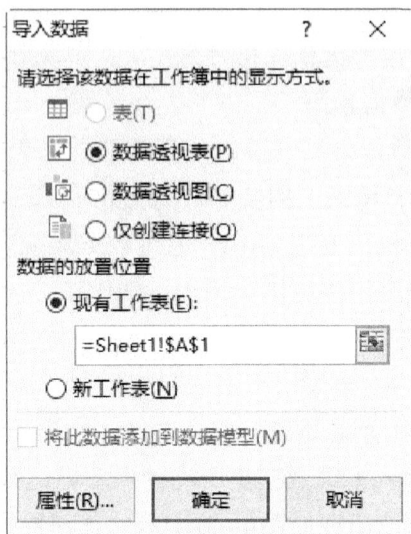

图4-41　导入数据：选择数据显示方式及放置位置

步骤3：通过数据透视表分析数据。单击图4-41中"确定"按钮，出现数据透视表，可以从"数据透视表字段"列表拖放字段，并创建切片器和图表，如图4-42所示。

在将图4-42右侧"数据透视表字段"列表中的需要分析的字段在其复选框中打钩。打钩后的数据被全部插入在轴字段"行"中，可根据实际分析需求拖动至"筛选器""列标签""行标签"及"数值"中。选择"册数"为数值，读者学院名称、操作类型拖放至筛选器，操作时间拖放至列标签，文献一级分类拖放至行标签。"筛选器""列标签"及"行标签"中的字段可以根据分析需要灵活拖放及重新组合。

通过数据透视表分析数据过程中，可以插入图表。选择"插入"菜单项下的"图表"，选择要生成的图表类型，即可生成图表，如图4-43所示。

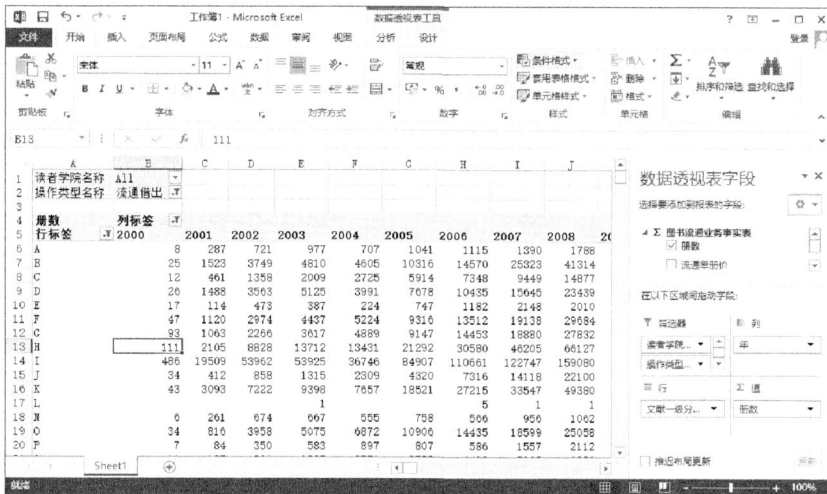

图 4-42　Excel 数据透表分析多维数据集

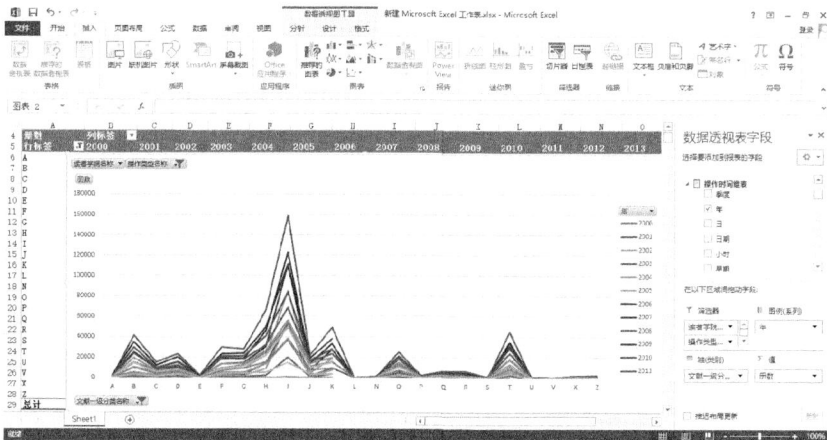

图 4-43　Excel 数据透表分析多维数据集

第5章 关联规则

关联规则力图发现大量数据背后事物之间可能存在的关联或者联系，它是数据挖掘中的一个很重要的研究课题。对图书馆来说，通过关联规则算法能够发现读者利用图书馆的行为模式及各资源间的联系，为图书馆图书摆放、个性化资源推荐及资源采购等提供决策参考。

5.1 基本概念

关联规则最早由 Agrawal 于 1993 年提出，定义如下[①]：

假设 $I=\{i_1,\ i_2,\ \cdots,\ i_m\}$ 是项的集合，设任务相关的数据 $D=\{t_1,\ t_2,\ \cdots,\ t_m\}$ 是数据库事务的集合，其中每个事务 T（Transaction）是 I 的非空子集，即 $T \in I$，每一个事务有一个标识符，称作 TID（Transaction ID）。关联规则是形如 $X \Rightarrow Y$ 的蕴涵式，其中 X，$Y \in I$ 且 $X \cap Y=\phi$，X 和 Y 分别称为关联规则的先导（antecedent 或 left-hand-side，LHS）和后继（consequent 或 right-hand-side，RHS）。关联规则 $X \Rightarrow Y$ 在 D 中的支持度 s（support）是 D 中事务包含 $X \cup Y$ 的百分比，即概率 $P(X \cup Y)$；置信度 c（confidence）是包含 X 的事务中同时包含 Y 的百分比，即条件概率 $P(Y|X)$。即是

$$\text{support}(X \Rightarrow Y)=P(X \cup Y) \tag{5.1}$$

$$\text{confidence}(X \Rightarrow Y)=P(Y|X)=P(X \cup Y)/P(X)) \tag{5.2}$$

同时满足最小支持度阈值（min_sup）和最小置信度阈值（min_conf）的

---

①（加）Jiawei Han，Micheline Kamber. 数据挖掘概念与技术[M]. 范明，孟小峰，译. 北京：机械工业出版社，2006：150-151.

规则称作强规则，这些阈值由用户或者专家设定。用一个简单的例子说明：

表5-1 某图书馆流通事务数据

图书书目＼TID	1	2	3	4	5	6
六国技术教育史	1	1	1	1	0	1
国际环境教育的理论与实践	1	1	0	0	1	1
科学革命的结构	1	0	0	1	0	0
技术与技术哲学	0	0	0	0	1	0

表5-1是某图书馆流通过程中读者借阅记录的数据库 D，包含6个借阅事务，即 $|D|=6$。项集I={六国技术教育史，国际环境教育的理论与实践，科学革命的结构， 技术与技术哲学}。

考虑关联规则：六国技术教育史 $\Rightarrow$ 国际环境教育的理论与实践

从表5-1中我们可以看出：事务1，2，3，4，6包含"六国技术教育史"，即计数为5；其中，事务1，2，6同时包含"六国技术教育史"和"国际环境教育的理论与实践"，即计数为3。

支持度support（六国技术教育史 $\Rightarrow$ 国际环境教育的理论与实践） $= P$（六国技术教育史 $\bigcup$ 国际环境教育的理论与实践） $= 3/6 = 50\%$

置信度confidence（六国技术教育史 $\Rightarrow$ 国际环境教育的理论与实践） $= P$（六国技术教育史 $\bigcup$ 国际环境教育的理论与实践）$/ P$（六国技术教育史）$=3/5 = 60\%$

若给定最小支持度（min_sup）为50%，最小置信度（min_conf）为60%，认为借阅"六国技术教育史"和借阅"国际环境教育的理论与实践"之间存在关联。

项的集合称为项集。一个项集中项目的个数为该项集的基数，一个基数为 k 的项集称为 $k-$ 项集。集合{科学革命的结构，技术与技术哲学}是一个2-项集。项集的出现频率是包含项集的事务数，简称为项集的频率，支持度计数或计数。如果项集 I 的支持度满足预定义的最小支持度阈值，则 I 是频繁项集。另外，用来获取频繁项集的项集为候选项集。

大型数据库中的关联规则挖掘包含两个过程：

（1）找出所有频繁项集。大部分的计算都集中在这一步。

（2）由频繁项集产生强关联规则。根据定义，即同时满足最小支持度和最小置信度的规则。

5.2　关联规则的分类

按照不同标准，关联规则可以进行如下分类：

（1）基于规则中处理的值的类型，关联规则可以分为布尔型和数值型。

布尔型关联规则处理的值都是离散的、种类化的，它显示了这些变量之间的关系；而数值型关联规则可以和多维关联或多层关联规则结合起来，对数值型字段进行处理，将其进行动态的分割，或者直接对原始的数据进行处理，当然数值型关联规则中也可以包含种类变量。

例如，年级="大一" $\Rightarrow$ 是否电子阅览="是"，是布尔型关联规则；年级="大一" $\Rightarrow avg$（借阅量）=33，涉及的借阅量是数值类型，所以是一个数值型关联规则。

（2）基于规则中数据的抽象层次，可以分为单层关联规则和多层关联规则。

在单层的关联规则中，所有的变量都没有考虑到现实的数据是具有多个不同的层次的；而在多层的关联规则中，对数据的多层性已经进行了充分的考虑。

例如，大一女生 $\Rightarrow$ 是否电子阅览="是"，是一个细节数据上的单层关联规则；本科生 $\Rightarrow$ 是否电子阅览="是"，是一个较高层次和细节层次之间的多层关联规则。

（3）基于规则中涉及的数据的维数，关联规则可以分为单维的和多维的。

在单维的关联规则中，我们只涉及数据的一个维，如读者借阅的图书；而在多维的关联规则中，要处理的数据将会涉及多个维。即单维关联规则是处理单个属性中的一些关系；多维关联规则是处理各个属性之间的某些关系。

例如，六国技术教育史 $\Rightarrow$ 国际环境教育的理论与实践，这条规则只涉及到读者借阅的图书；年级="大一" $\Rightarrow$ 是否电子阅览="是"，这条规则就涉及到两个字段的信息，是两个维上的一条关联规则。

在以上多种关联规则分类中，一维单层布尔型关联规则是最基础的。

5.3　Apriori 算法

Apriori 算法是由 Rakesh Agrawal 和 Ramakrishnan Srikant 两位博士于 1994 年提出的为布尔关联规则挖掘频繁项集的原创性算法。Apriori 是由 a priori 合并而来的，它的意思是根据前面找到的频繁项来推导出后面的频繁项，即先验知识（prior knowledge）。主要通过逐层搜索迭代的方法，k 项集用于探索 $(k+1)$ 项集。通过扫描数据库，累积每个项的计数，并收集满足最小支持度的项，找出频繁 1-项集的集合，该集合记作 L_1，然后 L_1 用于找频繁 2-项集的集合 L_2，L_2 用于找 L_3，以此类推，直到不能再找到频繁 $k-$ 项集，找每个 L_k 需要一次数据库全扫描。

5.3.1　Apriori 性质

为了减少频繁项集的生成时间，Apriori 算法消除一些完全不可能是频繁项集的集合。

性质 1：如果一个集合是频繁项集，则它的所有子集都是频繁项集。例如，假设一个集合 $\{A, B\}$ 是频繁项集，即 A、B 同时出现在一条记录的次数大于等于最小支持度（min_sup），则它的子集 $\{A\}$，$\{B\}$ 出现次数必定大于等于最小支持度（min_sup），即它的子集都是频繁项集。

性质 2：如果一个集合不是频繁项集，则它的所有超集都不是频繁项集，这是 Apriori 算法的反单调性质。例如：假设集合 $\{A\}$ 不是频繁项集，即 A 出现的次数小于最小支持度（min_sup），则它的任何超集如 $\{A, B\}$ 出现的次数必定小于最小支持度（min_sup），因此其超集必定也不是频繁项集。

Apriori 算法利用这两个性质，可以消除很多的候选项集，从而达到快速挖掘频繁项集的目的。

5.3.2　Apriori 算法步骤

Apriori 算法由连接与剪枝两个步骤组成。

（1）连接：为找出 L_k 所有的频繁 k 项集的集合），通过将 L_{k-1}（所有的频

繁 $k-1$ 项集的集合）与自身连接产生候选 $k-$ 项集的集合，该候选 $k-$ 项集记作 C_k 。

设 l_1 和 l_2 是 L_{k-1} 中的成员。记 l_i [j] 表示 l_i 中的第 j 项。假设 Apriori 算法对事务或项集中的项按字典次序排序。 L_{k-1} 中的两个元素 l_1 和 l_2 可以执行连接操作 $l_1 \infty l_2$ 的条件是：（ l_1 [1] $= l_2$ [1] ） $\wedge$ （ l_1 [2] $= l_2$ [2] ） $\wedge \cdots \wedge$ （ l_1 [k-2] $= l_2$ [k-2] ） $\wedge$ （ l_1 [k-1] $< l_2$ [k-1] ），连接 l_1 和 l_2 产生的结果是 { l_1 [1] ， l_1 [2] ，$\cdots$ ， l_1 [k-1] ， l_2 [k-1] } ，其中条件 （ l_1 [k-1] $< l_2$ [k-1] ）是简单地保证不产生重复。

（2）剪枝： C_k 是 L_k 的超集，也就是说， C_k 的成员可能不是频繁的。通过扫描数据库，确定 C_k 中每个候选的计数，判断是否小于最小支持度计数，如果不是，则认为该候选是频繁的。为了减少计算量，可以使用 Apriori 性质：任一频繁项集的所有非空子集也必须是频繁的，反之，如果某个候选的非空子集不是频繁的，那么该候选肯定不是频繁的，即如果一个 $k-$ 项集的 $(k-1)-$ 子集不在 L_{k-1} 中，则该候选不可能是频繁的，从而可以将其从 C_k 中删除。

5.3.3 Apriori 算法示例

表5-2是读者借阅图书的事务数据集，有4个事务，即 $|D| = 4$ 。每一行由某一读者的ID、读者借阅图书书目组成，设最小支持度为50%，最小置信度为70%，根据 Apriori 算法求关联规则。

表 5-2　读者借阅图书的事务数据集

ID	读者借阅图书书目
01 02 03 04	中国古代小说叙事研究，敦煌小说及其叙事艺术，元杂剧研究 中国小说史略，敦煌小说及其叙事艺术，元明散曲小史 中国古代小说叙事研究，中国小说史略，敦煌小说及其叙事艺术， 元明散曲小史 中国小说史略，元明散曲小史

由 Aprior 算法，根据表5-2读者借阅图书的事务数据集，可以得出如表5-3所示的候选1-项集 C_1 。

表5-3 候选1-项集C_1

书 目	计 数
{中国古代小说叙事研究}	2
{中国小说史略}	3
{敦煌小说及其叙事艺术}	3
{元杂剧研究}	1
{元明散曲小史}	3

由表5-3可以看出，如果满足最小支持度50%这个条件，最小支持计数为2，而{元杂剧研究}的计数小于2，去掉后得到由表5-4所示的频繁1-项集L_1。

表5-4 频繁1-项集L_1

书 目	计 数
{中国古代小说叙事研究}	2
{中国小说史略}	3
{敦煌小说及其叙事艺术}	3
{元明散曲小史}	3

由表5-4所示的频繁1-项集L_1，可构成如表5-5所示的候选2-项集C_2。

表5-5 候选2-项集C_2

书 目	计 数
{中国古代小说叙事研究，中国小说史略}	1
{中国古代小说叙事研究，敦煌小说及其叙事艺术}	2
{中国古代小说叙事研究，元明散曲小史}	1
{中国小说史略，敦煌小说及其叙事艺术}	2
{中国小说史略，元明散曲小史}	3
{敦煌小说及其叙事艺术，元明散曲小史}	2

由表5-5可以看出，如果满足最小支持度50%这个条件，即最小支持计数至少为2，而{中国古代小说叙事研究，中国小说史略}，{中国古代小说叙事研究，元明散曲小史}的计数小于2，去掉后得到由表5-6所示的频繁2-项集L_2。

表5-6 频繁2-项集L_2

书 目	计 数
{中国古代小说叙事研究，敦煌小说及其叙事艺术}	2
{中国小说史略，敦煌小说及其叙事艺术}	2
{中国小说史略，元明散曲小史}	3
{敦煌小说及其叙事艺术，元明散曲小史}	2

根据表5-6，使用Apriori性质由频繁2-项集L_2产生候选3-项集C_3。

（1）连接：

$C_3 = L_2 \bowtie L_2 = $ ｛｛中国古代小说叙事研究，敦煌小说及其叙事艺术｝，｛中国小说史略，敦煌小说及其叙事艺术｝，｛中国小说史略，元明散曲小史｝，｛敦煌小说及其叙事艺术，元明散曲小史｝｝ $\bowtie$ ｛｛中国古代小说叙事研究，敦煌小说及其叙事艺术｝，｛中国小说史略，敦煌小说及其叙事艺术｝，｛中国小说史略，元明散曲小史｝，｛敦煌小说及其叙事艺术，元明散曲小史｝｝ = ｛｛中国古代小说叙事研究，中国小说史略，敦煌小说及其叙事艺术｝，｛中国古代小说叙事研究，敦煌小说及其叙事艺术，元明散曲小史｝，｛中国小说史略，敦煌小说及其叙事艺术，元明散曲小史｝｝

（2）剪枝：频繁项集的所有子集必须是频繁的，对候选3-项集C_3，可以删除其子集为非频繁的选项：

①｛中国古代小说叙事研究，中国小说史略，敦煌小说及其叙事艺术｝的2项子集是：

｛中国古代小说叙事研究，中国小说史略｝

｛中国古代小说叙事研究，敦煌小说及其叙事艺术｝

｛中国小说史略，敦煌小说及其叙事艺术｝

其中，｛中国古代小说叙事研究，中国小说史略｝不是L_2的元素，所以删除这个选项。

②｛中国古代小说叙事研究，敦煌小说及其叙事艺术，元明散曲小史｝的2项子集是：

｛中国古代小说叙事研究，敦煌小说及其叙事艺术｝

｛中国古代小说叙事研究，元明散曲小史｝

｛敦煌小说及其叙事艺术，元明散曲小史｝

其中，｛中国古代小说叙事研究，元明散曲小史｝不是L_2的元素，所以删除这个选项。

③｛中国小说史略，敦煌小说及其叙事艺术，元明散曲小史｝的2项子集是：

｛中国小说史略，敦煌小说及其叙事艺术｝

｛中国小说史略，元明散曲小史｝

{敦煌小说及其叙事艺术，元明散曲小史}

它的所有2-项子集都是L_2的元素，因此保留这个选项。

（3）剪枝后得到C_3 = {中国小说史略，敦煌小说及其叙事艺术，元明散曲小史}，如表5-7所示。

表5-7　候选3-项集C_3

书　目	计　数
{中国小说史略，敦煌小说及其叙事艺术，元明散曲小史}	2

由表5-7可以看出，{中国小说史略，敦煌小说及其叙事艺术，元明散曲小史}满足最小计数为2的要求，因此得到由表5-8所示的频繁3-项集L_3。

表5-8　频繁3-项集L_3

书　目	计　数
{中国小说史略，敦煌小说及其叙事艺术，元明散曲小史}	2

至此，如果从满足最小支持度50%的要求，我们可以从频繁2-项集L_2得出规则，并进一步计算其置信度，如表5-9所示。

表5-9　频繁2-项集L_2关联规则置信度

关联规则	置信度
中国古代小说叙事研究 ⇒ 敦煌小说及其叙事艺术	2/2=100%
敦煌小说及其叙事艺术 ⇒ 中国古代小说叙事研究	2/3=66.7%
中国小说史略 ⇒ 敦煌小说及其叙事艺术	2/3=66.7%
敦煌小说及其叙事艺术 ⇒ 中国小说史略	2/3=66.7%
中国小说史略 ⇒ 元明散曲小史	3/3=100%
元明散曲小史 ⇒ 中国小说史略	3/3=100%
敦煌小说及其叙事艺术 ⇒ 元明散曲小史	2/3=66.7%
元明散曲小史 ⇒ 敦煌小说及其叙事艺术	2/3=66.7%

我们可以从频繁3-项集L_3得出的规则，并进一步计算其置信度，如表5-10所示。

表5-10　频繁3-项集 L_3 关联规则置信度

关联规则	置信度
中国小说史略 ⇒ 敦煌小说及其叙事艺术 ∧ 元明散曲小史	2/3=66.7%
敦煌小说及其叙事艺术 ⇒ 中国小说史略 ∧ 元明散曲小史	2/3=66.7%
元明散曲小史 ⇒ 中国小说史略 ∧ 敦煌小说及其叙事艺术	2/3=66.7%
敦煌小说及其叙事艺术 ∧ 元明散曲小史 ⇒ 中国小说史略	2/2=100%
中国小说史略 ∧ 元明散曲小史 ⇒ 敦煌小说及其叙事艺术	2/3=66.7%
中国小说史略 ∧ 敦煌小说及其叙事艺术 ⇒ 元明散曲小史	2/2=100%

根据要求最小置信度阈值为70%，从表5-9与表5-10中，我们看出只有如下5个规则输出产生的是强规则：

中国古代小说叙事研究 ⇒ 敦煌小说及其叙事艺术

中国小说史略 ⇒ 元明散曲小史

元明散曲小史 ⇒ 中国小说史略

敦煌小说及其叙事艺术 ∧ 元明散曲小史 ⇒ 中国小说史略

中国小说史略 ∧ 敦煌小说及其叙事艺术 ⇒ 元明散曲小史

5.4　Microsoft 关联规则算法

Microsoft 关联规则算法是前面 Apriori 算法的实现。在 Microsoft 关联规则算法中置信度也称为"概率"。另外，除了支持度及置信度，在度量"项集和规则"中增加了"重要性"指标，重要性在一些文献中也称为兴趣度分数或增益。项集和规则的重要性的计算方法不同。

项集重要性的计算方法为：项集概率除以项集中各个项的合成概率，例如，如果项集包含 $\{A，B\}$，计算其重要性公式如下：

$$\text{Importance}(\{A，B\}) = \text{Probabiliby}(A，B)/(\text{Probabiliby}(A) * \text{Probabiliby}(B)$$

(5.3)

如果 Importance > 1，则 A 和 B 正相关，表示如果一位读者借阅了 A 书，则他也可能借阅 B 书；Importance < 1，则 A 和 B 负相关，表示如果一位读者借阅了 A 书，则他不太可能借阅 B 书；Importance = 1，则 A 和 B 是独立的项，表示 A 和 B 是两个独立的事件。

规则重要性的计算方法为：在已知规则左侧的情况下，求规则右侧的对数可能性值。例如，规则 $A ⇒ B$，则 Microsoft 关联规则算法计算具有 A 和 B

的事例与具有 B 但不具有 A 的事例之比，然后使用对数将该比率规范化，其公式如下：

$$\text{Importance}\,(A \Rightarrow B) = \log\left(P(B|A)/P(B|\text{not } A)\right) \tag{5.4}$$

如果 Importance > 0，当 A 为真时，B 的概率会增大；Importance < 0，当 A 为真时，B 的概率会减小；Importance $= 0$，则 A 和 B 之间没有关联。

5.4.1 Microsoft 关联规则算法的参数

Microsoft 关联规则算法支持多个参数，这些参数会影响生成的挖掘模型的行为、性能和准确性。主要参数详见表 5-11 所示。

表 5-11 Microsoft 关联规则算法主要参数

参数名称	功　能
MAXIMUM_ITEMSET_COUNT	指定要生成的最大项集数。如果不加以指定，算法将生成所有可能的项集。默认值为 200000
MAXIMUM_ITEMSET_SIZE	指定一个项集中允许的最大项数。将该值设置为 0 将指定对项集的大小没有限制。默认值为 3。由于该参数达到限制时对模型的处理将停止，因此减小该值可能会减少创建该模型所需的时间
MAXIMUM_SUPPORT	指定一个项集中包含的支持事例的最大数目。该参数可用于消除频繁出现从而可能没有多少意义的项目。如果该值小于 1，则表示事例总计的百分比。如果该值大于 1，则表示可以包含项集的事例的绝对数。默认值为 1
MINIMUM_IMPORTANCE	指定关联规则的重要性阈值。重要性低于此值的规则将被筛选出去
MINIMUM_ITEMSET_SIZE	指定一个项集中允许的最小项数。若增大该数值，模型包含的项集可能会减少。例如，在希望忽略单项目项集时，这会很有帮助。默认值为 1。但通过增大该值，可筛选出较小的项集
MINIMUM_PROBABILITY	指定规则为 True 的最小概率。例如，如果将该值设置为 0.5，这将意味着不生成概率小于百分之五十的规则。默认值为 0.4
MINIMUM_SUPPORT	指定在该算法生成规则之前必须包含项集的事例的最小数目，只有达到该数目，才能生成规则。如果将该值设置为小于 1，则最小事例数的计算方式为占总事例的百分比。如果将该值设置为大于 1 的整数，则指定最小事例数的计算方式为必须包含该项集的事例计数。如果内存有限，则该算法可能会自动增大此参数的值

5.4.2　Microsoft关联规则算法的要求

每个模型都必须包含一个用于唯一标识每条记录的数值列或文本列，不允许复合键；输入列必须为离散列，关联模型的输入数据通常包含在两个表中。例如，一个表可能包含读者信息，而另一个表可能包含读者借阅信息，可以使用嵌套表将该数据输入到模型中；一个关联模型只能有一个可预测列，通常它是嵌套表的键列，这些值必须是离散或离散化值。Microsoft关联规则算法支持特定的输入列和可预测列：

输入列内容类型包括：Cyclical（循环）、Discrete（离散）、Discretized（离散化）、Key（键）、Table（表）和Ordered（已排序）；可预测列内容类型包括：Cyclical（循环）、Discrete（离散）、Discretized（离散化）、Table（表）和Ordered（已排序）。其中，Cyclical（循环）和Ordered（已排序）内容类型，算法会将它们视为离散值，不会进行特殊处理。

5.5　案例：利用SQL Server 2012进行Microsoft关联规则挖掘

问题描述：利用Microsoft关联规则算法对读者的借阅事务进行关联分析，可以了解哪些图书比较受欢迎，一本图书与另一本图书被一起借阅的可能性是多大，以及向读者推荐他们最有可能借阅的图书书目，将经常被读者一起借阅的图书较近摆放，方便读者借阅。另外，可以分析是否因为某些关键资源的缺失而导致读者的流失等问题。

整体思路：抽取流通日志，选取2008年到2011年流通借出记录为例，进行Microsoft关联规则挖掘。

5.5.1　数据准备

1.补全流通日志表中文文献信息

通过"书条码号"字段将流通日志表与文献表关联，补全流通日志表中文献的具体信息（题名、索取号）。在Transact-SQL查询窗口中，执行以下语句：

```
Select
dbo. 流通日志. 日志号,
dbo. 流通日志. 操作类型,
dbo. 流通日志. 读者记录号,
Convert（date, dbo. 流通日志. 操作时间）as 操作日期,
dbo. 文献. 题名,
dbo. 文献. 索取号
into 流通日志_图书_关联规则
from dbo. 流通日志
LEFT OUTER JOIN dbo. 文献 on dbo. 流通日志. 条码号 = dbo. 文献. 书条码号
```

2. 提取流通借出记录

提取 2008 年 1 月 1 日到 2011 年 12 月 31 日的流通借出记录。在 Transact-SQL 查询窗口中，执行以下语句：

```
select * into［流通日志_图书_08to11借出］
from［dbo］.［流通日志_图书_关联规则］
where［操作日期］between '2008-01-01' and '2011-12-31' and［操作类型］=
'3031'
```

提取好的 2008—2011 年的流通借出记录，如表5-12 所示。这里的操作类型字段值"3031"表示流通借出。

表5-12 2008—2011年借阅信息

	日志号	操作类型	读者记录号	操作日期	题名	索取号
1	5254880	3031	786	2008-03-13	第二春	I247.5/3372
2	5254881	3031	786	2008-03-13	土默热红楼判得新裁	I207.411/4065 (3)
3	6447284	3031	786	2008-12-19	乡村新型合作经济组织崛起	F325.12/1080
4	7726939	3031	786	2010-01-12	圣诞节的巡逻兵：感动小学生的100个兄弟姐妹	I16/7929
5	7726940	3031	786	2010-01-12	海狼：插图本	I712.44/2808 (3)
6	5065726	3031	1147	2008-01-09	第二春	I247.5/3372
7	5065727	3031	1147	2008-01-09	写食主义	I267/3431
8	5065729	3031	1147	2008-01-09	幸福是如此简单	I267.4/4417
9	5076921	3031	1147	2008-01-11	大学英语4级考试直击考点：12句作文法	H315-42/1044
10	5076922	3031	1147	2008-01-11	710分全能综合演练	H310.42/1077
11	5076923	3031	1147	2008-01-11	尘世	I711.45/1287
12	5293500	3031	1147	2008-03-20	回家	I247.5/2828
13	5293502	3031	1147	2008-03-20	不谈爱情	I247.5/3444 (9)
14	5484628	3031	1147	2008-04-21	中国人：全译本	C955.2/4439 (3)
15	5484630	3031	1147	2008-04-21	在路上：CCTV《赢在中国》首赛季12强创业	K825.3/0244
16	5484626	3031	1147	2008-04-21	梁思成 林徽因与我	K826.16/4435
17	5484629	3031	1147	2008-04-21	红楼心解：读《红楼梦》随笔	I207.411/8012 (4)
18	5773556	3031	1147	2008-06-12	不是真相	I247.5/1033 (5)
19	5773558	3031	1147	2008-06-12	小故事大智慧．IV	I247.8/1227 (3)
20	5773559	3031	1147	2008-06-12	李敖说事	I267.1/4000

3. 生成借阅单号字段

用读者记录号与操作日期两个字段组合，构成借阅单号列。在 Transact-SQL 查询窗口中，执行以下语句：

```
select
［日志号］，rtrim（convert（char，［读者记录号］））+rtrim（convert（char，［操作日
期］））as 借阅单号，
［题名］，
［读者记录号］，
［操作日期］，
［索取号］into ［dbo］. ［流通日志_图书08to11借出_处理］
from ［dbo］. ［流通日志_图书_08to11借出］
```

构建好借阅单号后的2008—2011年借阅信息，如表5-13所示。

表5-13 构建好借阅单号后的2008—2011年借阅信息

	日志号	借阅单号	题名	读者记录号	操作日期	索取号
1	5254880	7862008-03-13	第二春	786	2008-03-13	I247.5/3372
2	5254881	7862008-03-13	土默热红楼判词新解	786	2008-03-13	I207.411/4065 (3)
3	6447284	7862008-12-19	乡村新型合作经济组织崛起	786	2008-12-19	F325.12/1060
4	7726939	7862010-01-12	圣诞节的巡逻兵：感动小学生的100个兄弟姐妹	786	2010-01-12	I16/7929
5	7726940	7862010-01-12	海象：拚图本	786	2010-01-12	I712.44/2808 (3)
6	5065726	11472008-01-09	第二春	1147	2008-01-09	I247.5/3372
7	5065727	11472008-01-09	写食主义	1147	2008-01-09	I267/3431
8	5065729	11472008-01-09	幸福是如此简单	1147	2008-01-09	I267.4/4417
9	5076923	11472008-01-11	尘世	1147	2008-01-11	I711.45/1207
10	5076921	11472008-01-11	大学英语4级考试直击考点 12句作文法	1147	2008-01-11	H315.42/1044
11	5076922	11472008-01-11	710分全能综合演练	1147	2008-01-11	H310.42/1077
12	5293600	11472008-03-20	回家	1147	2008-03-20	I247.5/2628
13	5293602	11472008-03-20	不谈爱情	1147	2008-03-20	I247.5/3444 (9)
14	5484828	11472008-04-21	中国人：全译本	1147	2008-04-21	C955.2/4439 (3)
15	5484830	11472008-04-21	在路上：CCTV《赢在中国》首季季12强创业…	1147	2008-04-21	D825.3/0244
16	5484829	11472008-04-21	梁思成 林徽因与我	1147	2008-04-21	D826.16/4435
17	5484829	11472008-04-21	红楼心解：读《红楼梦》随笔	1147	2008-04-21	I207.411/8012 (4)
18	5773655	11472008-06-12	不是真相	1147	2008-06-12	I247.5/1033 (5)
19	5773658	11472008-06-12	小故事大智慧 IV	1147	2008-06-12	I247.8/1227 (3)

4. 提取借阅图书读者

从构建好借阅单号的2008—2011年借阅信息表中，提取出借阅图书的读者记录号信息。在Transact-SQL查询窗口中，执行以下语句：

```
select distinct（［借阅单号］），［读者记录号］into 借阅图书读者 from ［dbo］. ［流通日志_图书08to11借出_处理］
```

提取好的借阅图书的读者记录号信息，如表5-14所示。

表5-14 借阅图书读者信息

	借阅单号	读者记录号
1	11472011-10-19	1147
2	83942011-10-20	8394
3	83942011-12-17	8394
4	86082011-09-29	8608
5	88652011-09-01	8865
6	88652011-09-13	8865
7	88652011-09-29	8865

5.5.2 实现挖掘任务

1. 新建项目

创建SSAS项目。在SQL Server 2012中打开SQL Server Data Tools（SS-DT）：开始->所有程序->Microsoft SQL Server 2012-> SQL Server Data Tools。单击菜单栏的"文件"->"新建项目"命令，弹出如图5-1所示的"新建项目"对话框，选择项目中的"Analysis Services多维和数据挖掘项目"。在"名称""解决方案名称"文本框中，写入项目名称和解决方案名称；在"位置"文本框中，单击右侧"浏览"按钮，选择解决方案的保存路径；最后单击"确定"按钮。

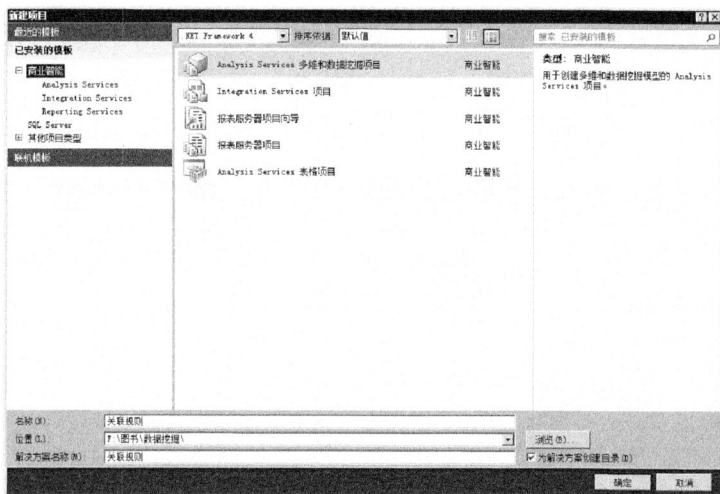

图5-1 新建Analysis Services项目

2. 创建数据源和数据源视图

创建数据源的过程参见第4章"利用SQL Server2012创建OLAP立方"内容。这里创建一个名为"数据挖掘"的新数据源，该数据源连接"借书读者""流通日志_图书08to11借出_处理"数据表所在的数据库。在数据源视图设计页面编辑两表关系，如图5-2所示。

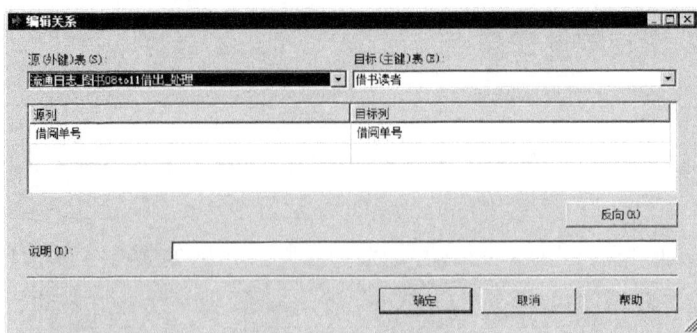

图5-2　编辑表关系

3. 部署项目设置

在 SQL Server Data Tools（SSDT）右边的"解决方案资源管理器"窗口中：鼠标右键单击项目名称"关联规则"，选择"属性"命令，打开"关联规则属性页"，在左窗格的"配置属性"节点中，单击"部署"如图5-3所示将"服务器"属性更改为相应的实例名，默认为本地服务器"localhost"。

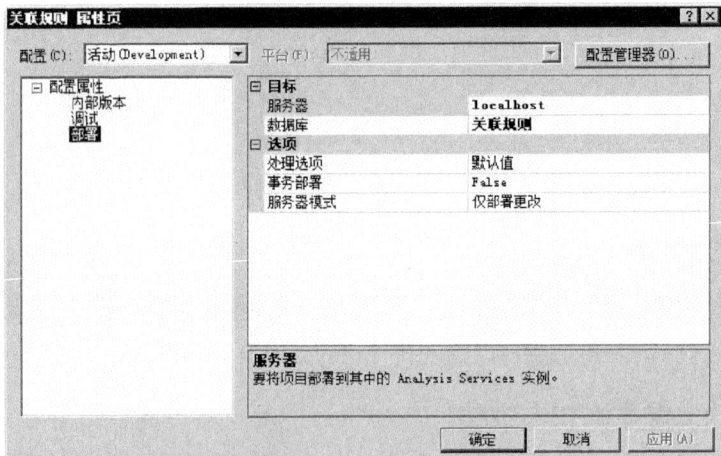

图5-3　项目属性设置

4. 根据向导创建挖掘结构

步骤1：在 SQL Server Data Tools（SSDT）右边的"解决方案资源管理器"窗口中单击"挖掘结构"文件夹，选择"新建挖掘结构"命令，启动数据挖掘向导，如图5-4所示。

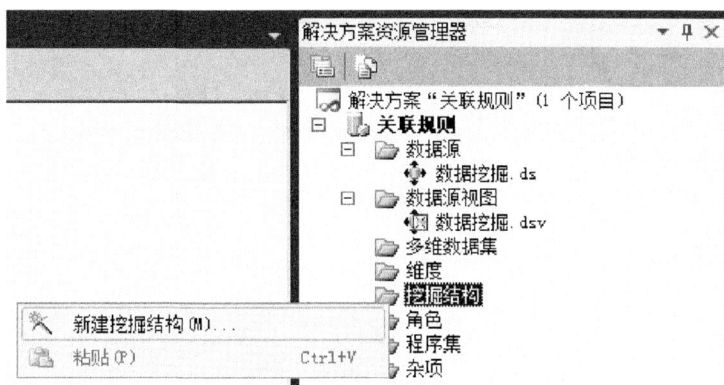

图5-4 新建挖掘结构

步骤2：在弹出的"数据挖掘向导"窗口中单击"下一步"按钮。在接下来的"选择定义方法"窗口中，确保选择"从现有关系数据库或数据仓库"，单击"下一步"按钮，进入"创建数据挖掘结构"窗口，"您要使用何种数据挖掘技术?"选择"Microsoft 关联规则"，如图5-5所示。

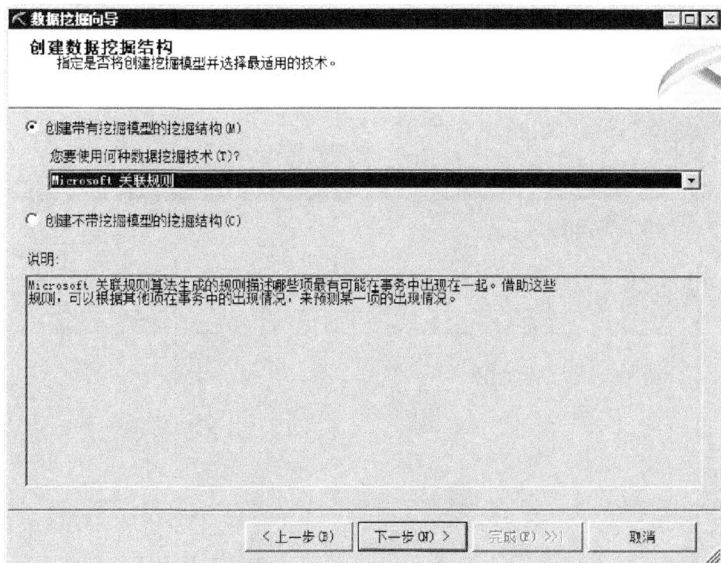

图5-5 选择数据挖掘技术

步骤3：单击图5-5中"下一步"按钮，进入"选择数据源视图"窗口，选择前面创建好的"数据挖掘"数据源视图，单击"浏览"按钮显示其包含的数据表信息，如图5-6所示。

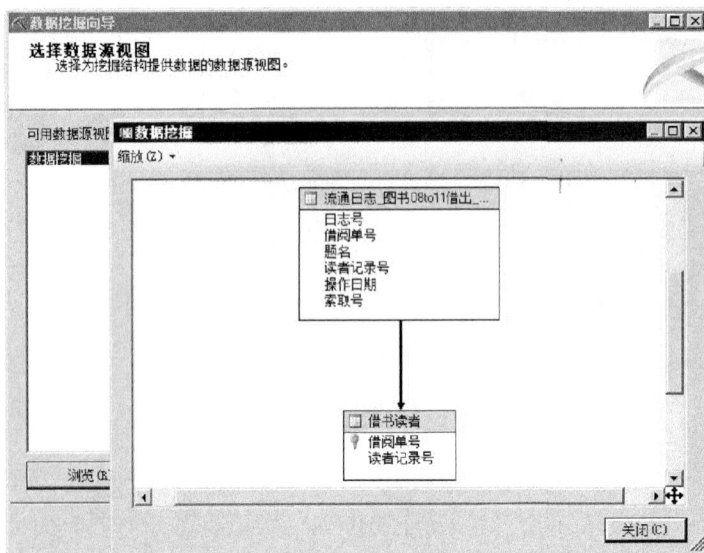

图5-6　选择数据源视图

步骤4：关闭"数据挖掘"表窗口，单击"选择数据源视图"中"下一步"按钮，进入"指定表类型"窗口，选择用于定义挖掘结构的"借书读者"表，将其设置为"事例"表；"流通日志_图书08to11借出_处理"表，将其设置为"嵌套"表，如图5-7所示。

图5-7　指定表类型

步骤5：单击图5-7中"下一步"按钮，进入"指定定型数据"窗口，这里至少指定一个键列、一个输入列以及一个可预测列。我们选择"读者记录号"作为"键列"，"题名"同时作为"键列""输入列"及"预测列"，如图5-8所示。

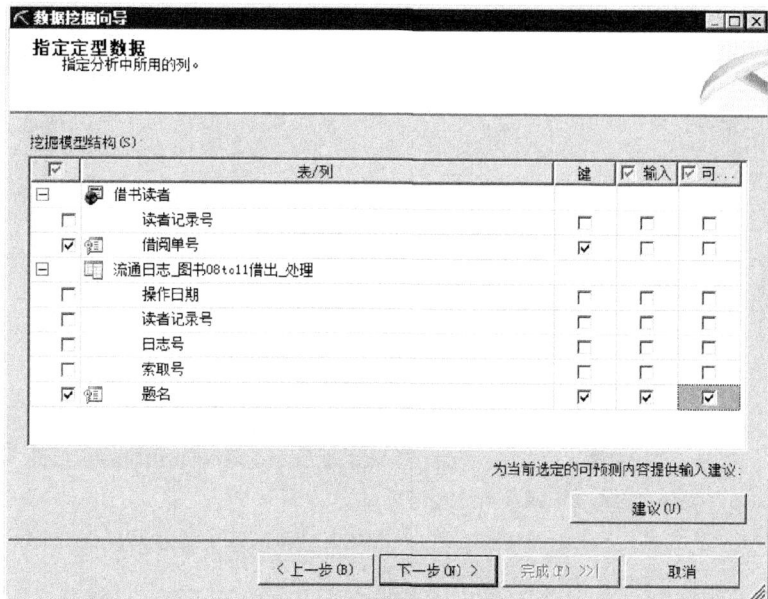

图5-8　指定定型数据

步骤6：单击图5-8中"下一步"按钮，进入"指定列的内容和数据类型"窗口，向导会自动检测数值，并分配相应的数值数据类型，如果需要修改，可以单击需要修改类型的下拉列表框进行手动选择，也可以单击"检测"按钮运行用来确定每列的默认数据类型和内容类型的算法。如图5-9所示。

步骤7：单击图5-9中"下一步"按钮，进入"创建测试集"窗口，我们可以根据实际分析需要设置测试数据集的大小。将"测试数据百分比"保留其默认值：30，"测试数据集中的最大事例数"，键入1000。如图5-10所示。

图5-9　指定列的内容和数据类型

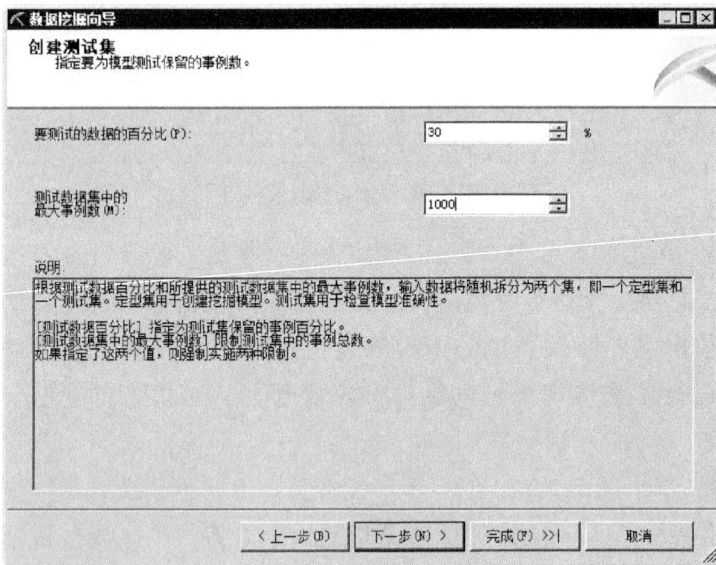

图5-10　创建测试集

步骤8：单击图5-10中"下一步"按钮，分别为挖掘结构、挖掘模型指定一个名称，选中"允许钻取"复选框，以备将来浏览模型时，可以在相应的查看器中单击某个节点，并检索有关该特定节点中各个事例的详细信息。

单击"完成"按钮结束挖掘结构的创建。如图5-11所示。

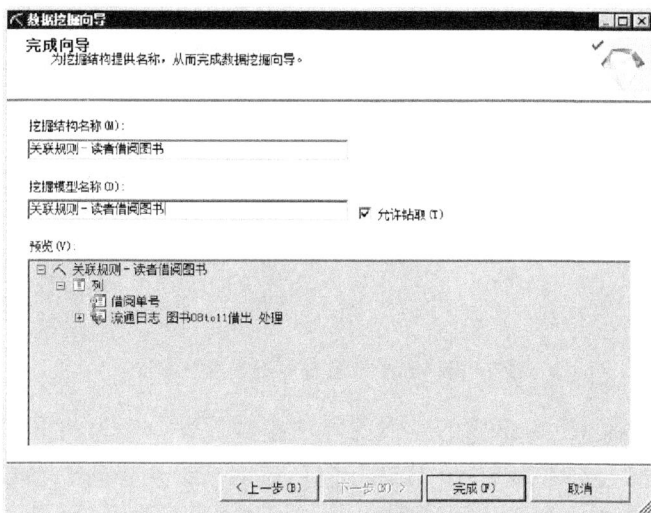

图5-11 完成向导

步骤9：单击图5-11中"完成"按钮，回到数据挖掘设计器主页面，其中包含了"挖掘结构、挖掘模型、挖掘模型查看器、挖掘准确性图表及挖掘模型预测"等选项。其中"挖掘结构"选项卡页面，如图5-12所示。

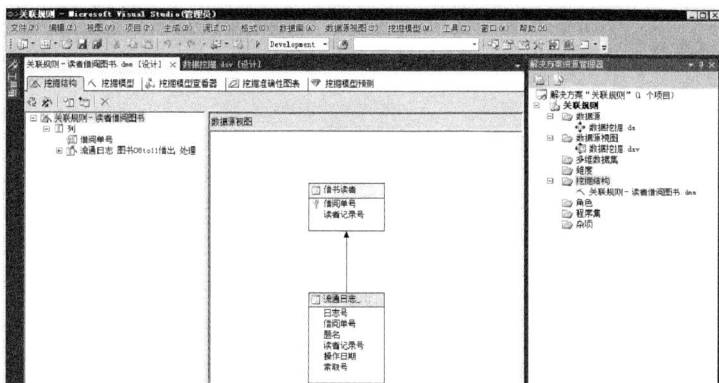

图5-12 数据挖掘设计器的"挖掘结构"选项卡

5. 设置模型参数

本部分使用数据挖掘设计器的"挖掘模型"选项卡为"关联规则-读者借阅图书"关联规则挖掘模型设置算法的参数。

步骤1：打开数据挖掘设计器的"挖掘模型"选项卡，鼠标右键单击需要设置参数的挖掘模型列头，选择"设置算法参数"命令，如图5-13所示。

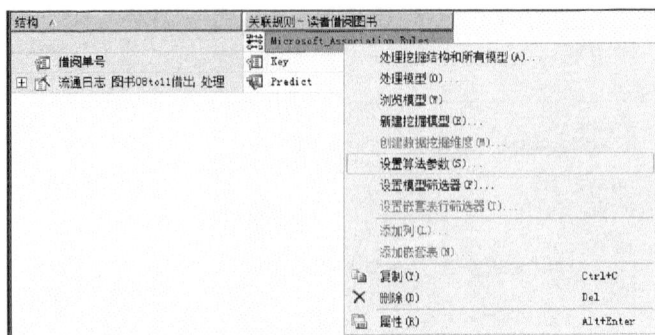

图5-13　选择"设置算法参数"命令

步骤2：执行图5-13中的"设置算法参数"命令后，打开"关联规则 – 读者借阅图书"挖掘模型的"算法参数"对话框，选择每个参数行，都会在"说明"文本框中显示对应的参数说明。因为我们选取2008—2011年四年读者借阅图书的历史，书目数据量较大，近1600000条记录，所以将最大项集计数"MAXIMUM_ITEMSET_COUNT"项设置为"1600000"，以免达到上限而无法生成任何有效规则。因为学校规定的单次借阅书籍上限是15本，所以将最大项集容量"MAXIMUM_ITEMSET_SIZE"项设置成"15"，我们认为至少有两次相同的项集出现才生成规则，所以设置最小支持度"MINI-MUM_SUPPORT"项为"2"，如图5-14所示。单击"确定"完成挖掘模型的算法参数设置。

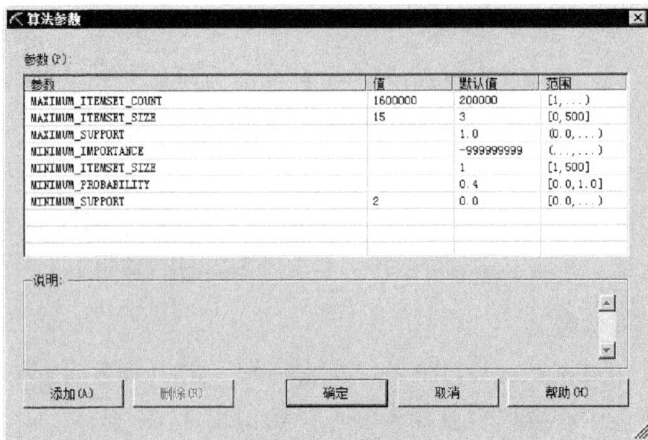

图5-14　挖掘模型的"算法参数"对话框

6. 部署并处理模型

步骤1：在"挖掘模型"选项卡工具栏上单击"处理挖掘结构和所有模型"按钮，打开处理挖掘结构"关联规则-读者借阅图书"对话框，如图5-15所示。

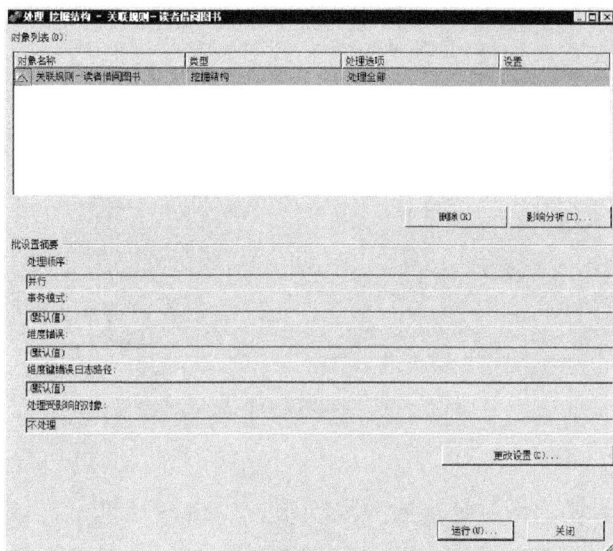

图5-15 处理挖掘结构对话框

步骤2：单击图5-15"运行"按钮，开始处理，模型处理可能需要一些时间，具体取决于您的计算机。处理成功完成后，"处理进度"对话框将打开以显示有关模型处理的详细信息，如图5-16所示。单击"关闭"按钮，完成挖掘结构处理过程。

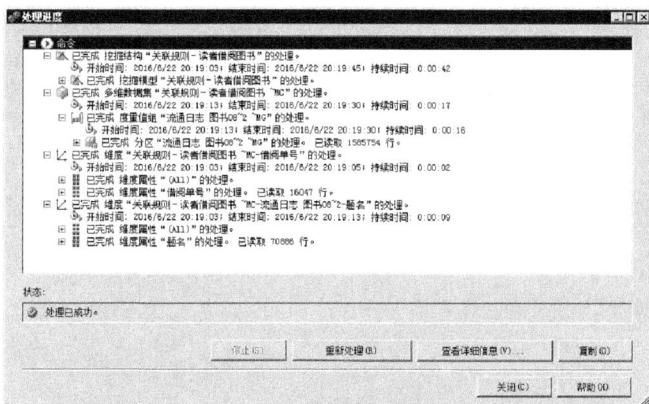

图5-16 挖掘结构处理进度对话框

5.5.3 浏览模型

部署并处理完模型之后，我们就可以通过"挖掘模型查看器"查看挖掘结果。关联规则"挖掘模型查看器"包含3个选项卡：规则、项集及依赖关系网络。第一次查看挖掘结果或修改参数值及筛选条件时，首先会显示一个加载挖掘模型的进度画面，如图5-17所示。

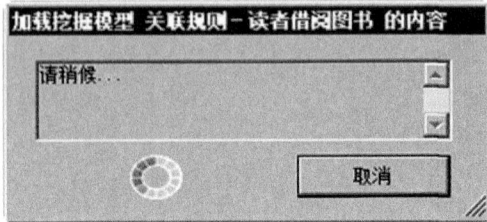

图5-17　加载挖掘模型进度

1. 规则

规则选项卡显示满足要求的关联规则，如图5-18所示。该选项卡分为上下两部分，上面是参数设置及规则筛选条件区；下面是规则表格，显示满足要求的规则、概率及重要性分数，单击表头可以切换排序模式。

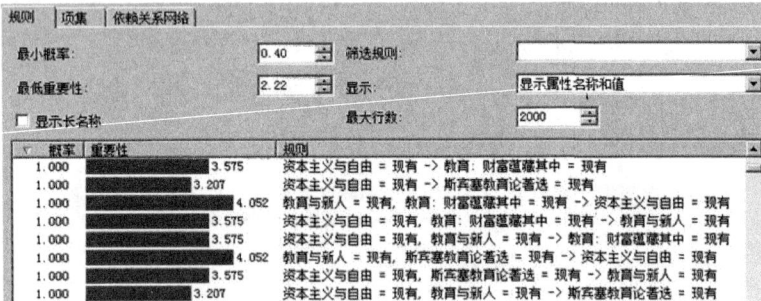

图5-18　关联规则

最小概率：此参数就是关联规则中的最小置信度，置信度小于此值的规则将会被删除。

最低重要性：此参数用于测试规则的有效性。重要性越高，则规则的质量越好。

最大行数：此参数对表中显示的规则条目个数进行设置。

筛选规则：通过它我们可以筛选出某一具体属性值的相关规则。

显示设置规则显示的形式，显示属性名称和值、显示属性值及属性名称等方式。例如，我们将最小概率设为0.8，筛选规则设为教育与新人，显示设为仅显示属性名称，满足要求的规则，如图5-19所示。图5-19中，一些规则的概率为1.000（100%），即一个必然事件，说明在数据训练集中，没有案例该规则为假。

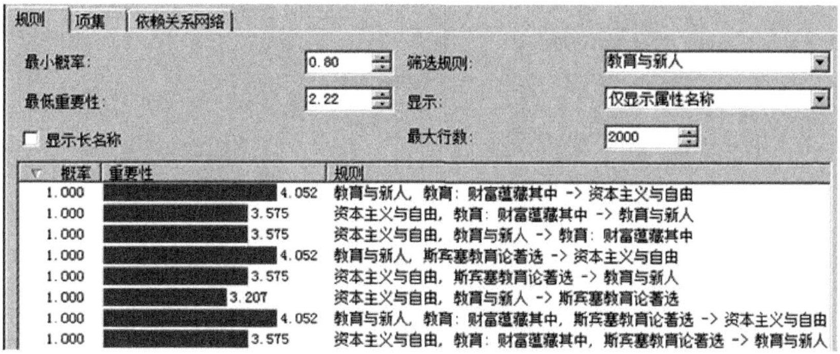

图5-19 关联规则

Microsoft关联规则算法不会在规则的右边生成多项。如果希望有多种推荐信息，可以对关联模型使用预测查询，该预测查询可以返回多项。

2. 项集

项集选项卡显示关联规则算法发现的频繁项集，如图5-20所示。该选项卡分为上下两部分，上面是参数设置及项集筛选条件区；下面是项集表格，显示满足要求的频繁项集、支持度及大小，单击表头可以切换排序模式。

最低支持：此参数就是关联规则中的最小支持度，支持度小于此值的项集将会被删除。

最小项集大小：项集的对象小于此值者将会被删除。

最大行数：此参数对表中显示的频繁项集条目个数进行设置。

筛选项集：通过它我们可以筛选出某一具体属性值的频繁项集。

显示：设置规则显示的形式，显示属性名称和值、显示属性值及属性名称等方式。

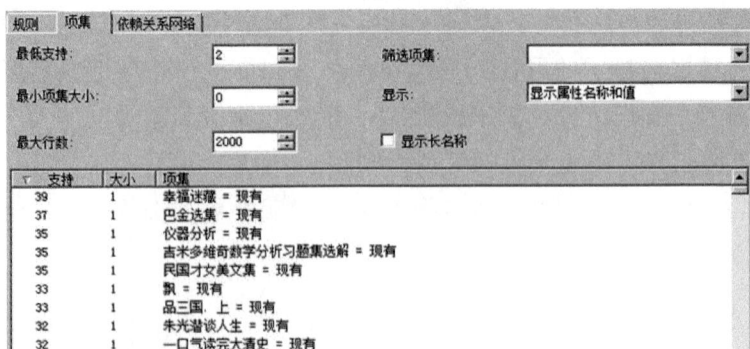

图 5-20 频繁项集

例如，我们将筛选项集设为幸福迷藏，显示设为仅显示属性名称，满足要求的频繁项集，如图 5-21 所示。

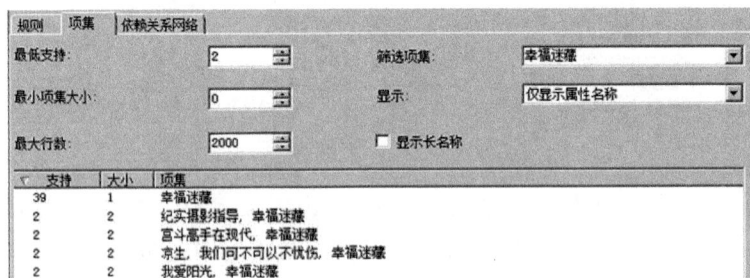

图 5-21 频繁项集

3. 依赖关系网络

依赖关系网络显示项目之间的依赖关系，如图 5-22 所示。该选项卡分为上下两部分，上面是包含一些功能按钮的工具栏；下面是网络依赖图显示区，该显示区左边滑动条与重要性分数关联，可以调节显示依赖关系的强度。

图 5-22 中每个节点都表示一项，例如，环境权论 = 现有。当用鼠标选中一个节点，与其相关的节点将以特殊颜色显示。节点间的箭头代表项之间有关联，箭头的方向表示按照算法发现的规则确定的项之间的关联。默认情况下，最多显示 60 个节点。如果需要将隐藏的结点加入到图中，可以点击工具栏上的"查找节点"按钮打开如图 5-23 所示的对话框，如在文本框中输入"中国小说"，确定之后，生成的依赖关系网络，如图 5-24 所示，以"中国小说"为当前节点的所有关系节点会以彩色显示。也可以通

过降低参数MINIMUM_PROBABILITY的值，使依赖关系网络中拥有更多的节点和边。

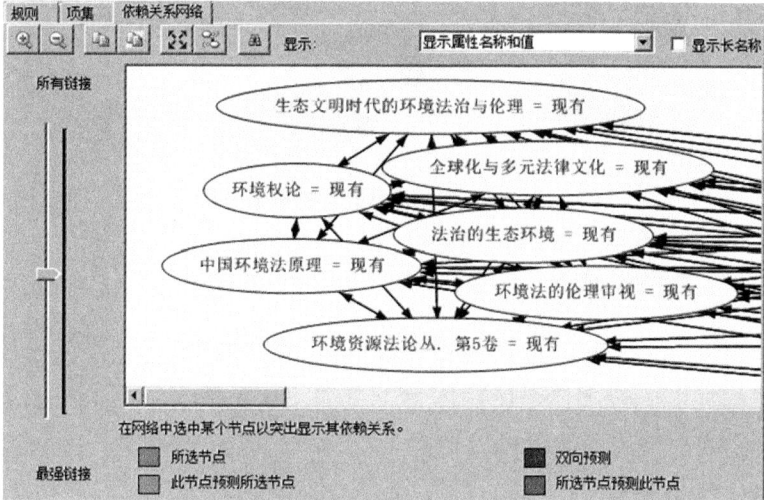

图5-22 依赖关系网络

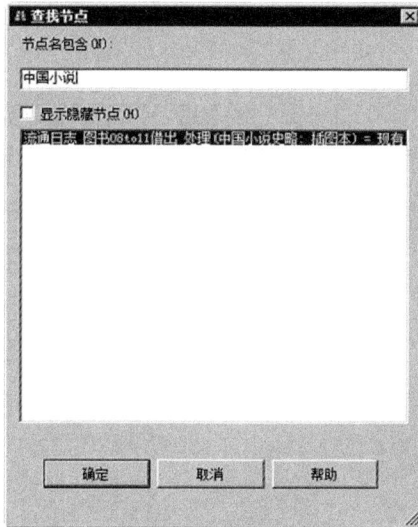

图5-23 查找节点

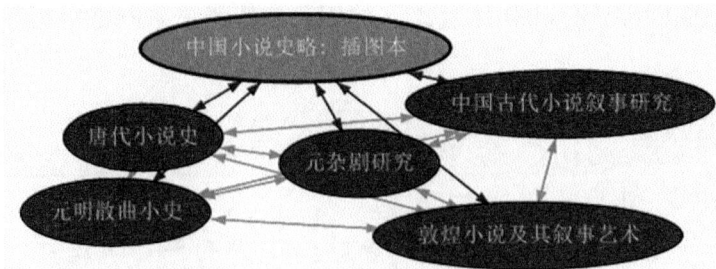

图5-24 "中国小说"的关系网络

5.5.4 关联预测

在处理模型后,可以使用模型中存储的关联的相关信息来创建预测。我们可以根据现有的读者已借阅的图书,推测出这位读者下一本可能借阅什么书,从而实现向读者推荐书目。

1. 单独预测查询

步骤1:在数据挖掘设计器中,单击"挖掘模型预测"选项卡,单击该选项卡页面工具栏中的"单独查询"图标按钮,出现"单独查询"设计页面,如图5-25所示。

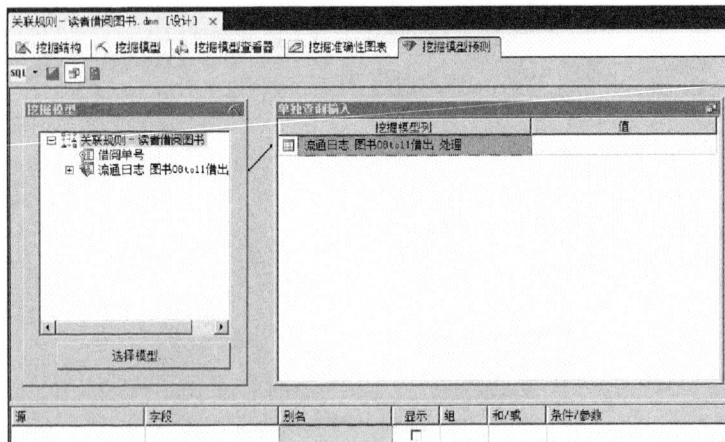

图5-25 单独查询设计页面

步骤2:在"挖掘模型"对话框中选择已建好的"关联规则–读者借阅图书"模型。

在"单独查询输入"对话框中指定一本书目作为查询输入,并查看最可能与该图书关联的图书，如选择"《沧浪诗话》的诗学研究"。在最下面网格窗中，单击"源"下的空单元，选择"预测函数"；在"字段"下的单元中选择Predict Association；在"别名"下的单元中输入"推荐书目"；在"挖掘模型"窗格中选择嵌套表"流通日志 图书08to11借出"，将其拖到网格中Predict Association函数的"条件/参数"框；单击"条件/参数"框，在表名称后键入以下文本：", 5, $probability, include_statistics, include_node_id"，最终"条件/参数"框中的完整文本应该如下所示：[关联规则－读者借阅图书].[流通日志 图书08to11借出 处理], 5, $probability, include_statistics, include_node_id。按上面所有条件设置后，最终页面如图5-26所示。

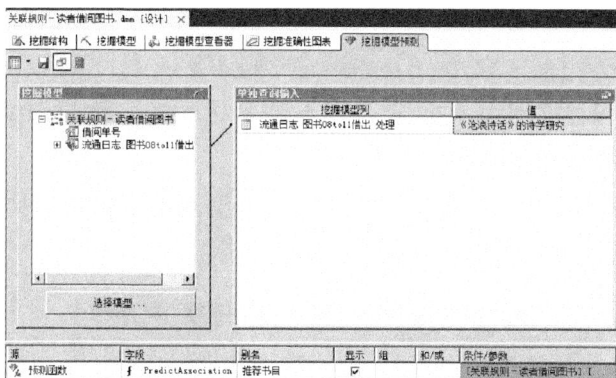

图5-26 设置好条件的单独查询设计页面

步骤3：单击工具栏"结果"按钮，结果显示最可能与"《沧浪诗话》的诗学研究"关联的图书的预测，同时显示支持率和概率等信息，如图5-27所示。

题名	$SUPPORT	$PROBABILITY	$ADJUSTEDPROBABILITY	$NODEID
禅与唐宋诗学	3	0.5	0.980421565985887	5227
幸福迷藏	39	0.0025920510434667	0.00258869457982869	
巴金选集	37	0.00245912534892995	0.00245610417717645	
仪器分析	35	0.00232619965439319	0.0023234961486814	
民国才女美文集	35	0.00232619965439319	0.0023234961486814	

图5-27 与"《沧浪诗话》的诗学研究"关联的图书的预测结果

通过以上步骤，完成了对"《沧浪诗话》的诗学研究"关联的图书的预测，也可以直接执行以下DMX语句进行预测查询。

```
SELECT
(PredictAssociation（[关联规则 - 读者借阅图书].[流通日志 图书08to11借出 处理]，
5，$probability，include_statistics，include_node_id）) as [推荐书目]
From
[关联规则 - 读者借阅图书]
NATURAL PREDICTION JOIN
(SELECT （SELECT '《沧浪诗话》的诗学研究' AS [题名]） AS [流通日志 图书
08to11借出 处理]) AS t
```

2. 多个预测查询

如果我们需要根据以往的借阅情况了解每位读者的最佳预测，可以使用外部数据作为预测查询的输入，如包含读者ID和最近图书借阅情况的表。要求这些数据表已经定义为Analysis Services数据源视图，而且输入数据必须包含事例和类似模型中使用的嵌套表。不需要相同的名称，但结构必须相似。本例中，使用对模型进行定型的原始表。

步骤1：再次单击"挖掘模型预测选项卡页面工具栏中的"单独查询"图标按钮，出现如图5-28所示错误消息警告对话框。

图5-28　错误消息警告

步骤2：单击图5-28对话框中"是"按钮，出现由原来"单独查询输入"改为"选择输入表"的设计页面，如图5-29所示。

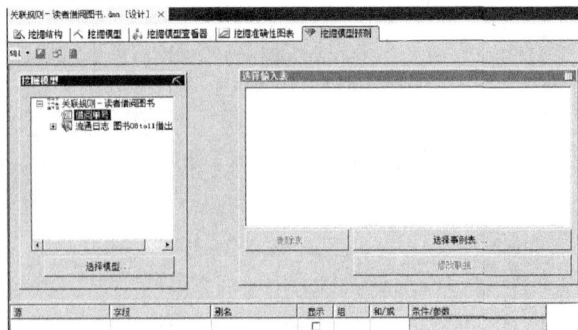

图5-29　多个预测查询设计页面

步骤2：在"挖掘模型"对话框中选择我们已建好的"关联规则－读者借阅图书"模型。

在"选择输入表中"对话框中选择"借阅读者"作为事例表，"流通日志 图书08to11借出 处理"作为嵌套表。在最下面网格窗中，单击"源"下的空单元，选择"借阅读者"表；在"字段"下的单元中选择"读者记录号"；在"别名"下的单元中输入"读者记录号"。

在网格中添加一个新行。在"源"下的空单元，选择"预测函数"；在"字段"下的单元中选择Predict Association；在"别名"下的单元中输入"推荐书目"；在"挖掘模型"窗格中选择嵌套表"流通日志 图书08to11借出"，将其拖到网格中Predict Association函数的"条件/参数"框；单击"条件/参数"框，在表名称后键入以下文本："，5，$probability，include_statistics，include_node_id"，最终"条件/参数"框中的完整文本应该如下所示：[关联规则－读者借阅图书].[流通日志 图书08to11借出 处理]，5，$probability，include_statistics，include_node_id。按上面所有条件设置后，最终页面如图5-30所示。

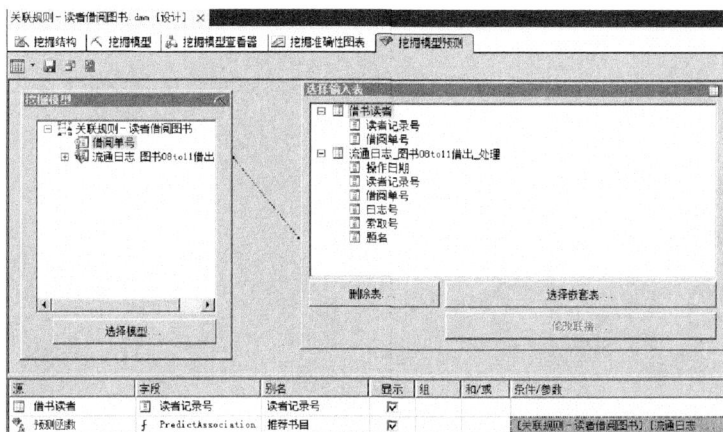

图5-30 设置好条件的单独查询设计页面

步骤3：单击工具栏"结果"按钮。结果显示对每位读者将借阅图书的预测，同时显示支持率和概率等信息，如图5-31所示。

通过以上步骤，完成了对每位读者将要借阅图书的预测，也可以直接执行如图5-32所示的DMX语句进行预测查询。

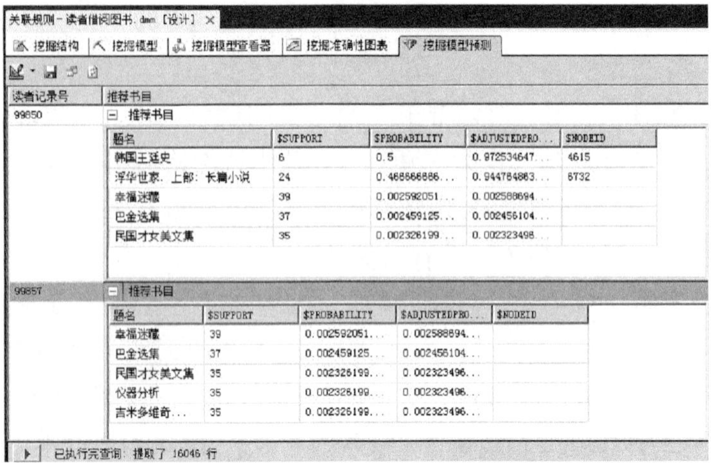

图5-31 每位读者将要借阅图书的预测结果

```
SELECT
  (t. ［读者记录号］) as ［读者记录号］,
  (PredictAssociation (［关联规则－读者借阅图书］. ［流通日志 图书08to11借出 处
理］, 5, $probability, include_statistics, include_node_id)) as ［推荐书目］
From
  ［关联规则－读者借阅图书］
PREDICTION JOIN
 SHAPE {
 OPENQUERY (［数据挖掘］,
  'SELECT
    ［读者记录号］,
    ［借阅单号］
  FROM
    ［dbo］. ［借书读者］
  ORDER BY
    ［借阅单号］')}
APPEND
 ({OPENQUERY (［数据挖掘］,
  'SELECT
    ［题名］,
    ［借阅单号］
  FROM
    ［dbo］. ［流通日志_图书08to11借出_处理］
  ORDER BY
    ［借阅单号］')}
  RELATE
    ［借阅单号］ TO ［借阅单号］)
  AS
    ［流通日志_图书08to11借出_处理］ AS t
ON
  ［关联规则－读者借阅图书］. ［流通日志 图书08to11借出 处理］. ［题名］ = t. ［流
通日志_图书08to11借出_处理］. ［题名］
```

图5-32 DMX查询

第6章 分类

分类是数据挖掘的主要方法。分类根据训练数据集和类标号属性，构建模型来分类现有数据，也可以预测一个新样本属于哪一类。对图书馆来说，采用数据挖掘中的分类技术，可以将读者分成不同的类别，帮助图书馆决策人员寻找出不同类型读者之间的特征，利用自动文本分类技术帮助文献检索和搜索引擎的设计等。本章主要介绍决策树算法、贝叶斯分类算法、神经网络算法。

6.1 决策树算法

6.1.1 基本概念

决策树是运用于分类的一种树结构（可以是二叉树或非二叉树），决策树是用样本的属性作为节点，用属性的取值作为分枝的树结构。使用决策树进行决策的过程就是从根节点开始，测试待分类项中相应的特征属性，并按照其值选择输出分枝，直到到达叶子节点，将叶子节点存放的类别作为决策结果。

用一个简单例子说明，在"图书是否受欢迎"分类问题中，我们样本采用的属性为{图书类别，书龄，续借次数}。其中，图书类别属性取值有{T类、H类、I类}；书龄属性取值有{≤8、＞8}；续借次数属性取值有{≤2、＞2}。图6-1是一棵根据样本提供类别，构建的决策树结构，这棵决策树有决策节点和叶子节点两种类型的节点，图中决策节点用方框表示，叶子节点用椭圆表示。根节点首先提出问题，图书类别是什么？这个问题有三个可能的答案：T

类、H类及I类，这三个可能的答案，构成了根结点下边的三个分枝。其他的内部节点：书龄及续借次数，以相同的原理进行分枝。每一个叶子节点代表一个类标："是"或者"否"。图书类别为T类的图书如果书龄小于8年，是比较受欢迎的图书，T类的图书如果书龄大于8年则不受欢迎；H类图书是受欢迎图书；I类图书如果续借次数小于2次，不受欢迎，I类图书如果续借次数大于2次，则是受欢迎图书。

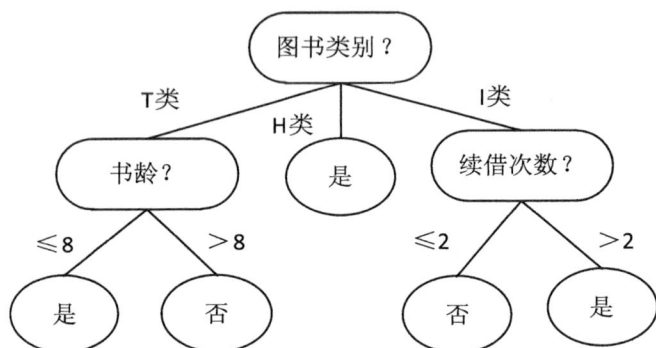

图6-1 图书是否受欢迎决策树

构造决策树的关键性内容是进行属性选择度量，属性选择度量算法有很多，一般使用自顶向下递归分治法，并采用不回溯的贪心策略。本节所讲述的决策树算法是常用的ID3算法。

6.1.2 ID3算法

ID3算法是利用信息论原理对大量样本的属性进行分析和归纳而产生的，以自顶向下递归的各个击破方式构造判定树。算法首先选择信息增益最大的属性作为当前的特征对数据集分类，然后通过迭代的方式进行分类，直至达到停止划分的标准，构造决策树的模型。

1.属性选择度量

ID3使用信息增益作为属性选择度量。选择具有最高信息增益（或最大熵压缩）的属性作为当前节点的测试属性。该属性使结果分区中对样本分类所需要的信息量最小，并反映这些分区中的最小随机性或"不纯性"。这种方法使得对一个对象分类所需要的期望测试数目最小，并确保找到一棵简单的（但不必是最简单的）树。信息增益值的计算方法如下：

设 S 是 s 个数据样本的集合。假定类标号属性具有 m 个不同值，定义 m 个不同类 $C_i(i=1，\cdots，m)$。设 s_i 是类 C_i 中的样本数。对一个给定的样本分类所需的数学期望信息，由下式给出：

$$I\left(S_1，\cdots，S_m\right) = -\sum_{i=1}^{m} P_i \log_2\left(P_i\right) \tag{6.1}$$

其中，P_i 是任意样本属于 C_i 的概率，并用于 s_i/s 估计。这里对数函数以 2 为底，因为信息用二进位编码。

设属性 A 具有 v 个不同值 $\{a_1，a_2，\cdots，a_v\}$，这些取值将 S 划分为 v 个子集 $\{S_1，S_2，\cdots，Sv\}$。其中，S_j 包含了 S 中属性 A 取值为 a_j 值的数据样本。如果 A 选作测试属性，则这些子集对应该节点的不同分枝。

若用 s_{ij} 表示子集 S_j 中属于类 C_i 类的样本数，则属性 A 对于分类 $C_i(i=1，2，\cdots，m)$ 的熵或期望信息由下式给出：

$$E(A) = \sum_{j=1}^{V} \frac{S_{1j} + \cdots + S_{mj}}{S} I\left(S_{1j}，\cdots，S_{mj}\right) \tag{6.2}$$

式中，$\dfrac{S_{1j} + \cdots + S_{mj}}{S}$ 是 S_j 子集的权重，表示 S_j 子集在 S 中的比重；$I\left(S_{1j}，\cdots，S_{mj}\right)$ 是属性 A 的每个取值对分类 C_i 的期望信息，由下式给出：

$$I\left(S_{1j}，\cdots，S_{mj}\right) = -\sum_{i=1}^{m} P_{ij} \log_2\left(P_{ij}\right) \tag{6.3}$$

式中，$P_{ij} = \dfrac{S_{ij}}{\left|S_j\right|}$，$P_{ij}$ 表示 S_j 中的样本属于类 C_i 的概率；$\left|S_j\right|$ 是 S_j 子集中样本的数量。

属性 A 作为决策分类属性的度量值：信息增益，由下式给出：

$$Gain（A）= I\left(S_j，\cdots，S_m\right) - E(A) \tag{6.4}$$

2.决策树递归停止条件

Ⅰ 给定节点的所有输入样本属于同一类。

Ⅱ 不再有剩余属性可以用来进一步划分样本。在这种情况下，使用多数表决。

Ⅲ 给定分枝已没有输入样本。在这种情况下，以样本中的多数类创建一个树叶。

6.1.3 ID3算法示例

为了便于理解该算法，我们以一个数据集作为描述示例，数据集如表6-1所示。该数据集中记录了不同本科生是否频繁借阅图书的结果。分类的目的就是根据某一位本科生的属性，如年级、专业及性别等，来预测判断这一位本科生是否频繁借阅图书。

表6-1　读者数据库训练数据集

序号	属性			借阅是否频繁
	年级	专业	性别	
1	大一	舞蹈表演	女	否
2	大一	教育学	男	是
3	大四	物理学	女	是
4	大三	舞蹈表演	女	是
5	大三	教育学	女	是
6	大二	舞蹈表演	女	否
7	大三	教育学	男	否
8	大四	教育学	男	是
9	大一	舞蹈表演	男	否
10	大一	教育学	女	是
11	大四	舞蹈表演	男	是
12	大四	教育学	女	是
13	大三	物理学	男	否
14	大二	物理学	男	是
15	大二	教育学	女	否
16	大二	教育学	男	是

根据上表数据集描述，类标号属性"借阅是否频繁"有两个不同值："是"或"否"，因此有两个不同的类。值为"是"的样本个数为10，值为

"否"的样本个数为6。

（1）根据公式（6.1），计算对给定样本分类所需的期望信息：

$$I(S_1, S_2) = I(10, 6) = -\frac{10}{16}\log_2\frac{10}{16} - \frac{6}{16}\log_2\frac{6}{16} = 0.9544$$

当专业="教育学"：$S_{11} = 6S_{21} = 2I(S_{11}, S_{21}) = I(6, 2) = 0.8113$

当专业="舞蹈表演"：$S_{12} = 2S_{22} = 3I(S_{12}, S_{22}) = I(2, 3) = 0.9710$

当专业="物理学"：$S_{13} = 2S_{23} = 1I(S_{13}, S_{23}) = I(2, 1) = 0.9183$

（2）根据公式（6.2），样本按专业划分，对一个给定的样本分类所需的期望信息为：

$$E(专业) = \frac{8}{16}I(S_{11}, S_{21}) + \frac{5}{16}I(S_{12}, S_{22}) + \frac{3}{16}I(S_{13}, S_{23}) = 0.8813$$

（3）根据公式（6.4），按专业划分的信息增益是：

$$Gain(专业) = I(S_1, S_2) - E(专业) = 0.954 - 0.881 = 0.0727$$

（4）同理我们可以计算 Gain（年级）=0.204，Gain（性别）=0.0001。

（5）创建决策树的树根与分枝。由于信息增益最大的是"年级"属性，因此选择它作为树根节点，用"年级"标记，并对于每个属性值，引出一个分枝，在16个例子中，对"年级"的4个取值进行分枝，4个分枝对应4个子集：大一={1，2，9，10}，大二={6，14，15，16}，大三={4，5，7，13}，大四={3，8，11，12}。其中，大四的例子全部属于"是"类，停止递归，其余3个例子的子集既有正例也有反例，需递归调用算法继续建树。

大一分枝：Gain（专业）=0.0727，Gain（性别）=0.0001，"专业"的信息增益最大，因此选择"专业"，以它为根结点，再向下分枝。"专业"取值"教育学"的例子全为"是"类，该分枝标记为"是"；"专业"取值"舞蹈表演"的例子全为"否"类，该分枝标记为"否"。

大二分枝："性别"取值"男"的例子全为"是"类，该分枝标记为"是"；"性别"取值"女"全为"否"类，该分枝标记为"否"。

大三分枝："性别"取值"女"的例子全为"是"类，该分枝标记为"是"；"性别"取值"男"全为"否"类，该分枝标记为"否"。

经过拆分计算，得到如图6-2所示的决策树。

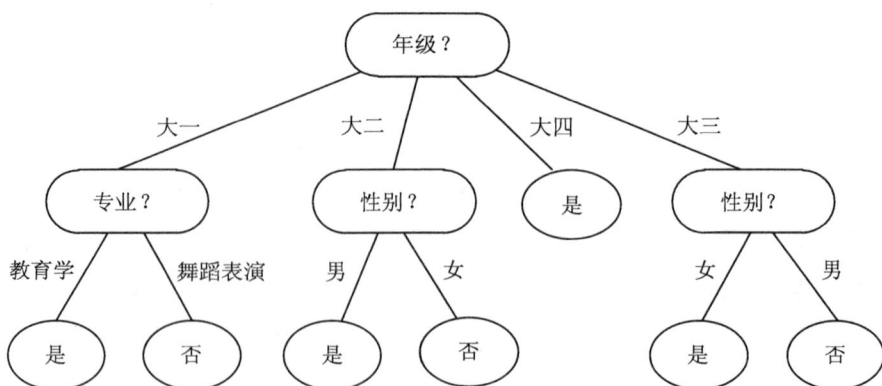

图6-2　读者借阅是否频繁决策树

6.1.4　由决策树提取分类规则

决策树建立好后，可以很容易从中获得规则。从根到叶的每一条路径都可以是一条规则，规则采用if…then的形式表示。如图6-2的决策树，我们可以从中提取的规则有：

If 年级＝"大一" and 专业＝"教育学" then 借阅是否频繁＝"是"

If 年级＝"大一" and 专业＝"舞蹈表演" then 借阅是否频繁＝"否"

If 年级＝"大二" and 性别＝"男" then 借阅是否频繁＝"是"

If 年级＝"大二" and 性别＝"女" then 借阅是否频繁＝"否"

If 年级＝"大四" then 借阅是否频繁＝"是"

If 年级＝"大三" and 性别＝"女" then 借阅是否频繁＝"是"

If 年级＝"大三" and 性别＝"男" then 借阅是否频繁＝"否"

从以上规则我们可以看出年级为"大一"的本科生借阅是否频繁取决于专业属性；年级为"大二"与"大三"的本科生借阅是否频繁取决于性别属性，而且在不同的年级阶段不同性别的本科生他们借阅行为在改变；年级为"大四"的本科生借阅是否频繁与专业、性别没有直接关系。

6.1.5　Microsoft决策树算法

Microsoft决策树算法是一种混合算法，它综合了多种不同的创建树的方法，并支持多种分析任务，包括回归、分类以及关联。Microsoft决策树算法支持对离散属性和连续属性进行建模。对于离散属性，该算法根据数据集中输入列之间的关系进行预测，它使用这些列的状态值预测指定为可预测的列的状态；对于连续属性，该算法使用线性回归确定决策树的拆分位置。如果将多个列设置为可预测列，或输入数据中包含设置为可预测的嵌套表，则该算法将为每个可预测列生成一个单独的决策树。

Microsoft决策树算法使用不同的方法来计算最佳的树。模型中生成的树的形状和深度取决于所使用的计分方法以及其他参数。参数更改还会影响节点的拆分位置。Microsoft决策树算法提供三种信息获取计分公式：Shannon平均信息量、使用K2先验的Bayesian网络和使用先验统一Dirichlet分布的Bayesian网络。平时进行挖掘时应该利用不同的参数，分别试用这些方法，以确定哪种方法结果最佳。

1. Microsoft决策树算法的参数

Microsoft决策树算法支持多个参数，这些参数可影响所生成的挖掘模型的性能和准确性，主要参数详见表6-2。

表6-2　Microsoft决策树算法主要参数

参数名称	功能
COMPLEXITY_PENALTY	抑制决策树的生长。该值越小，拆分的可能性越大；该值越大，拆分的可能性越小。默认值由给定模型的属性个数决定：如果有1到9个属性，则默认值为0.5；如果有10到99个属性，则默认值为0.9；如果有100个或更多属性，则默认值为0.99
FORCE_REGRESSOR	强制算法将指示的列用作回归公式中的回归量，而不考虑算法为这些列计算出的重要性。此参数仅用于回归树
MAXIMUM_INPUT_ATTRIBUTES	指定算法在调用功能选择之前可以处理的最大输入属性数。如果将此值设置为0，则为输入属性禁用功能选择
MAXIMUM_OUTPUT_ATTRIBUTES	指定算法在调用功能选择之前可以处理的最大输出属性数。如果将此值设置为0，则为输出属性禁用功能选择
MINIMUM__SUPPORT	指定一个叶节点必须包含的最小事例数。如果将该值设置为小于1的数，则指定的是最小事例数在总事例数中所占的百分比。如果将该值指定为大于1的整数，则指定的是最小事例的绝对数
SCORE__METHOD	指定用来计算拆分分数的方法。可用的方法有：Entropy（1）、Bayesian with K2 Prior（3）或Bayesian Dirichlet Equivalent with Uniform prior（4）
SPLIT_ METHOD	指定用来拆分节点的方法。可用方法有：Binary（1）、Complete（2）或Both（3）

2. Microsoft决策树算法的要求

每个模型都必须包含一个用于唯一标识每条记录的数值列或文本列，不允许复合键；输入列可为离散型或连续型；至少需要一个可预测列，可以在模型中包括多个可预测属性，并且这些可预测属性的类型可以不同，可以是数值型或离散型。Microsoft决策树算法支持特定的输入列和可预测列：

输入列内容类型包括：Continuous（连续）、Cyclical（循环）、Discrete（离散）、Discretized（离散化）、Key（键）、Table（表）和Ordered（已排序）；可预测列内容类型包括：Continuous（连续）、Cyclical（循环）、Discrete（离散）、Discretized（离散化）、Table（表）和Ordered（已排序）。其中，Cyclical（循环）和Ordered（已排序）内容类型，算法会将它们视为离散值，不会进行特殊处理。

6.2　贝叶斯分类算法

6.2.1　贝叶斯分类的基础——贝叶斯定理

贝叶斯定理是关于随机事件 A 和 B 的条件概率（或边缘概率）的一则定理。假设有随机变量 A 和 B ， $P(A=a)$ 表示变量 A 的值为 a 时的概率， $P(B=b)$ 表示变量 B 取 b 值时的概率， $P(A=a,\ B=b)$ 表示变量 A 的值为 a 且为 B 的值为 b 时的联合概率， $P(B=b|A=a)$ ，表示在 A 的值为 a 的前提下， B 的值为 b 的条件概率[①]。那么对于条件概率和联合概率有：

$$P(A=a,\ B=b) = P(B=b|A=a)*P(A=a) = P(A=a|B=b)*P(B=b) \tag{6.5}$$

把A和B的值推广至所有分类值，则可以写为：

$$P(A,\ B) = P(B|A)*P(A) = P(A|B)*P(B) \tag{6.6}$$

假设A是具有非零的概率事件，那么有：

$$P(B|A) = \frac{P(A|B)*P(B)}{P(A)} \tag{6.7}$$

在生活及工作中我们经常会遇到这种情况：可以很容易直接得出 $P(A|B)$ ，而 $P(B|A)$ 则很难直接得出，但我们更关心 $P(B|A)$ ，贝叶斯定理就

---

① 李明.R语言与网站分析[M].北京:机械工业出版社,2014:268.

是为我们解决从 $P(A|B)$ 获得 $P(B|A)$ 的问题提供了方法。

6.2.2　朴素贝叶斯分类器

朴素贝叶斯分类是将上面贝叶斯定理中随机变量 A 由1个属性扩展到 n 个属性，并假定一个属性值对给定类的影响独立于其他属性的值，这一假定称为类条件独立。这样就大大地简化了计算，因此也称为简单贝叶斯分类。表达如下：

$$P(B|A_1, \cdots, A_n) = \frac{\left(\prod_{i=1}^{n} P\{A_i|B\}\right)*P(B)}{P(A_1, \cdots, A_n)} \tag{6.8}$$

假设结果类别有两种，分别为 B_j 和 B_k，则有：

$$P(B_j|A_1, \cdots, A_n) = \frac{\left(\prod_{i=1}^{n} P\{A_i|B_j\}\right)*P(B_j)}{P(A_1, \cdots, A_n)} \tag{6.9}$$

$$P(B_k|A_1, \cdots, A_n) = \frac{\left(\prod_{i=1}^{n} P\{A_i|B_k\}\right)*P(B_k)}{P(A_1, \cdots, A_n)} \tag{6.10}$$

朴素贝叶斯分类预测一个未知类别的样本属于各个类别的可能性，选择可能性最大的一个类别作为该样本的最终类别。公式（6.9）和公式（6.10）中的分母相同，因此这两个公式的大小由分子决定，如果公式（6.9）大于公式（6.10）的值，则意味着此记录在 $A_1, \cdots, A_n$ 的属性前提下，该记录所属分类为 B_j，反之则属于 B_k。

6.2.3　朴素贝叶斯分类示例

为了便于理解该算法，我们用表6-1数据集，利用朴素贝叶斯分类算法预测：年级为"大三"、专业为"舞蹈表演"及性别为"男"的读者是否借阅频繁。

根据训练样本数据得知，属性有3个："年级""专业"及"性别"；类别有"是"与"否"。因此有：

P（B_1）=P（是否借阅频繁="是"）=10/16=0.625

P（B_2）=P（是否借阅频繁="否"）=6/16=0.375

为计算P（A | B_i），i=1，2，我们先计算下面的条件概率：

P（A₁ | B₁）=P（年级="大三" | 是否借阅频繁="是"）=2/10=0.20

P（A₁ | B₂）=P（年级="大三" | 是否借阅频繁="否"）=2/6=0.33

P（A₂ | B₁）=P（专业="舞蹈表演" | 是否借阅频繁="是"）=2/10=0.20

P（A₂ | B₂）=P（专业="舞蹈表演" | 是否借阅频繁="否"）=3/6=0.50

P（A₃ | B₁）=P（性别="男" | 是否借阅频繁="是"）=5/10=0.50

P（A₃ | B₂）=P（性别="男" | 是否借阅频繁="否"）=3/6=0.50

假设以上各属性是条件独立的，则条件概率：

P（A | B₁）=P（年级="大三" | 是否借阅频繁="是"）*P（专业="舞蹈表演" | 是否借阅频繁="是"）*P（性别="男" | 是否借阅频繁="是"）=0.20*0.20*0.50=0.0200

P（A | B₂）=P（年级="大三" | 是否借阅频繁="否"）*P（专业="舞蹈表演" | 否借阅频繁="否"）*P（性别="男" | 是否借阅频繁="否"）=0.33*0.50*0.50=0.0825

P（A | B₁）*P（B₁）=0.0200*0.625=0.0125

P（A | B₂）*P（B₂）=0.0825*0.375=0.0309

因此，对于样本 A，由于 0.0309>0.0125，朴素贝叶斯分类预测年级为"大三"、专业为"舞蹈表演"及性别为"男"的读者，是否借阅频繁="否"。

6.2.4 Microsoft Naive Bayes 算法

Microsoft Naive Bayes 算法是朴素贝叶斯分类的实现。该算法计算输入列与可预测列之间的条件概率，并假定列相互独立，由于此独立性假设，所以取名为 Naive Bayes。在给定可预测列的各种可能状态的情况下，Microsoft Naive Bayes 算法将计算每个输入列的每种状态的概率。和其他 Microsoft 算法相比，此算法所需运算量较少，因而有助于快速生成挖掘模型，从而发现输入列与可预测列之间的关系。此算法会考虑每对输入属性值和输出属性值。

1. Microsoft Naive Bayes 算法的参数

Microsoft Naive Bayes 算法支持多个参数，这些参数可影响所生成的挖掘模型的性能和准确性，主要参数详见表6-3。

表6-3　Microsoft Naive Bayes算法主要参数

参数名称	功能
MAXIMUM_INPUT_ATTRIBUTES	指定算法在调用功能选择之前可以处理的最大输入属性数。如果将此值设置为0，则为输入属性禁用功能选择
MAXIMUM_OUTPUT_ATTRIBUTES	指定算法在调用功能选择之前可以处理的最大输出属性数。如果将此值设置为0，则为输出属性禁用功能选择
MAXIMUM_STATES	指定算法支持的最大属性状态数。如果属性的状态数大于该最大状态数，算法将使用该属性的最常见状态，并将剩余状态视为不存在
MINIMUM_DEPENDENCY_PROBABILITY	指定输入属性和输出属性之间的最小依赖关系概率。此值用于限制算法生成的内容的大小。该属性可设置为介于0和1之间的值。该值越大，模型中的属性数就越少

2. Microsoft Naive Bayes算法的要求

每个模型都必须包含一个用于唯一标识每条记录的数值列或文本列，不允许复合键；在Naive Bayes模型中，所有列都必须是离散列或经过离散化的列；至少需要一个可预测列，可预测属性必须包含离散或离散化值。可预测列的值可作为输入且经常作为输入处理，以便查找各列之间的关系。Microsoft Naive Bayes算法支持特定的输入列和可预测列：

输入列内容类型包括：Cyclical（循环）、Discrete（离散）、Discretized（离散化）、Key（键）、Table（表）和Ordered（已排序）；可预测列内容类型包括：Cyclical（循环）、Discrete（离散）、Discretized（离散化）、Table（表）和Ordered（已排序）。其中，Cyclical（循环）和Ordered（已排序）内容类型，算法会将它们视为离散值，不会进行特殊处理。

6.3　神经网络算法

人工神经网络（Artificial Neural Network，简称神经网络，ANN）是由大量处理单元（神经元）广泛互联而成的网络，其组织能够模拟生物神经系统对真实世界所做出的交互反应，基于人工神经网络建立计算模型。

6.3.1 生物神经元与人工神经元

生物神经元，也称神经细胞，是构成神经系统的基本单元。虽然神经元形态与功能多种多样，但都主要由细胞体、轴突、树突和突触构成，典型结构如图6-3所示。

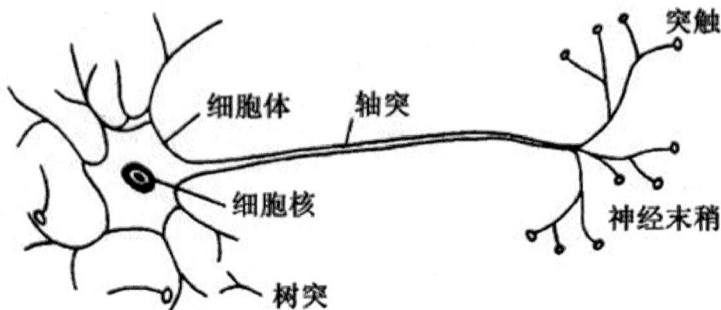

图6-3 生物神经元

人工神经元是利用物理器件来模拟生物神经网络的某些结构和功能。人工神经元与生物学上的神经细胞是对应的。典型的人工神经元模型结构如图6-4所示。

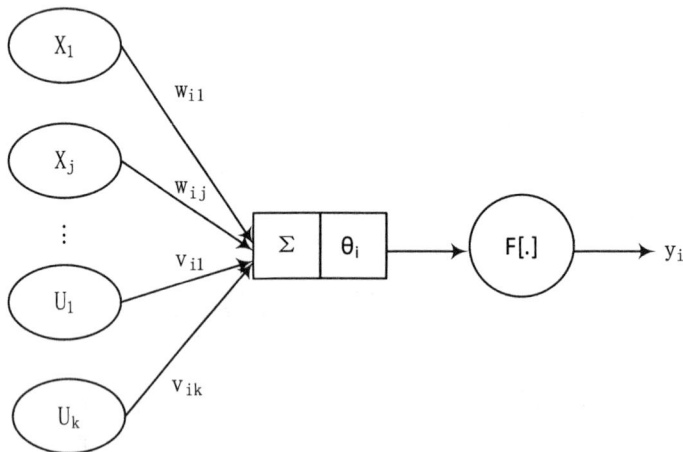

图6-4 人工神经元

图6-4中，X 是神经元的外部输入，U 为其他神经元的输出，w_{i1}，w_{ij}，$\cdots$，v_{i1}，v_{ik} 分别是 X_1，X_j，$\cdots$，U_1，U_k 的权重系数，$F[.]$ 是激发函

数，它决定神经元受到输入 X_1，X_j，$\cdots$，U_1，U_k 的共同作用达到阈值 θ_i 时以何种方式输出，y_i 是神经元 i 的输出。这样神经元的数学模型的表达式可以表示如下：

$$y_i = F[U_i] \qquad (6.11)$$

$$U_i = \sum_{j=1}^{n} X_i W_{ij} + \sum_{k=1}^{m} U_k V_{ik} - \theta_i \qquad (6.12)$$

$\sum$ 实现的是加权加法器的作用，用来实现一个神经细胞对接收来自四面八方信号的空间总和功能。

6.3.2 神经网络的激发函数

激发函数有多种形式，其中最典型的有阶跃函数、线性函数、sigmoid 函数和双曲正切曲线等形式，它们的表达式见表6-4。

表6-4 常见激发函数表达式

激发函数名称	表达式
阶跃函数	$f(U_i) = \begin{cases} 1 & (U_i \geq 0) \\ 0 & (U_i < 0) \end{cases}$
线性函数	$f(U_i) = k U_i$
sigmoid 函数	$f(U_i) = \dfrac{1}{1 + e^{-U_i}}$
双曲正切曲线	$f(U_i) = \dfrac{e^{U_i} - e^{-U_i}}{e^{U_i} + e^{-U_i}}$

6.3.3 多层感知器

1. 多层感知器拓扑结构

多层感知器由输入层、隐藏层和输出层组成，其中输入层节点数为输入信号的维数，隐藏层可以是一层或者多层，输出层神经元的个数为输出信号的维数，其拓扑结构如图6-5所示。

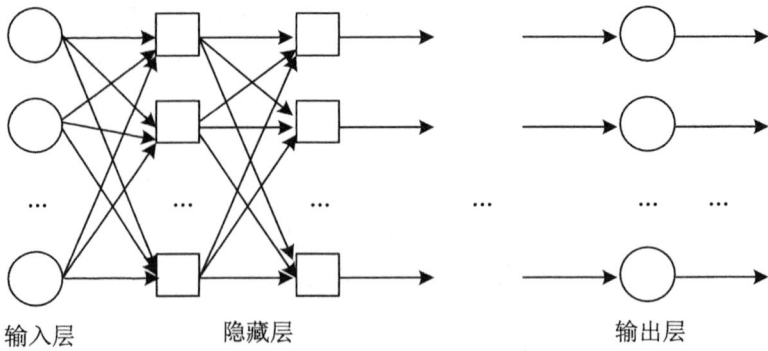

图6-5　多层感知器拓扑结构图

多层感知器的特点主要有以下三方面。

（1）除了输出层，多层感知层含有一层或多层隐藏层，隐藏神经元从输入信号中提取更多有用的信息，使网络可以完成更复杂的任务。

（2）多层感知器中每个神经元所使用的激活函数是可微的sigmoid函数：

$$f(U_i) = \frac{1}{1+e^{-U_i}} \tag{6.13}$$

这里，U_i 是神经元全部输入的加权和，$f(U_i)$ 则是神经元的输出。

（3）多层感知器具有高度的连通性，这是由突触决定的。网络连接的改变需要突触连接数量及其权值的改变。

2. 多层感知器学习算法

多层感知器具有独特的学习算法，该学习算法就是著名的误差反向传播（BP）算法，BP算法的基本思想是，学习过程由信号的正向传播与误差的反向传播两个过程组成[①]。正向传播时，输入样本从输入层传入，经各隐藏层逐层处理后，传向输出层。若输出层的实际输出与期望的输出不符，则转入误差的反向传播阶段。误差反传是将输出误差以某种形式通过隐藏层向输入层逐层反传，并将误差分摊给各层的所有单元，从而获得各层单元的误差信号，此误差信号即作为修正各单元权值的依据。这种信号正向传播与误差反向传播的各层权值调整过程，是周而复始地进行的。权值不断调整的过程，也就是网络的学习训练过程。此过程将一直进行到网络输出的误差减少到可接受的程度，或进行到预先设定的学习次数为止。

---

① （加）Jiawei Han，Micheline Kamber.数据挖掘概念与技术[M].范明，孟小峰，译.北京:机械工业出版社,2006:203.

6.3.4　Microsoft神经网络算法

Microsoft神经网络算法使用由最多三层感知器组成的网络。这些层分别是输入层、隐藏层和输出层。在多层感知器神经网络中，每个神经元可接收一个或多个输入，并产生一个或多个相同的输出。每个输出都是对神经元的输入之和的简单非线性函数。输入将从输入层中的节点传递到隐藏层中的节点，然后再从隐藏层传递到输出层。同一层中的神经元之间没有连接。

1. Microsoft神经网络算法的参数

使用Microsoft神经网络算法的数据挖掘模型与为该算法的可用参数指定的值紧密相关。这些参数定义如何对数据进行采样、数据在每个列中的分布方式或预期分布方式以及何时调用功能选择以限制在最终模型中使用的值。主要参数详见表6-5。

表6-5　Microsoft神经网络算法主要参数

参数名称	功能
HIDDEN_NODE_RATIO	指定用来确定隐藏层中的节点数的数字。算法采用以下公式计算隐藏层中的节点数：HIDDEN_NODE_RATIO * sqrt({输入节点个数}*{输出节点个数})
HOLDOUT_PERCENTAGE	指定用来计算此算法维持错误的定型数据中的事例百分比。HOLDOUT_PERCENTAGE在定型挖掘模型期间用作停止条件的一部分。此值对于此算法是唯一的，与在挖掘结构中设置的任何维持参数无关。默认值为30
HOLDOUT_SEED	指定在随机确定此算法的维持数据时用作伪随机生成器种子的数。如果HOLDOUT_SEED设置为0，则算法将基于挖掘模型名称生成种子，这可确保在重新处理时模型内容保持不变。此值对于此算法是唯一的，与在挖掘结构中设置的任何维持参数无关
MAXIMUM_INPUT_ATTRIBUTES	指定算法在调用功能选择之前可以处理的最大输入属性数。如果将此值设置为0，则为输入属性禁用功能选择
MAXIMUM_OUTPUT_ATTRIBUTES	指定算法在调用功能选择之前可以处理的最大输出属性数。如果将此值设置为0，则为输出属性禁用功能选择
MAXIMUM_STATES	指定算法支持的最大属性状态数。如果属性的状态数大于该最大状态数，算法将使用该属性的最常见状态，并将剩余状态视为不存在
SAMPLE_SIZE	指定用来给模型定型的事例数。算法将从SAMPLE_SIZE指定的数total_cases * (1 – HOLDOUT_PERCENTAGE/100) 的值中挑选较小的那个值来使用

2. Microsoft 神经网络算法的要求

每个模型都必须包含一个键列、一个或多个输入列以及一个或多个可预测列。Microsoft 神经网络算法支持以下列出的特定输入列和可预测列：

输入列内容类型包括：Continuous（连续）、Cyclical（循环）、Discrete（离散）、Discretized（离散化）、Key（键）、Table（表）和 Ordered（已排序）；可预测列内容类型包括：Continuous（连续）、Cyclical（循环）、Discrete（离散）、Discretized（离散化）和 Ordered（已排序）。其中，Cyclical（循环）和 Ordered（已排序）内容类型，算法会将它们视为离散值，不会进行特殊处理。

6.4 逻辑回归算法

6.4.1 逻辑回归算法概述

逻辑回归分析常用于因变量为二分变量时的回归拟合。对于二分（是与否）的目标变量来说，逻辑回归的目的就是要预测一组自变量数值相对应的因变量是"是"的概率。对于这种问题建立的回归模型，通常先将取值在实数范围内的值通过 Logistic 变换转化为目标概率值，然后进行回归分析，这里的 Logistic 函数即为 sigmoid 函数。

设 P(y=是)=p，则 P(y=否)=1-p，而 P(y=是)与 P(y=否)之比为优势（odds），Logistic 变换也称对数单位转换：

$$\log it(odds) = \ln\left(\frac{p}{1-p}\right) = \alpha + X\beta + \varepsilon \tag{6.14}$$

其中，p 为事件发生的概率，$\alpha = \begin{pmatrix} \alpha_1 \\ \alpha_2 \\ \vdots \\ \alpha_n \end{pmatrix}$ 为模型的截距项，$\beta = \begin{pmatrix} \beta_1 \\ \beta_2 \\ \vdots \\ \beta_n \end{pmatrix}$ 为待估

计参数，$X = \begin{pmatrix} X_{11} & X_{12} & \cdots & X_{1k} \\ X_{21} & X_{22} & \cdots & X_{2k} \\ X_{n1} & X_{n2} & \cdots & X_{nk} \end{pmatrix}$ 为解释变量，$\varepsilon = \begin{pmatrix} \varepsilon_1 \\ \varepsilon_2 \\ \vdots \\ \varepsilon_n \end{pmatrix}$ 为误差项，通过公式

6.14 可以看出，逻辑回归模型建立了事件发生的概率和解释变量之间的关

系①。

6.4.2 Microsoft 逻辑回归算法

Microsoft 逻辑回归算法是 Microsoft 神经网络算法的一种变体,其中 HID-DEN_NODE_RATIO 参数设置为0。这样设置以后,所创建的神经网络模型就不包含隐藏层,因此等效于逻辑回归。虽然逻辑回归算法与神经网络算法有许多共性,但逻辑回归算法更易于定型。逻辑回归算法的一大优势是,该算法可采用任何类型的输入。算法为不同影响因素的量级设定了权重,从而能够确定哪些因素是一个指定输出结果的最佳预测因子。

1. Microsoft 逻辑回归算法的参数

Microsoft 逻辑回归算法支持多个参数,这些参数可影响所生成的挖掘模型的性能和准确性。主要参数详见表6-6。

表6-6 Microsoft 逻辑回归算法主要参数

参数名称	功能
HOLDOUT_PERCENTAGE	指定用来计算此算法维持错误的定型数据中的事例百分比。HOLDOUT_PERCENTAGE 在定型挖掘模型期间用作停止条件的一部分。此值对于此算法是唯一的,与在挖掘结构中设置的任何维持参数无关。默认值为30
HOLDOUT_SEED	指定在随机确定此算法的维持数据时用作伪随机生成器种子的数。如果 HOLDOUT_SEED 设置为0,则算法将基于挖掘模型名称生成种子,这可确保在重新处理时模型内容保持不变。此值对于此算法是唯一的,与在挖掘结构中设置的任何维持参数无关。默认值为0
MAXIMUM_INPUT_ATTRIBUTES	指定算法在调用功能选择之前可以处理的最大输入属性数。如果将此值设置为0,则为输入属性禁用功能选择
MAXIMUM_OUTPUT_ATTRIBUTES	指定算法在调用功能选择之前可以处理的最大输出属性数。如果将此值设置为0,则为输出属性禁用功能选择
MAXIMUM_STATES	指定算法支持的最大属性状态数。如果属性的状态数大于该最大状态数,算法将使用该属性的最常见状态,并将剩余状态视为不存在
SAMPLE_SIZE	指定用来给模型定型的事例数。算法将从 SAMPLE_SIZE 指定的数或 total_cases * (1 – HOLDOUT_PERCENTAGE/100) 的值中挑选较小的那个值来使用

---

① 吴骏.SPSS统计分析从零开始学[M].北京:清华大学出版社,2014:239.

2. Microsoft 逻辑回归算法的要求

每个模型都必须包含一个用于唯一标识每条记录的数值列或文本列，不允许复合键；至少包含一个输入列，该输入列包含用作分析因素的值。可以根据需要拥有任意多的输入列，但是具体取决于每个列中值的数量，添加额外列会增加定型模型所需的时间；至少包含一个可预测列，该预测列可以为任意数据类型，包括连续数值数据。还可以将可预测列的值视为模型的输入，或者将其指定为仅用于预测。嵌套表不允许用于可预测列，但是可作为输入列使用。Microsoft 逻辑回归算法支持特定的输入列和可预测列：

输入列内容类型包括：Continuous（连续）、Discrete（离散）、Discretized（离散化）、Key（键）和 Table（表）；可预测列内容类型包括：Continuous（连续）、Discrete（离散）、Discretized（离散化）。

6.5　案例：利用 SQL Server 2012 进行分类挖掘

问题描述：利用分类算法对读者利用图书馆行为进行分析，把读者分为"可能需要我们的服务"和"不可能需要我们的服务"两类，如果知道如何对读者进行分类，那么当我们为读者服务时，就能做出更为明智的决策。

整体思路：以 2010—2013 年入档的本科生、2011—2013 年入档的研究生为例研究读者的借还图书与电子阅览的行为，这里本科生和研究生包括全部年级。同时抽取"2013.9.1—2014.8.31"一学年的上述读者的借阅图书、电子阅览数据进行读者行为分类挖掘。为了确保分析的全面性，本例使用不同算法创建相关模型并比较其结果。通过这种方式，可以获得不同的理解。

6.5.1　数据准备

1. 提取读者电子阅览信息

提取"2013.9.1—2014.8.31"一学年电子阅览室读者上机数据。在 Transact-SQL 查询窗口中，执行以下语句：

```
select * into 电子阅览室 2013_2014  from［dbo］.［上机日志］  where
［LatestCostDate］  between '2013-09-01 00：00：00.000' and '2014-08-31 00：00：
00.000'
```

2. 提取读者借还图书信息

提取"2013.9.1—2014.8.31"一学年读者借出、还回及续借图书数据。在Transact-SQL查询窗口中，执行以下语句：

```
select *
into 图书借还 2013_2014
from ［dbo］.［流通日志］
where ［操作时间］ between '2013-09-01 00：00：00.000' and '2014-08-31 00：00：00.000' and ［操作类型］ in（'3031'，'3033'，'3035'）
```

语句中代码"3031""3033"及"3035"分别表示"借出""还回"及"续借"。

3. 提取相关读者信息

提取2010—2013年入档的本科生读者信息，2011—2013年入档的研究生读者信息。在Transact-SQL查询窗口中，执行以下语句：

```
select *
into 读者
from ［dbo］.［读者 ILAS］
where ［读者入档日期］ between '2010-09-01 00：00：00.000' and '2013-12-31 00：00：00.000' and ［读者流通类型］ = '本科生'

insert into 读者
select * from ［dbo］.［读者 ILAS］
where ［读者入档日期］ between '2011-09-01 00：00：00.000' and '2013-12-31 00：00：00.000' and ［读者流通类型］ = '研究生'
```

4. 读者信息表中增加"年级"列

在"读者"表中增加"年级"列，通过计算为该列赋值。在Transact-SQL查询窗口中，执行以下语句：

```
update ［dbo］.［读者］ set ［年级］ = '大四' where ［人员类型］ = '本科生'
and DATEPART（yy，［读者入档日期］）= '2010'
update ［dbo］.［读者］ set ［年级］ = '大三' where ［人员类型］ = '本科生'
and DATEPART（yy，［读者入档日期］）= '2011'
update ［dbo］.［读者］ set ［年级］ = '大二' where ［人员类型］ = '本科生'
and DATEPART（yy，［读者入档日期］）= '2012'
update ［dbo］.［读者］ set ［年级］ = '大一' where ［人员类型］ = '本科生'
and DATEPART（yy，［读者入档日期］）= '2013'
update ［dbo］.［读者］ set ［年级］ = '研三' where ［人员类型］ = '研究生'
and DATEPART（yy，［读者入档日期］）= '2011'
update ［dbo］.［读者］ set ［年级］ = '研二' where ［人员类型］ = '研究生'
and DATEPART（yy，［读者入档日期］）= '2012'
update ［dbo］.［读者］ set ［年级］ = '研一' where ［人员类型］ = '研究生'
and DATEPART（yy，［读者入档日期］）= '2013'
```

5. 读者信息表中增加"是否电子阅览"与"是否借还书"列

在"读者"表中增加"是否电子阅览"与"是否借还书"列，并分别为这两列赋值。在Transact-SQL查询窗口中，执行以下语句:

```
update ［dbo］.［读者］
set ［是否电子阅览］=‘是’
where ［读者证号］ in （select ［CardNO］ from ［dbo］.［电子阅览室2013_2014］）

update ［dbo］.［读者］
set ［是否电子阅览］=‘否’
where ［是否电子阅览］ is null

update ［dbo］.［读者］
set ［是否借还图书］=‘是’
where ［读者证号］ in （select ［读者证号］ from ［dbo］.［图书借还2013_2014］）

update ［dbo］.［读者］
set ［是否借还图书］=‘否’
where ［是否借还图书］ is null
```

经过以上处理后，"读者"信息表里包含了读者的年级、是否电子阅览及是否借还图书等信息，如表6-7所示。

表6-7 读者是否电子阅览及是否借还图书信息表

读者记录号	性别	读者流通类型	年级	学院	专业名称	读者入档日期	是否电子阅览	是否借还图书
118588	男	研究生	研三	国土资源与旅游学院	国土资源与旅游学院	2011-09-01 ...	否	否
154970	女	研究生	研一	文学院	文学院	2013-09-11 ...	否	是
155302	女	研究生	研一	历史与社会学院	历史与社会学院	2013-09-11 ...	否	是
126757	男	研究生	研二	文学院	文学院	2012-09-20 ...	是	是
126776	男	研究生	研二	文学院	文学院	2012-09-20 ...	否	是
155806	男	研究生	研一	环境科学与工程学院	环境科学与工程学院	2013-09-11 ...	否	是
117846	男	研究生	研三	环境科学与工程学院	环境科学与工程学院	2011-09-01 ...	否	否
126792	女	研究生	研二	文学院	文学院	2012-09-20 ...	否	是
155952	女	研究生	研一	政治学院	政治学院	2013-09-11 ...	否	是

6.5.2 实现挖掘任务

1. 新建项目

创建SSAS项目。在SQL Server 2012中打开SQL Server Data Tools（SS-DT）:开始->所有程序->Microsoft SQL Server 2012-> SQL Server Data Tools。单击菜单栏的"文件"->"新建项目"命令，弹出如图6-6所示的"新建项目"对话框，选择项目中的"Analysis Services多维和数据挖掘项目"。在"名称""解决方案名称"文本框中，写入项目名称和解决方案名称；在"位置"文本框中，单击右侧"浏览"按钮，选择解决方案的保存路径；最后单击"确定"按钮。

图6-6 新建 Analysis Services 项目

2. 部署项目设置

在 SQL Server Data Tools（SSDT）右边的"解决方案资源管理器"窗口中单击项目名称"分类"，选择"属性"命令，打开"分类属性页"，在左窗格的"配置属性"节点中，单击"部署"，将"服务器"属性更改为相应的实例名，默认为本地服务器"localhost"，如图6-7所示。

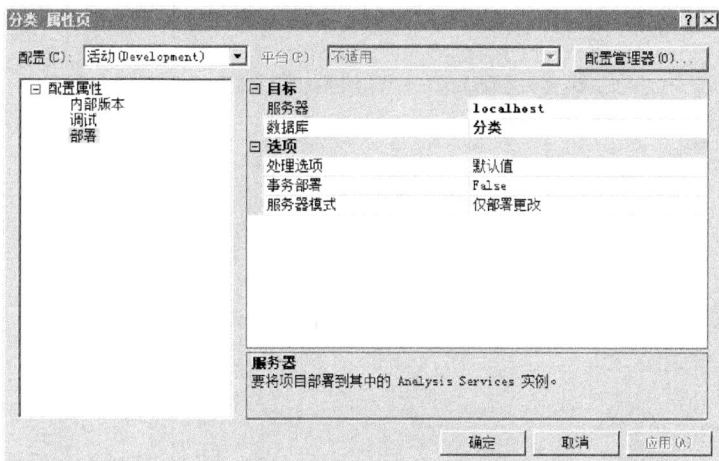

图6-7 项目属性设置

3. 创建数据源和数据源视图

创建数据源的过程参见第4章"利用SQL Server2012创建OLAP立方"内

容。这里创建一个名为"数据挖掘"的新数据源,该数据源连接"读者"数据表所在的数据库。

4. 根据向导创建挖掘结构

步骤1:在SQL Server Data Tools(SSDT)右边的"解决方案资源管理器"窗口中单击"挖掘结构"文件夹,选择"新建挖掘结构"命令,启动数据挖掘向导,如图6-8所示。

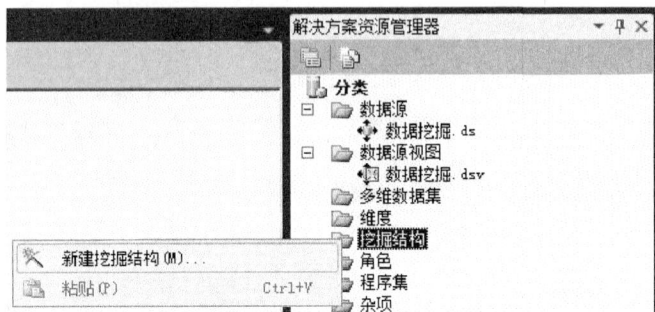

图6-8　新建挖掘结构

步骤2:在弹出的"数据挖掘向导"窗口中单击"下一步"按钮。在接下来的"选择定义方法"窗口中,确保选择"从现有关系数据库或数据仓库",单击"下一步"按钮,进入"创建数据挖掘结构"窗口,"您要使用何种数据挖掘技术?"选择"Microsoft决策树",如图6-9所示。

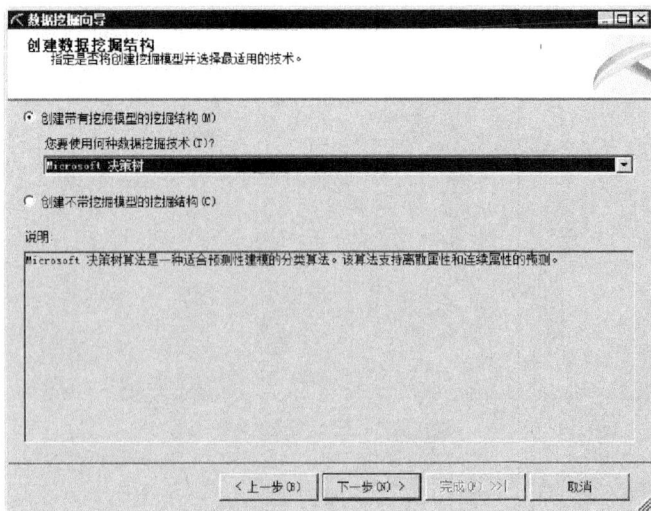

图6-9　选择数据挖掘技术

步骤3：单击图6-9中"下一步"按钮，进入"选择数据源视图"窗口，选择前面已创建好的"数据挖掘"数据源视图，单击"浏览"按钮显示其包含的数据表信息，如图6-10所示。

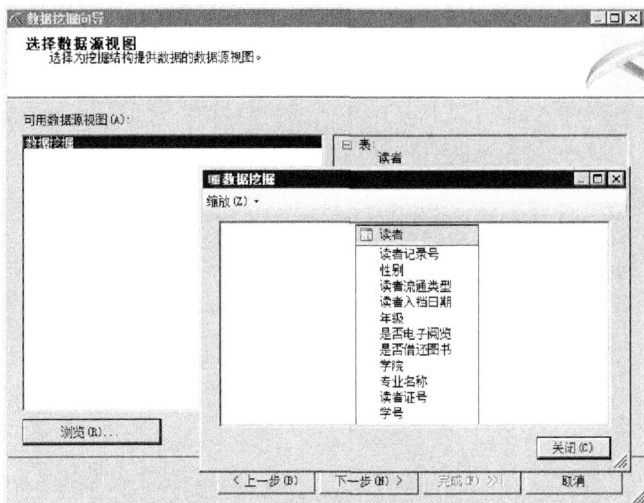

图6-10　选择数据源视图

步骤4：关闭"数据挖掘"表窗口，单击"选择数据源视图"中"下一步"按钮，进入"指定表类型"窗口，选择用于定义挖掘结构的"读者"表，并且将其设置为"事例"表，如图6-11所示。

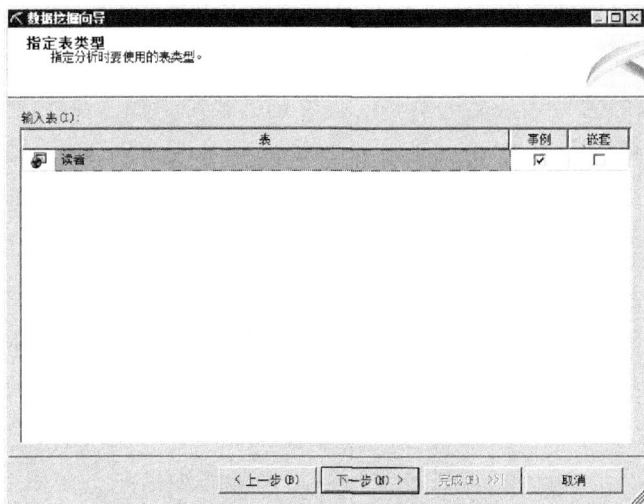

图6-11　指定表类型

步骤5：单击图6-11中"下一步"按钮，进入"指定定型数据"窗口，这里至少指定一个键列、一个输入列以及一个可预测列。我们选择"读者证号"作为"键列"，"读者流通类型、年级、性别、学院、及专业名称"作为输入列，"是否电子阅览、是否借阅图书"作为预测列，如图6-12所示。

图6-12　指定定型数据

步骤6：单击图6-12中"下一步"按钮，进入"指定列的内容和数据类型"窗口，向导会自动检测数值，并分配相应的数值数据类型，如果需要修改，可以单击需要修改类型的下拉列表框进行手动选择，也可以单击"检测"按钮运行用来确定每列的默认数据类型和内容类型的算法，如图6-13所示。

步骤7：单击图6-13中"下一步"按钮，进入"创建测试集"窗口，可以根据实际分析需要设置测试数据集的大小。如这里我们将"测试数据百分比"保留其默认值"30"，"测试数据集中的最大事例数"，键入1000，如图6-14所示。

步骤8：单击图6-14中"下一步"按钮，指定挖掘结构名称为"分类-电子阅览-借还图书"、挖掘模型名称为"决策树-电子阅览-借还图书"，同时选中"允许钻取"复选框，以备将来浏览模型时，可在相应的查看器中单击某个节点，并检索有关该特定节点中各个事例的详细信息。单击"完成"按钮结束挖掘结构的创建，如图6-15所示。

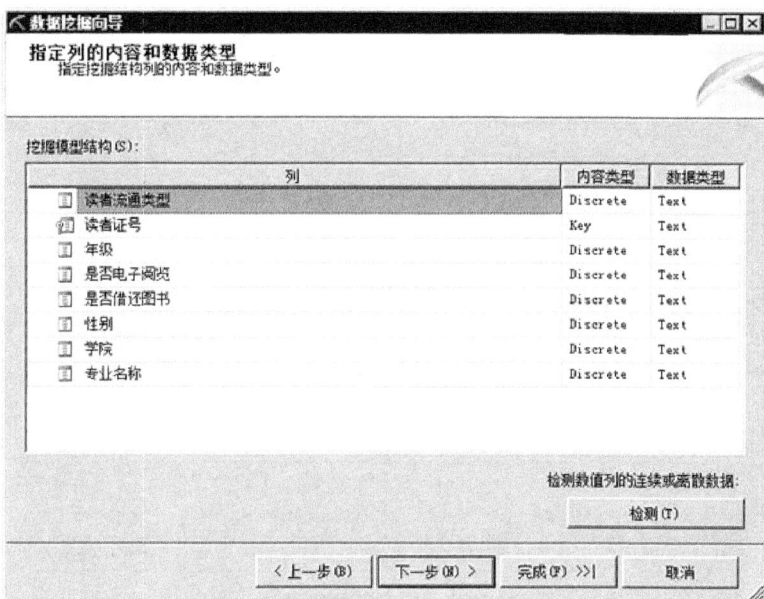

图6-13 指定列内容和数据类型

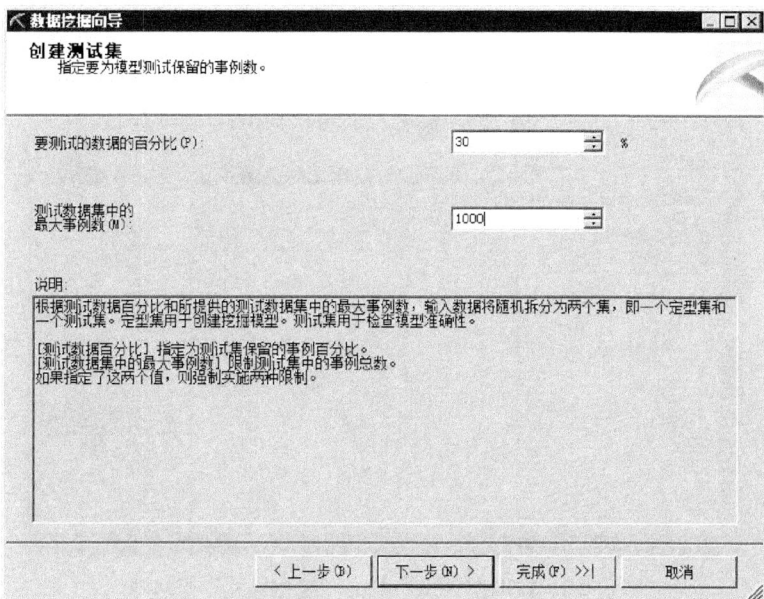

图6-14 创建测试集

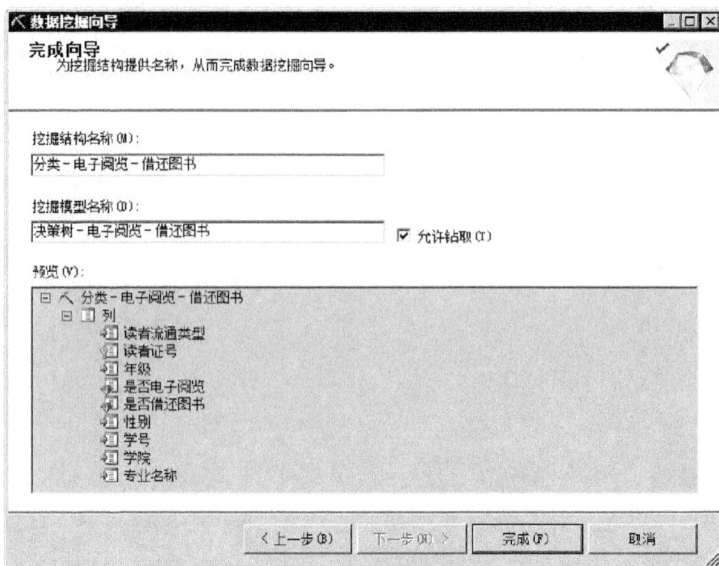

图6-15　完成向导

步骤9：单击图6-15中"完成"按钮，回到数据挖掘设计器主页面，其中包含了"挖掘结构、挖掘模型、挖掘模型查看器、挖掘准确性图表及挖掘模型预测"等选项。其中"挖掘结构"选项卡页面，如图6-16所示。

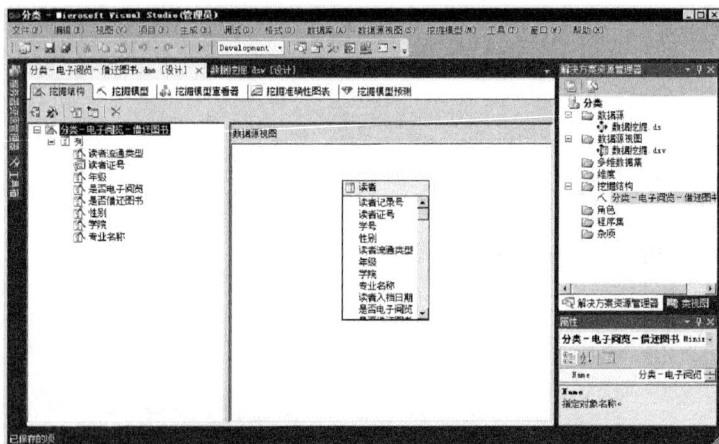

图6-16　数据挖掘设计器的"挖掘结构"选项卡

5.挖掘结构中添加新模型

本部分使用数据挖掘设计器的"挖掘模型"选项卡为"分类-电子阅览-借还图书"挖掘结构定义以Microsoft Naive Bayes算法、神经网络算法及逻辑回归算法创建的其他三个附加挖掘模型。

步骤1：单击图6-16中"挖掘模型"选项卡按钮，打开数据挖掘设计器的"挖掘模型"选项卡，这时显示两列内容：一列是挖掘结构，另一列是在前面创建的"决策树－电子阅览－借还图书"挖掘模型，如图6-17所示。

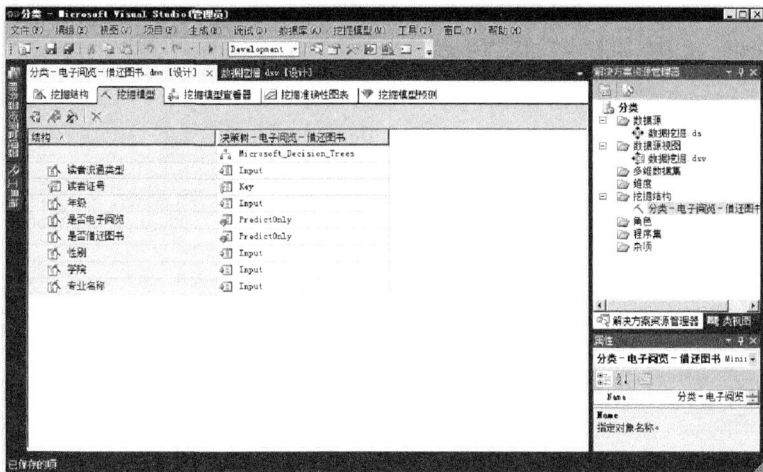

图6-17　数据挖掘设计器的"挖掘模型"选项卡

步骤2：添加"Microsoft Native Bayes"挖掘模型。在"挖掘模型"选项卡工具栏上单击"创建相关挖掘模型"按钮，打开"新建挖掘模型"对话框，"模型名称"中，键入"朴素贝叶斯-电子阅览-借还图书"，"算法名称"中，选择"Microsoft Native Bayes"，单击"确定"，完成"Microsoft Native Bayes"挖掘模型的添加，如图6-18所示。

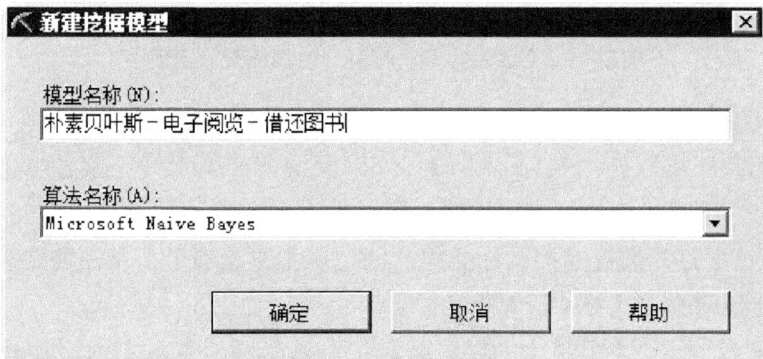

图6-18　新建挖掘模型

步骤3：添加"Microsoft 神经网络"挖掘模型。在"挖掘模型"选项卡工具栏上再次单击"创建相关挖掘模型"按钮，打开"新建挖掘模型"对话框，"模型名称"中键入"神经网络–电子阅览–借还图书"，"算法名称"中选择"Microsoft 神经网络"。单击"确定"，完成"Microsoft 神经网络"挖掘模型的添加。

步骤4：添加"Microsoft 逻辑回归分析"挖掘模型。在"挖掘模型"选项卡工具栏上再次单击"创建相关挖掘模型"按钮，打开"新建挖掘模型"对话框，"模型名称"中键入"逻辑回归–电子阅览–借还图书"，"算法名称"中选择"Microsoft 逻辑回归"。单击"确定"，完成"Microsoft 逻辑回归"挖掘模型的添加。

通过以上步骤，我们针对"读者电子阅览及借阅图书"情况分析，构建了四个数据挖掘模型。"挖掘模型"选项卡中这时显示五列内容：一列是挖掘"结构"，另四列分别是在前面创建的"决策树–电子阅览–借还图书""朴素贝叶斯–电子阅览–借还图书""神经网络–电子阅览–借还图书"及"逻辑回归–电子阅览–借还图书"挖掘模型，如图6-19所示。

结构	决策树–电子阅览–借还图书	朴素贝叶斯–电子阅览–借还图书	神经网络–电子阅览–借还图书	逻辑回归–电子阅览–借还图书
	Microsoft_Decision_Trees	Microsoft_Naive_Bayes	Microsoft_Neural_Network	Microsoft_Logistic_Regression
读者流通类型	Input	Input	Input	Input
读者证号	Key	Key	Key	Key
年级	Input	Input	Input	Input
是否电子阅览	PredictOnly	PredictOnly	PredictOnly	PredictOnly
是否借还图书	PredictOnly	PredictOnly	PredictOnly	PredictOnly
性别	Input	Input	Input	Input
学院	Input	Input	Input	Input
专业名称	Input	Input	Input	Input

图6-19　数据挖掘设计器的"挖掘模型"选项卡

6. 设置各模型参数

本部分使用数据挖掘设计器的"挖掘模型"选项卡为"读者电子阅览及借阅图书"情况各个挖掘模型设置各算法特有的参数。

步骤1：打开数据挖掘设计器的"挖掘模型"选项卡，单击需要设置参数的挖掘模型列头，选择"设置算法参数"命令，如图6-20所示。

步骤2：执行图6-20中的"设置算法参数"命令后，打开"决策树–电子阅览–借还图书"挖掘模型的"算法参数"对话框，选择每个参数行，都会在"说明"文本框中显示对应的参数说明，如本例中我们设置"SCORE_METHOD"项为"1"，即选择Entroy方法计算拆分分数，如图6-21所示，单击"确定"，完成"决策树－电子阅览－借还图书"挖掘模型的算法参数设置。

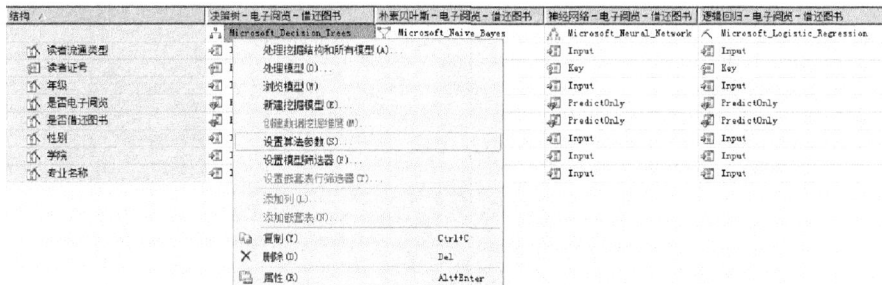

图6-20 选择"设置算法参数"命令

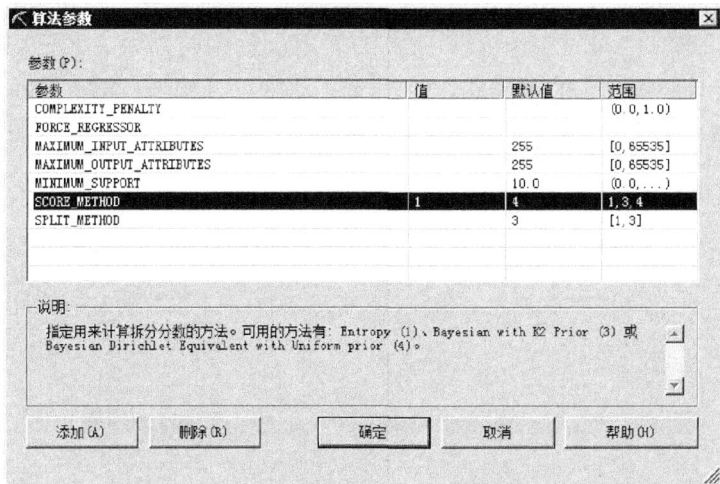

图6-21 "决策树-电子阅览-借还图书"挖掘模型的"算法参数"对话框

步骤3：同理，打开"朴素贝叶斯-电子阅览-借还图书"挖掘模型的"算法参数"对话框，因为本例中"专业名称"属性最多，达到112个，因此我们设置算法支持的最大属性状态"MAXIMUM_STATES"项为"150"，如图6-22所示。单击"确定"，完成"朴素贝叶斯-电子阅览-借还图书"挖掘模型的算法参数设置。

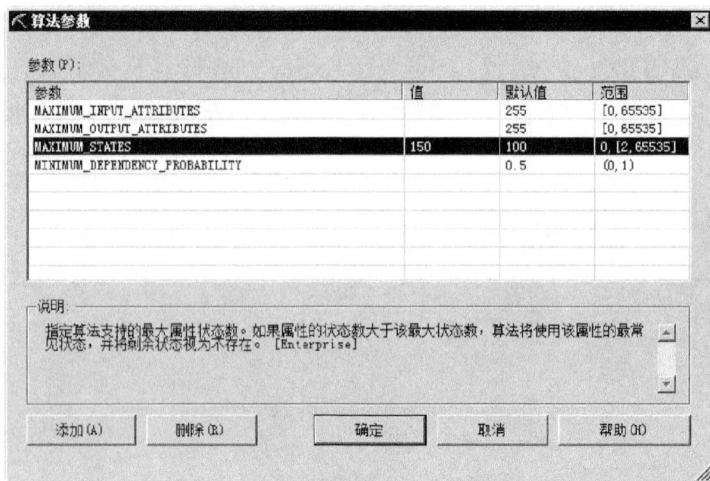

图6-22　"朴素贝叶斯-电子阅览-借还图书"挖掘模型的"算法参数"对话框

步骤4：同理，打开"神经网络-电子阅览-借还图书"挖掘模型的"算法参数"对话框，与前面朴素贝叶斯算法参数设置相同原因，我们设置算法支持的最大属性状态"MAXIMUM_STATES"项为"150"，如图6-23所示。单击"确定"，完成"神经网络-电子阅览-借还图书"挖掘模型的算法参数设置。

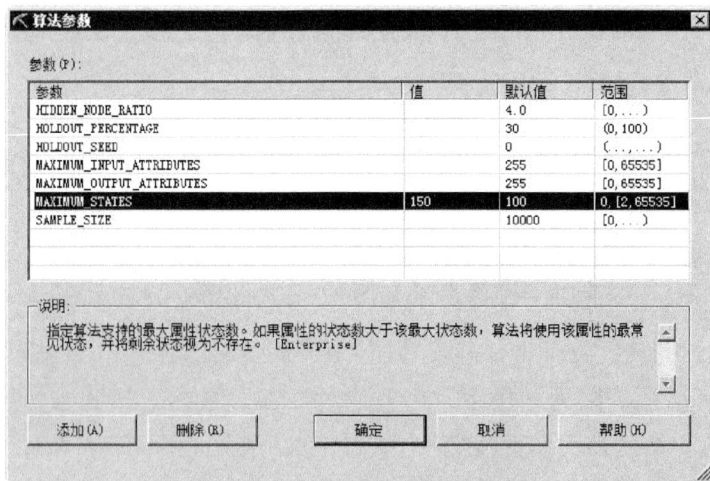

图6-23　"神经网络-电子阅览-借还图书"挖掘模型的"算法参数"对话框

步骤5：同理，打开"逻辑回归-电子阅览-借还图书"挖掘模型的"算法参数"对话框，与前面朴素贝叶斯算法、神经网络算法参数设置相同原因，我们设置算法支持的最大属性状态"MAXIMUM_STATES"项为"150"，如图6-24所示。单击"确定"，完成"逻辑回归-电子阅览-借还图书"挖掘模型的算法参数设置。

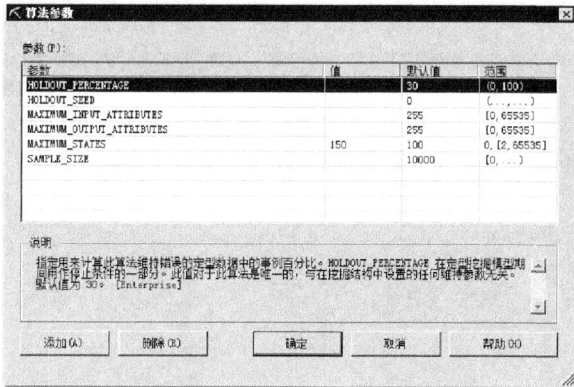

图6-24 "逻辑回归-电子阅览-借还图书"挖掘模型的"算法参数"对话框

7. 部署并处理模型

在数据挖掘设计器中，可以处理挖掘结构以及与该结构关联的所有模型。本例我们将同时处理挖掘结构和所有模型。

步骤1：在"挖掘模型"选项卡工具栏上单击"处理挖掘结构和所有模型"按钮，打开处理挖掘结构"分类-电子阅览-借还图书"对话框，如图6-25所示。

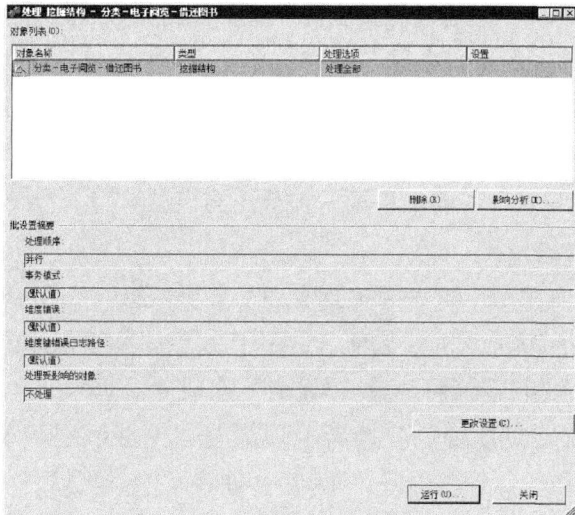

图6-25 处理挖掘结构对话框

步骤2：单击图6-25"运行"按钮开始处理，模型处理可能需要一些时间，具体取决于您的计算机。处理成功完成后，"处理进度"对话框将打开以显示有关模型处理的详细信息，单击"关闭"按钮，完成挖掘结构处理过程，如图6-26所示。

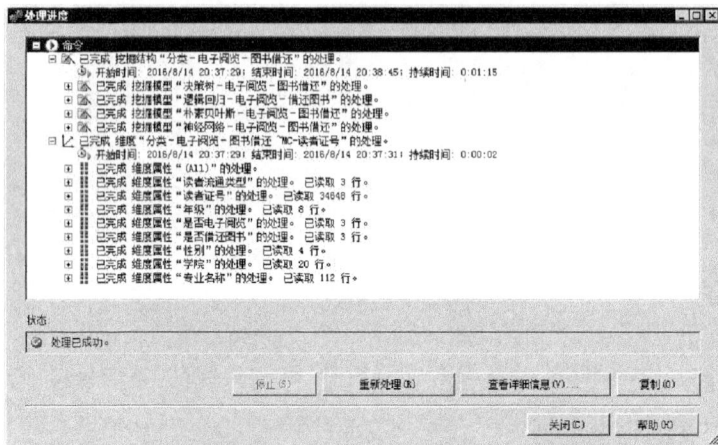

图6-26　挖掘结构处理进度对话框

6.5.3　浏览模型

部署并处理完几个数据挖掘模型之后，我们就可以通过"挖掘模型查看器"查看挖掘结果。"挖掘模型查看器"中的"挖掘模型"下拉列表可以从当前挖掘结构的挖掘模型中选择一个挖掘模型。"查看器"下拉列表可以选择"各模型查看器"和"各模型一般内容查看器"。第一次查看挖掘结果或修改参数值及筛选条件时，首先会显示一个加载模型的进度画面。单击"刷新查看器内容"按钮，在查看器中将重新加载挖掘模型。

1. Microsoft 决策树

我们首先查看Microsoft决策树查看器来分析信息。Microsoft决策树查看器提供了决策树、依赖关系网络选项卡，用于浏览决策树挖掘模型。

（1）Microsoft树查看器——"决策树"选项卡。

使用"挖掘模型查看器"选项卡顶部的"挖掘模型"下拉列表切换到"决策树-电子阅览-图书借还"模型。使用"查看器"下拉列表切换到"Microsoft树查看器"。再选择"决策树"选项卡，就会出现"Microsoft树查看器"，如图6-27所示。

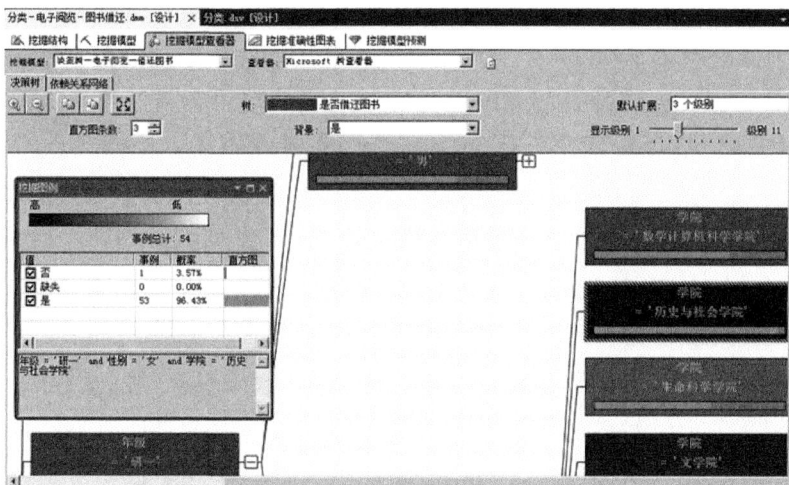

图6-27 Microsoft决策树算法的"决策树查看器"

图6-27中的树效果，我们还进行了以下几个方面的设置：

①选择要在查看器中显示的树。如果创建一个包含多个可预测属性的模型，则算法将为每个可预测属性创建一个单独的树。由于本例中的"决策树–电子阅览–借还图书"模型包含"是否电子阅览""是否借还图书"两个可预测属性，因此需使用"树"下拉列表来对要显示的树进行选择，如图6-27中我们选择了"是否借还图书"。

②默认情况下，Microsoft树查看器仅显示树的前三个级别。可以使用"默认扩展"列表或"显示级别"滑块查看更多级别，如果树级别不到三个，则查看器仅显示现有级别。向右或向左移动滑动条可调整树图形中显示的级别数。将滑动条一直向右移动，可以查看模型中的所有节点。

③在复杂模型中，决策树可具有多个分枝级别。窗口中"放大"按钮，可以获取决策树中节点和分枝的更详细视图；"缩小"按钮，可以获取树结构的总体视图；"调整为合适大小"按钮，可以将决策树调整到需要的大小；"复制图形视图"按钮，可以将关系图的可见部分复制到剪贴板；"复制整个图形"按钮，可以将完整的关系图复制到剪贴板。

④直方图条数，选择可在每个节点的直方图中显示的状态数。如果可预测属性有很多状态，这一功能将非常有用。各种状态按使用频率高低自左到

右显示在直方图中。如果选择显示的状态数少于属性的状态总数，则使用频率最低的状态将集中以灰色显示。例如，可预测属性有10个状态，则可以将直方图条数值设为5来显示最重要的5个状态，其他状态都进行了分组并使用灰色显示。若要查看某个节点的各种状态的确切数目，可以将指针停留在该节点上以弹出信息提示窗。本例中我们预测属性包括三个预测状态："是""否"及"缺失"。如果直方图条数值设为大于或等于3的数，则将按使用频率显示3个预测状态；如果直方图条数值设为2，则将按使用频率显示前2个预测状态；如果直方图条数值设为小于2的数，则将按使用频率显示前1个预测状态，其余统一集中显示为"其他"，并以灰色显示。

⑤通过更改"背景"设置，可以快速查看每个节点中目标值的事例的数量的比例。节点的底纹颜色越深，节点中具有目标值的事例所占的百分比越大，如图6-27中背景值我们选择了"是"，背景颜色代表每个节点读者借还了图书的人数的百分比。如果背景值我们选择了"否"，背景颜色将代表每个节点读者尚未借还图书的人数的百分比。如果背景值我们选择了"全部"，背景颜色代表的是所有读者数量。将光标放在树中的任何节点上，可以从出现的"挖掘图例"窗口查看从上级节点到达该节点所需的条件，以及该节点的统计信息。如果"挖掘图例"窗口未出现，可右键单击"决策树"选项卡，从弹出的上下菜单中选择"显示图例"。

⑥我们将光标放在图6-27中颜色最深的"学院＝历史与社会学院"的节点上，"挖掘图例"窗口显示事例总数、借还图书的读者事例数量、未借还图书的读者事例数量及缺失值的事例的数量的提示，其中"直方图"列以直方图的方式显示了分解到此节点下的事务比例，以粉色条表示以前借还过图书的读者，蓝色条表示以前未借还过图书的读者的分布情况。"挖掘图例"窗口的底部显示了决策树到达该节点的路径，每一个从根节点到给定节点的路径就是一条规则：年级＝'研一'and性别＝'女'and学院＝'历史与社会学院'的读者借阅图书的可能性非常大。

⑦由于我们在创建结构和模型时启用了钻取，因此可以从模型事例和挖掘结构中进一步检索详细的信息。可单击任何节点，从弹出的上下菜单中选择"钻取"，然后选择"仅限于模型列"或"模型和结构列"以打开"钻取"窗口，即可进行钻取查询。例如，单击图6-27中"学院＝历史与社会学院"节点，选择"仅限于模型列"进行钻取，部分查询结果如图6-28所示。

钻取

事例分类为：

年级 = '研一' and 性别 = '女' and 学院 = '历史与社会学院'

读者流通类型	读者证号	年级	是否电子阅览	是否借还图书	性别	学院	专业名称
研究生	0501925981	研一	否	是	女	历史与社会学院	历史与社会学院
研究生	0761690068	研一	是	否	女	历史与社会学院	历史与社会学院
研究生	0763217245	研一	否	是	女	历史与社会学院	历史与社会学院
研究生	0763610205	研一	否	是	女	历史与社会学院	历史与社会学院
研究生	0765315677	研一	否	是	女	历史与社会学院	历史与社会学院
研究生	0771146333	研一	否	是	女	历史与社会学院	历史与社会学院
研究生	1023594333	研一	否	否	女	历史与社会学院	历史与社会学院
研究生	1026347101	研一	否	是	女	历史与社会学院	历史与社会学院

图6-28　Microsoft决策树算法的"钻取查询结果"

决策树模型的模式容易理解，用以上分析方法我们得出结论是：在预测"是否借还图书"行为时，年级为"研一"、性别为"女"及学院为"历史与社会学院"的读者借阅图书的可能性非常大。在预测"是否电子阅览"行为时，通过浏览"决策树"选项卡，我们得出"年级"是最重要的因素。年级在"大四"，专业名称为"教育学"的读者或学院为"生命科学学院"性别为"女"的读者，以及年级在"大一"同时专业名称为"摄影"的读者进行电子阅览的可能性非常大。

（2）Microsoft树查看器——"依赖关系网络"选项卡。

"依赖关系网络"选项卡提供挖掘模型所包含的所有属性的图形视图，并显示这些属性之间的关系。切换到"依赖关系网络"选项卡，可以看到图6-29所示的依赖关系网络图。

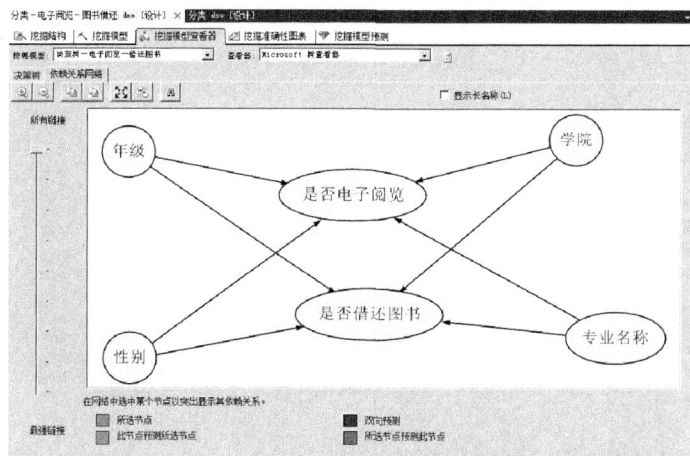

图6-29　Microsoft决策树算法的"依赖关系网络"选项卡

"依赖关系网络"显示模型中的输入属性和可预测属性之间的关联性强弱程度。选择一个节点后，查看器将突出显示可预测该节点的各个节点。同时，查看器底部的图例说明了图表中不同颜色所代表的依赖关系类型。例如，如果选择"是否借还图书"作为要预测的节点，则该节点将呈青绿色，而可预测该节点的"年级""性别""学院"及"专业名称"等节点则呈橙色。

本例中使用的属性不多，所以"依赖关系网络"还比较简单，如果查看器中包含几十个或更多节点时，则可使用"查找节点"按钮（望远镜图标）来快速搜索。单击"查找节点"按钮将打开"查找节点"对话框，可以在该对话框中使用筛选器来搜索和选择特定的节点。查看器左侧的滑块可起到与依赖关系强度相联系的筛选器的作用。如果滑块位于顶部时（图6-29所示），所有的箭头都显示。当滑块向下拉动时，按影响的强弱排序，影响较弱的关系箭头逐渐消失，直至最后只显示最强链接。例如，如果选择"是否借还图书"作为预测节点，将滑块向下拉动，"专业名称"箭头最先消失，然后依次是"性别""学院"及"年级"，由此可看出在此模型中预测"是否借还图书"属性的最强影响属性是"年级"属性，如图6-30所示。

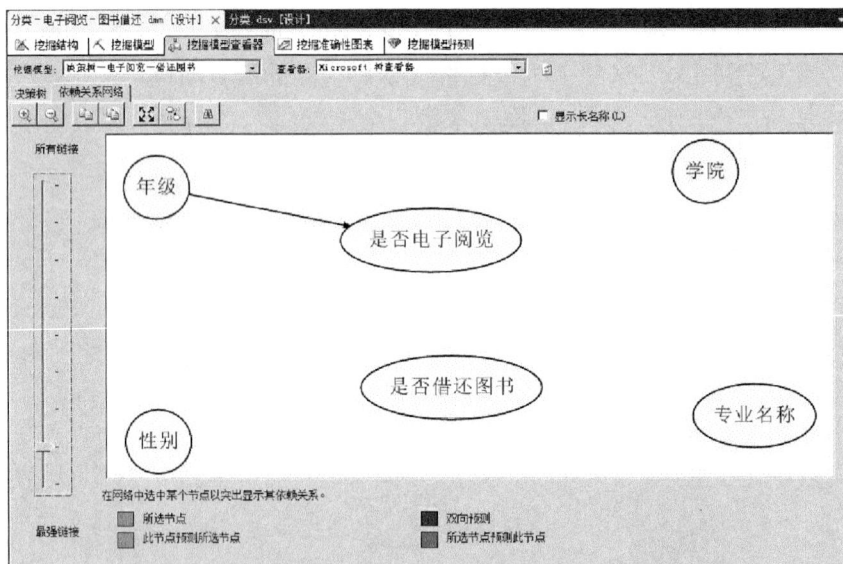

图6-30　模型中"是否借还图书"的最强影响属性

（3）Microsoft———一般内容树查看器。

通过Microsoft一般内容树查看器，可以查看模型的基础结构、节点的规则及节点分布等统计信息的详细信息。该查看器分左右两个窗格，左窗格是"节点标题（唯一ID）"，显示所选挖掘模型中所有节点的列表；右窗格是

"节点详细信息"，显示选定节点的内容的详细信息。每个节点均以标准化格式存储其信息，但表中每行的内容和基数取决于要查看的模型类型或节点类型。例如，以本例决策树模型为例，我们选择左窗格中节点ID为"全部（000000003）"的节点，右窗格则对应显示该节点详细信息，如图6-31所示。本节点挖掘模型名称为"决策树－电子阅览－图书借还"，所包含的事例总计为33647个；"是否借还图书"结论为"是"的事例数为19987，概率为59.40%；"是否借还图书"结论为"否"的事例数为13660，概率为40.60%，缺失值为0。

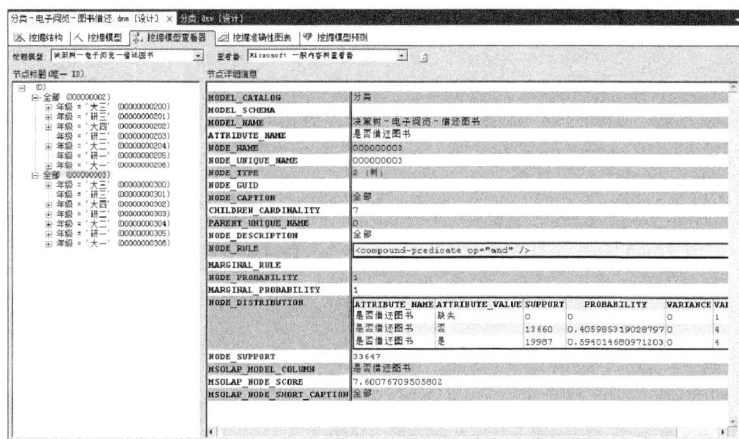

图6-31　Microsoft一般内容树查看器

2. Microsoft朴素贝叶斯

接下来我们通过Microsoft朴素贝叶斯查看器来分析信息，Microsoft朴素贝叶斯查看器提供了依赖关系网络、属性配置文件、属性特征及属性对比等选项卡，用于浏览朴素贝叶斯挖掘模型。

（1）Microsoft Naive Bayes查看器——"依赖关系网络"选项卡。

使用"挖掘模型查看器"选项卡顶部的"挖掘模型"下拉列表切换到"朴素贝叶斯－电子阅览－图书借还"模型，使用"查看器"下拉列表切换到"Microsoft Naive Bayes查看器"，再选择"依赖关系网络"选项卡，我们将看到图6-32所示的依赖关系网络图。

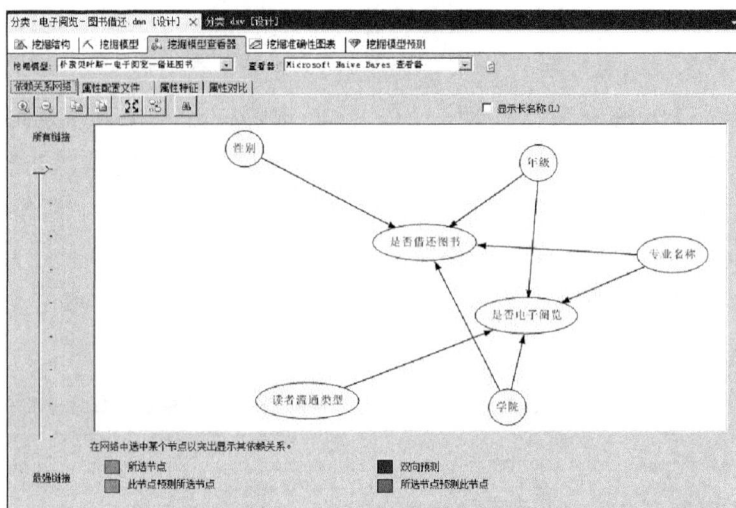

图6-32　Microsoft Naive Bayes算法的"依赖关系网络"查看器

图6-32 Microsoft Naive Bayes算法的"依赖关系网络"查看器与决策树算法的"依赖关系网络"查看器工作方式是一样的。向下拉动左侧滑块，会过滤掉弱的连接，留下最强的关系。可看出在此模型中预测"是否借还图书"属性的最强影响属性是"年级"属性，如图6-33所示。

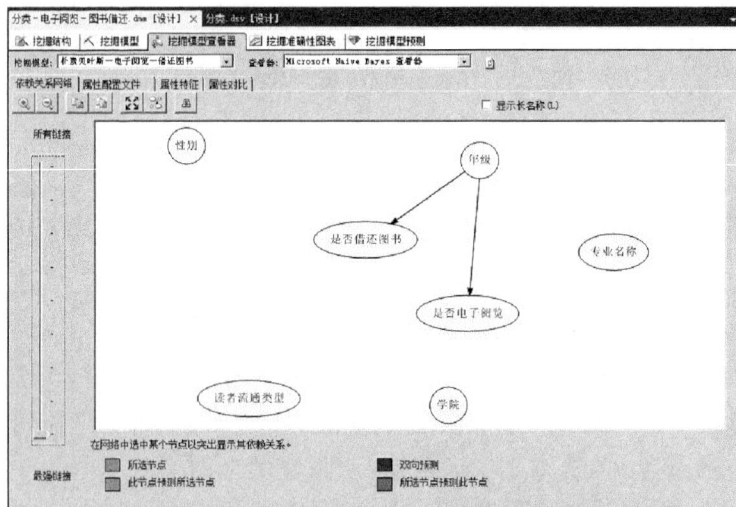

图6-33　此挖掘模型中最强影响属性

（2）Microsoft Naive Bayes查看器——"属性配置文件"选项卡。

切换到"属性配置文件"选项卡，勾选"显示图例"复选框；"直方图条数"框中，选择4；"可预测"下拉列表框中，选择"是否借还图书"，我们将看到图6-34所示的属性配置文件图。"属性配置文件"选项卡说明每一个输入属性的不同状态如何影响可预测属性的结果。例如，图6-34中我们行选择第一行"年级"属性，列选择第五列"是"，定位格，此时从右侧的挖掘图例能看出具体的分布值，得出从"年级"属性看，大一学生最有可能借还图书的结论。

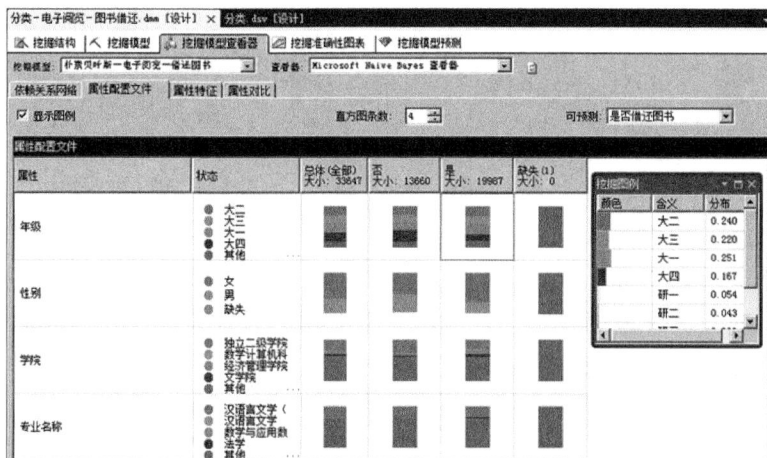

图6-34　Microsoft Naive Bayes算法的"属性配置文件"查看器

单击某标题列，行的顺序就会根据该属性在预测该状态时的重要性而改变；单击并拖动列标题可重新组织列；右键单击某列标题，在弹出的上下文菜单中选择"隐藏列"命令，就可以隐藏该列。

（3）Microsoft Naive Bayes 查看器——"属性特征"选项卡。

切换到"属性特征"选项卡，可以选择属性和值，以查看所选值事例中出现其他属性值的概率，即我们可以看到某个属性的值与预测值同时出现的概率。在"属性"下拉列表中，选择"是否借还图书"；"值"下拉列表中选择"是"，我们将看到图6-35所示的属性特征图。通过查看器我们得出借还图书概率高的读者特征有：性别为"女"、年级为"大一"的读者的结论。

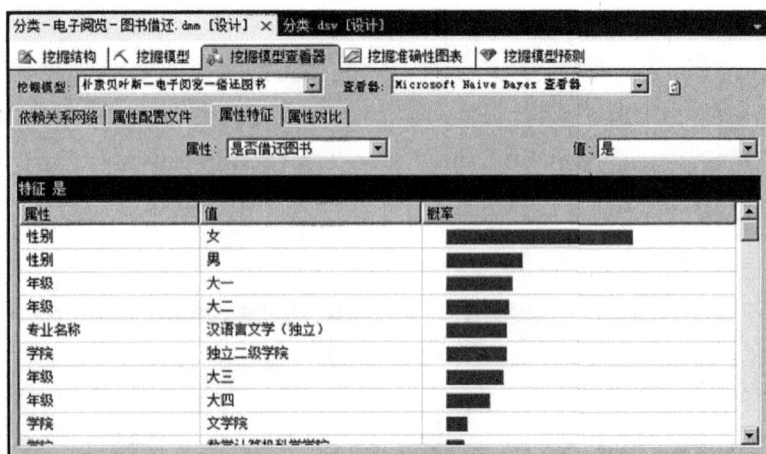

图6-35　Microsoft Naive Bayes算法的"属性特征"查看器

（4）Microsoft Naive Bayes 查看器——"属性对比"选项卡。

切换到"属性对比"选项卡，可以查看属性值与其他属性值之间的关系。在"属性"下拉列表中，选择"是否借还图书"；"值1"下拉列表中选择"是"，"值2"下拉列表中选择"否"，属性对比图如图6-36所示。图6-36显示了借还图书读者和不借还图书读者的区别，通过查看器我们得出结论：性别为"女"、学院为"文学院"、专业为"汉语言文学"及年级为"大一"的读者倾向于借还图书；而性别为"男"、学院为"体育学院"、专业为"运动训练"及年级为"大四"的读者倾向于不借还图书。

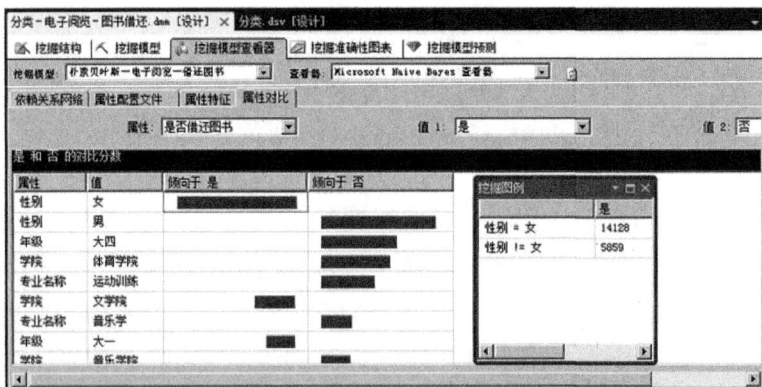

图6-36　Microsoft Naive Bayes算法的"属性对比"查看器

3. Microsoft 神经网络

接下来我们再通过Microsoft神经网络查看器来分析信息，Microsoft神经网络查看器提供了输入、输出及变量等项，用于浏览神经网络挖掘模型。左上部分是"输入"选项，通过该项可以选择神经网络模型将用作输入的属性和属性值，默认设置是包含所有属性；右上部分是"输出"选项，通过该项指定要使用输出的神经网络的属性，以及要比较的两个状态。

例如，在"输入"选项不指定输入，查看器会显示所有与可预测状态相关的输入属性/值对关系；"输出"选项使用"输出属性"下拉列表选择"是否借还图书"属性；然后"值1"设为"是"，"值2"设为"否"，我们将看到图6-37所示的"对比"图。

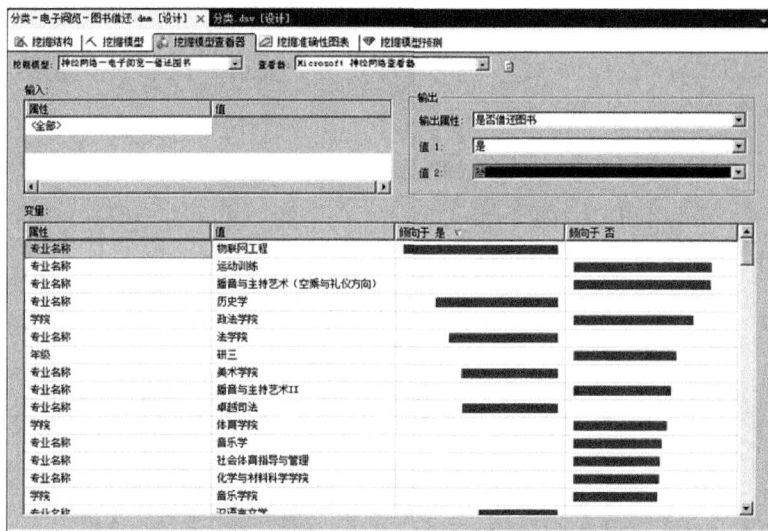

图6-37 Microsoft神经网络算法查看器

图6-37中"变量"网格显示与可预测状态相关的属性/值对关系的影响，右侧蓝条的大小表示输出状态倾向于输入状态的程度，鼠标悬停在蓝条的上面会弹出详细信息窗口。例如，我们将鼠标悬停在第一行"倾向于是"的蓝条上，从弹出的信息窗口，如图6-38所示，得出结论：专业名称为"物联网工程"的读者借还图书的可能性概率很大，达到90.28%，而且评分很高，达到100分。同理，将鼠标悬停在第二行"倾向于否"的蓝条上，从弹出的信息窗口，得出结论：专业名称为"运动训练"的读者不愿借还图书的可能性概率很大，达到73.00%，而且评分很高，达到88.06分。

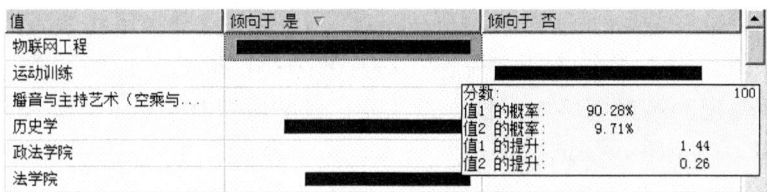

图6-38　Microsoft神经网络算法查看器

在"输入"选项指定输入。例如，我们在"输入"选项指定输入属性性别为"男"，这种情况下，查看器会显示与"是否借还图书"相关的其他属性/值对关系的影响，结论基本全部倾向于否，只有专业为"物联网工程"的男生倾向于借还图书，如图6-39所示。

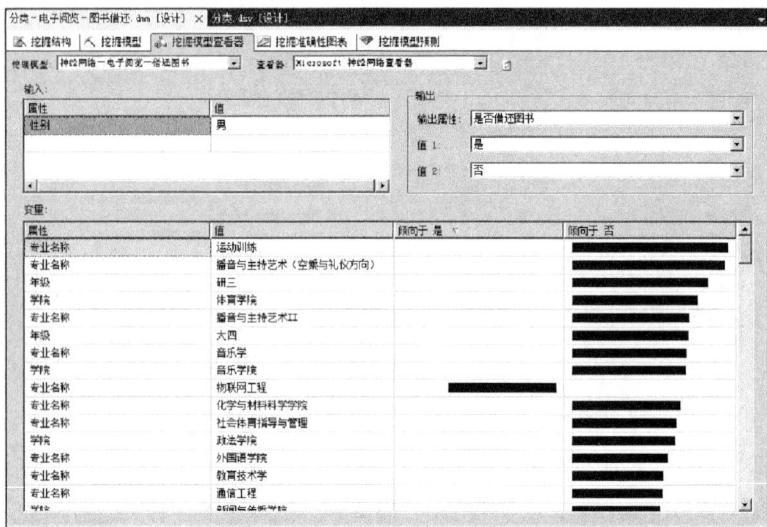

图6-39　Microsoft神经网络算法查看器中指定输入属性

改变输入属性值。例如，我们在"输入"选项指定输入属性性别为"女"，这种情况下，查看器会显示与"是否借还图书"相关的其他属性/值对关系的影响，结论基本全部倾向于是，只有专业"播音与主持艺术""运动训练"的倾向于否，如图6-40所示。由此可以得出结论：该校学生是否借还图书的行为是有明显性别区别的，另外专业也有很大的影响。

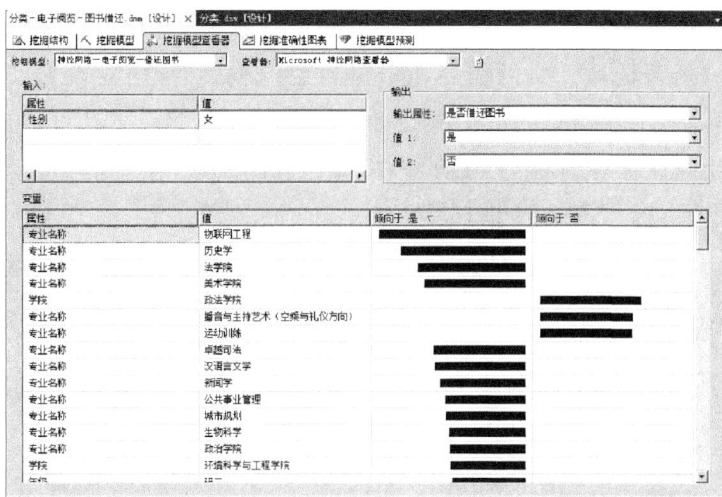

图6-40　Microsoft神经网络算法查看器中指定输入属性

4. Microsoft逻辑回归

　　Microsoft逻辑回归算法是神经网络的一个特例——关系只有单个级别的情况。适合用于建模那些结果是"二选一"的情形，同时逻辑回归模型也在Microsoft神经网络查看器中显示。例如，在"输入"选项指定输入属性年级为"大一"；"输出"选项使用"输出属性"下拉列表选择"是否借还图书"属性；然后"值1"设为"是"，"值2"设为"否"，我们将看到图6-41所示的"对比"图。

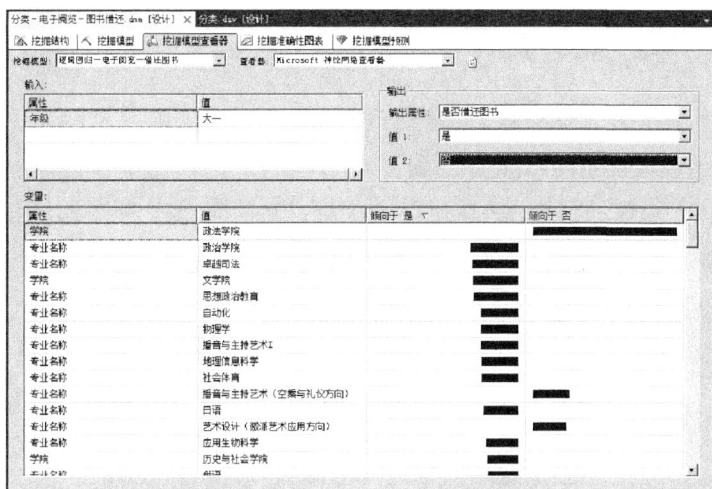

图6-41　Microsoft逻辑回归算法查看器中指定输入属性

在"输入"选项指定输入属性年级为"大四";"输出"选项使用"输出属性"下拉列表选择"是否借还图书"属性;然后"值1"设为"是","值2"设为"否",我们将看到图6-42所示的"对比"图。由此可以得出结论:该校不同年级的学生借阅行为是有明显区别的,大一学生倾向于借还图书,而大四毕业班同学不倾向于借还图书。

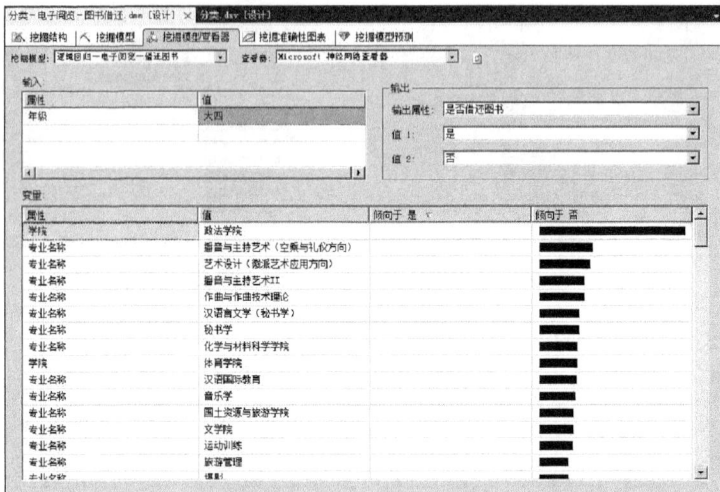

图6-42　Microsoft逻辑回归算法查看器中指定输入属性

以上所有挖掘模型我们都是选择"是否借还图书"预测变量进行解释的,所以可用同样的方法对"是否电子阅览"预测变量进行信息分析。

6.5.4　挖掘性能分析

前面通过"挖掘模型查看器"查看不同挖掘模型的挖掘结果,接下来我们将通过"挖掘准确性图表"视图,对不同的挖掘模型的性能进行分析与比较,以确定所创建的各模型的质量。"挖掘准确性图表"视图提供提升图、利润图、分类矩阵及交叉验证等选项卡,用于分析挖掘模型的准确度。

1.提升图

提升图以创建曲线图形式来表示挖掘模型与随机推测相比带来的改进,并且根据"提升"分数度量变化。该线性图中包括一条理想模型预测的曲线、一条随机预测模型的曲线及挖掘模型的曲线,其中挖掘模型的曲线高出随机预测模型的那段距离叫作提升度。有两种不同的提升图,一种是没有指定预测值的提升图，另一种是指定预测值的提升图。

（1）没有指定预测值的提升图。

输入选择设置。单击"输入选择"选项卡，如图6-43所示。由于本例中的挖掘结构包括多个挖掘模型，勾选"显示"列复选框，选择挖掘模型（默认都已选中）；"可预测列名称"列我们选择其中的"是否借还图书"；"预测值"不指定值。选择要用于准确性图表的数据集，有使用挖掘模型测试事例、使用挖掘结构测试事例及指定其他数据集三个选项，默认选中使用挖掘模型测试事例，这里不作改动。

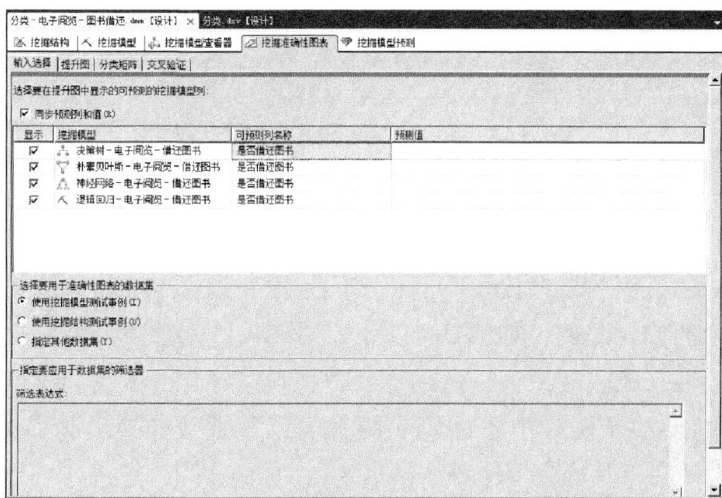

图6-43 没有指定预测值的"输入选择"选项卡

"输入选择"选项卡各内容设置好后，单击"提升图"选项卡，将灰线移至X轴50%处的提升图，如图6-44所示。图中蓝色对角线表示理想推测的结果，用于显示在50%的数据中，模型准确预测50%的事例，X轴表示用于比较预测的测试数据集的百分比，Y轴表示测试数据集中预测正确的百分比。从中我们可以看出各模型对读者是否借还图书的预测性能。这种提升图中没有随机预测模型的曲线。

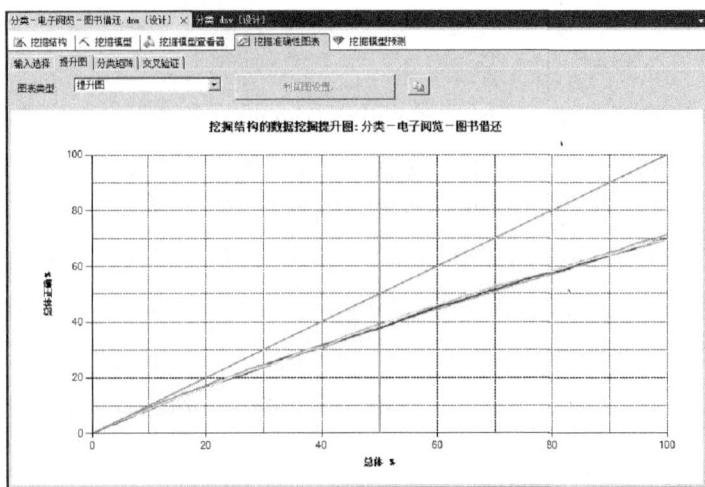

图6-44 没有指定预测值的"提升图"

由于本例中各模型预测精度较接近，为了更清晰地比较各模型的精度，我们通过"挖掘图例"来进一步观察，"挖掘图例"显示所有事例的百分比以及准确预测的事例的百分比。我们将灰线定位到包含50%的整体测试事例的位置，显示的挖掘图例，如图6-45所示。其中，"分数"值可通过总体计算模型的有效性来比较模型，分数越高，模型则越好。由图我们还可以看出在50%总体中，"决策树－电子阅览－图书借还"模型准确预测了39.2%的事例，分数也最高，其他模型所得结果稍差。

挖掘图例			
总体百分比：50.00%			
序列，模型	分数	总体正确	预测概率
决策树－电子阅览－借还图书	0.76	39.20%	66.21%
朴素贝叶斯－电子阅览－借还图书	0.74	37.50%	69.71%
神经网络－电子阅览－借还图书	0.74	37.70%	68.86%
逻辑回归－电子阅览－借还图书	0.75	38.50%	68.24%
理想模型		50.00%	

图6-45 没有指定预测值的"挖掘图例"

（2）有指定预测值的提升图。要查看有指定预测值的提升图，需指定想要查看的预测值。

输入选择设置。勾选"显示"列复选框，选择挖掘结构中的挖掘模型（默认都已选中），预测变量本例中有二个，这里"可预测列名称"列我们选择其中的"是否借还图书"，"预测值"列选择"是"，这里只要选一行，所有行"预测值"都将设置为"是"，这是因为我们默认勾选了"同步预测列和值"复选框。选择要用于准确性图表的数据集，有三个选项使用挖掘模型测试事例、使用挖掘结构测试事例及指定其他数据集，默认选中使用挖掘模型测试事例，这里不作改动。如图6-46所示。

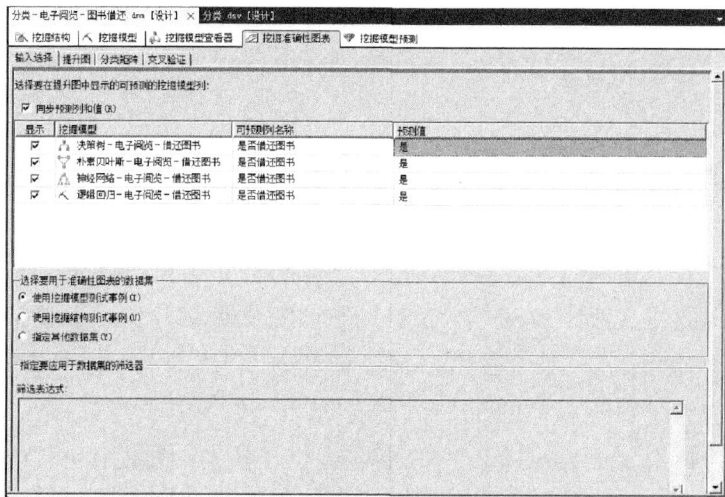

图6-46 有指定预测值的"输入选择"选项卡

"输入选择"选项卡各内容设置好后，单击"提升图"选项卡，将灰线移至X轴50%处的提升图，如图6-47所示。图中X轴仍表示用于比较预测的测试数据集的百分比，Y轴含义却发生了变化，表示预测的目标总体，这里目标总体就是借还过图书的读者。蓝色对角线的含义也发生了变化，该对角直线这里表示随机推测的结果，表示在处理完测试数据集的50%时，就应该能够找到目标总体的50%，是评估提升所参照的基线。最上面一条折线为理想线，图中可以看出理想线的峰值位于60%左右，表示在理想情况下，只需要处理完测试数据集的60%，就能找到所有借还图书的读者。

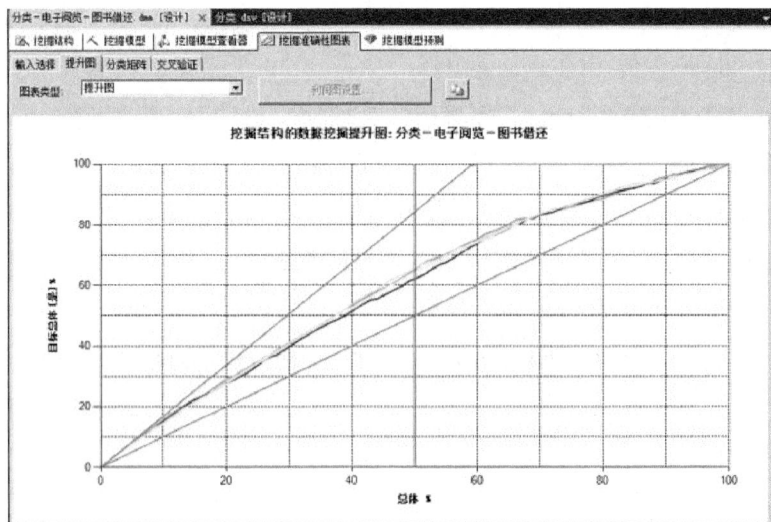

图6-47　有指定预测值的"提升图"

　　同样，为了更清晰比较各模型的精度，可通过"挖掘图例"来进一步观察，这里我们将灰线定位到包含50%的整体测试事例的位置，显示的挖掘图例，如图6-48所示。可以看出在50%总体中，"决策树-电子阅览-图书借还"模型找到了目标总体的65.26%，"朴素贝叶斯-电子阅览-图书借还"模型找到了目标总体的62.23%，"神经网络-电子阅览-图书借还"模型找到了目标总体的64.76%，"逻辑回归-电子阅览-图书借还"模型找到了目标总体的65.60%，由此看出，各挖掘模型之间有一些差别，但相差幅度不大。

图6-48　有指定预测值的"挖掘图例"

2. 利润图

　　"利润图"类似于提升图，但是利润图还显示与使用各个模型相关联的利润预计增长。与提升图一样，可以使用利润图比较多个模型，只要它们都预测同一离散属性。

没有单独用于创建利润图的界面，与创建提升图在同一界面。单击"提升图"选项卡，在"图表类型"下拉列表中选择"利润图"，此时会弹出一个"利润图设置"对话框，接着添加利润图特定的成本和利润信息，如图6-49所示。

图6-49 "利润图设置"对话框

单击图6-49中的"确定"按钮，产生的"利润图"及其"挖掘图例"，如图6-50所示。X轴表示所联系总体的百分比，Y轴表示利润。移动灰色竖线，"挖掘图例"都会更新以显示利润值及灰色竖线上的总体百分比关联的预测概率。可以看出在总体的50%处，"逻辑回归-电子阅览-图书借还"模型利润最高。

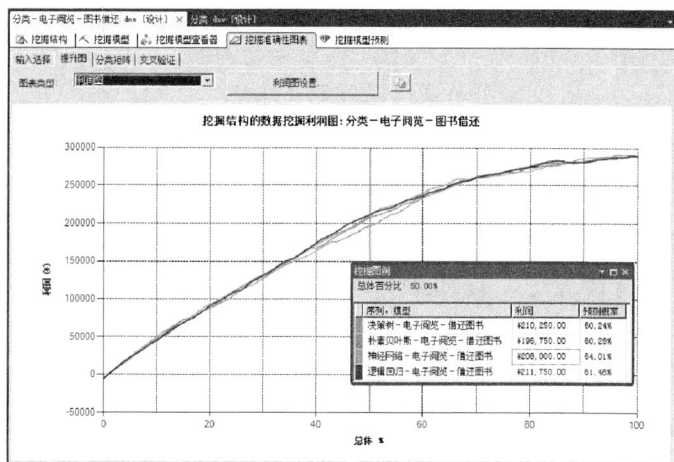

图6-50 利润图

3. 分类矩阵

"分类矩阵"通过确定预测值是否与实际值匹配，将模型中的所有事例分为不同的类别，然后对每个类别中的所有事例进行计数，并在矩阵中显示总计，分类矩阵仅可与离散可预测属性结合使用。单击"分类矩阵"选项卡，结果如图6-51所示。

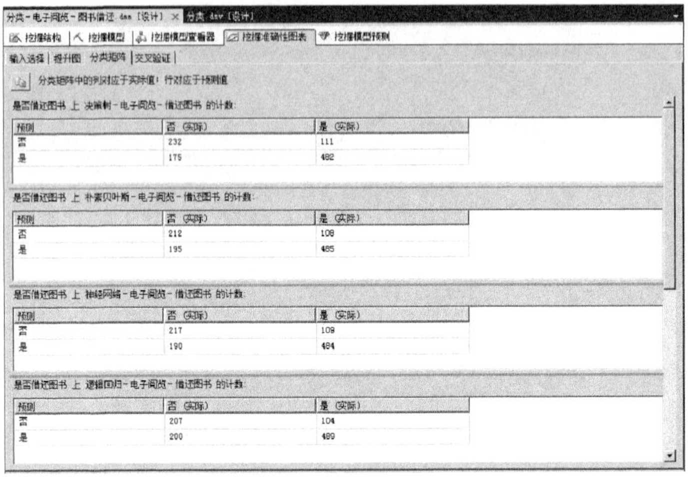

图6-51　分类矩阵

可以看出，"分类矩阵"选项卡为每个模型显示单独的矩阵。每个矩阵对角线上的数值都是预测正确的值，预测（否）与否（实际）、预测（是）与是（实际）；非对角线上的值是预测错误的值。如"决策树-电子阅览-图书借还"模型的准确率为：

$$\frac{232+482}{232+111+175+482}=71.4\%$$

4. 交叉验证

"交叉验证"的主要思想是在给定的建模样本中，拿出大部分样本进行建模型，留小部分样本用于建立的模型的预报，并求这小部分样本的预报误差，这个过程一直进行，直到所有的样本都被预报了一次而且仅被预报一次。这里的"交叉验证"图可以为每个经过测试的挖掘模型列出一个表格来确定模型的有效性。单击"交叉验证"选项卡，设置相应参数。"折叠计数"是将验证数据分为若干个不重叠的集合；"最大事例数"用于指定验证的最大事例数；"目标属性"就是我们的预测属性；"目标状态"就是目标属性的值；“目标阈值”指必须达到的预测正确的概率，该值介于0.0和1.0之间，越接近1.0，表明预测概率越高，默认值为NULL，意味着将具有最高概率的预测状态视为目标值。本例各参数的设置及交叉验证结果见图6-52，通过比较为每个交叉部分生成的模型的指标，可以清楚地了解挖掘模型对于整个数据集的可靠程度。

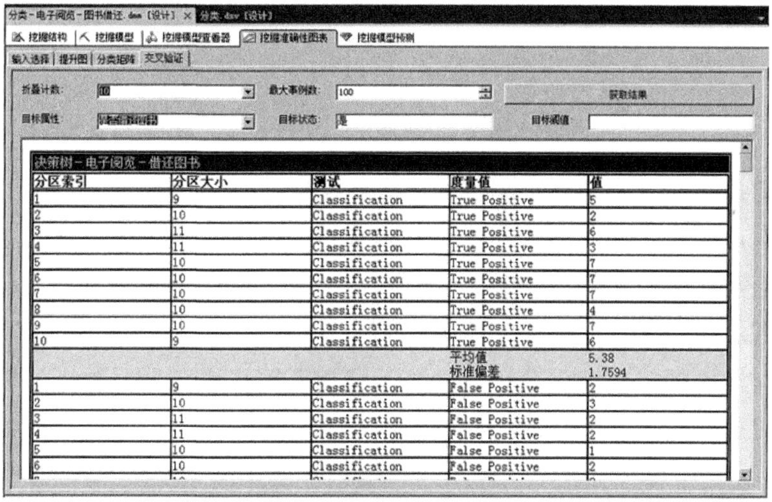

分区索引	分区大小	测试	度量值	值
1	9	Classification	True Positive	5
2	10	Classification	True Positive	2
3	11	Classification	True Positive	6
4	11	Classification	True Positive	3
5	10	Classification	True Positive	7
6	10	Classification	True Positive	7
7	10	Classification	True Positive	7
8	10	Classification	True Positive	4
9	10	Classification	True Positive	7
10	9	Classification	True Positive	6
			平均值	5.38
			标准偏差	1.7594
1	9	Classification	False Positive	2
2	10	Classification	False Positive	3
3	11	Classification	False Positive	2
4	11	Classification	False Positive	2
5	10	Classification	False Positive	1
6	10	Classification	False Positive	2

图6-52　“交叉验证”选项卡

第 7 章　聚类

聚类是将数据分类到不同的类或者簇这样的一个过程，其目标是使同一个簇中的对象有很大的相似性，而不同簇间的对象有很大的差异，簇间差别越大，聚类就越好。聚类与分类的区别在于分类是有监督学习，用已知类别的样本训练集来设计分类，而聚类是无监督学习，事先不知样本的类别，而是通过对样本的先验知识来构造分类。对图书馆来说，采用数据挖掘中的聚类技术对读者进行分类，能够发现读者数据分组的隐含变量，以便实现个性化服务。

7.1　聚类分析

聚类分析（Cluster analysis，又译为群集分析），按照一定的要求和规律对事物进行区分和分类的过程。聚类属于无监督分类的范畴，所有样本没有事先预定的类别，类别在聚类过程中自动生成。将本身没有类别的样本聚集成不同的组，这样的一组数据对象的集合叫做簇。聚类的目的是使得属于同一个簇的样本之间彼此相似，而不同簇的样本足够不相似。簇中两点之间的距离要小于簇中的一点与簇外任一点之间的距离。

7.1.1　聚类分析中的数据结构

许多基于内存的聚类算法选择如下两种有代表性的数据结构：数据矩阵、相异度矩阵。

数据矩阵：它用 p 个变量（属性）来表示 n 个对象（事务项），这样的数据结构实际上就是事务数据库。例如，用性别、专业、年级等属性来表现对象"读者"，将其看成 $n×p$（n个对象，p个属性项）的矩阵，即为：

$$\begin{bmatrix} X_{11} & \cdots & X_{1f} & \cdots & X_{1p} \\ \vdots & \vdots & \vdots & \vdots & \vdots \\ X_{i1} & \cdots & X_{if} & \cdots & X_{ip} \\ \vdots & \vdots & \vdots & \vdots & \vdots \\ X_{n1} & \cdots & X_{nf} & \cdots & X_{np} \end{bmatrix} \tag{7.1}$$

相异度矩阵：针对（7.1）数据矩阵，存储 n 个对象两两之间的近似性用距离表示，其表现形式是一个 $n×n$ 维的矩阵，即为：

$$\begin{bmatrix} 0 & & & & \\ d(2,\ 1) & 0 & & & \\ d(3,\ 1) & d(3,\ 2) & 0 & & \\ \vdots & \vdots & \vdots & & \\ d(n,\ 1) & d(n,\ 2) & \cdots & \cdots & 0 \end{bmatrix} \tag{7.2}$$

其中，$d(i,\ j)$ 是对象 i 和对象 j 之间相异性的量化表示，通常它是一个非负的数值，当对象 i 和 j 越相似或彼此"接近"，其值越接近0；其值越大，表示两个对象越不相似。因为 $d(i,\ j)=d(j,\ i)$ 且 $d(i,\ i)=0$，所以就有式（7.2）所示的三角矩阵。

7.1.2　聚类分析中的数据类型

由于聚类分析中处理的对象复杂多样，因此数据类型也多样。聚类分析中的数据通常可以分为区间标度变量、二元变量、标称变量、序数型变量及比例标度型变量等。

1. 区间标度变量

区间标度变量是一个粗略线性标度的连续度量。选用的度量单位将直接影响聚类分析的结果，为了避免度量对聚类效果的影响，需要对数据进行标准化。

对于一个给定的有 n 个对象的 m 个属性的数据集，主要有两种标准化方法：

（1）平均的绝对误差 S_f

$$S_f = \frac{1}{n}\sum_{i=1}^{n}\left| x_{if} - m_f \right| \tag{7.3}$$

其中，x_{if} 是第 i 个数据对象在属性 f 上的取值，m_f 是属性 f 的平均值，即：

$$m_f = \frac{1}{n}\sum_{i=1}^{n} x_{if} \tag{7.4}$$

（2）标准化的度量值，或 Z-core

$$Z_{if} = \frac{x_{if} - m_f}{S_f} \tag{7.5}$$

与其他对偏差的度量方法，如中值绝对偏差相比，采用平均绝对偏差的好处是孤立点的 Z-core 不会太小，孤立点容易被发现。

数据标准化处理以后就可以进行属性值的相似性测量，通常是计算对象间的距离。对于 n 维向量 x_i 和 x_j，有以下几种距离函数。

欧几里得距离：

$$d\left(x_i,\ x_j\right) = \sqrt{\sum_{k=1}^{n}\left|x_{ik} - x_{jk}\right|^2} \tag{7.6}$$

曼哈坦距离：

$$d\left(x_i,\ x_j\right) = \sum_{k=1}^{n}\left|x_{ik} - x_{jk}\right| \tag{7.7}$$

对于欧几里得距离和曼哈坦距离满足以下条件：

① $d(x_i,\ x_i) \geq 0$：距离是一个非负的数值。

② $d(x_i,\ x_i) = 0$：对象与自身的距离是 0。

③ $d(x_i,\ x_j) = d(x_j,\ x_i)$：距离函数具有对称性。

④ $d(x_i,\ x_j) \leq d(x_i,\ x_k) + d(x_k,\ x_j)$：从对象 i 到对象 j 的直接距离不会大于途经任何其他对象 k 的距离（三角不等式）。

明考斯基距离：

$$d_m\left(x_i,\ x_j\right) = \left[\sum_{k=1}^{n}\left|x_{ik} - x_{jk}\right|^m\right]^{1/m} \tag{7.8}$$

当 $m = 2$ 时，明考斯基距离即为欧几里得距离；当 $m = 1$ 时，明考斯基距离即为曼哈坦距离。

2. 二元变量

二元变量只有 0 和 1 两个状态，0 表示该变量为空，1 表示该变量存在。二元变量又分为对称的二元变量和不对称的二元变量。对称的二元变量的两个状态是同等价值的，并有相同的权重，取值 0 和 1 没有优先权，是对称的；

不对称的二元变量是两个状态输出不是同样重要的。例如，给出一个描述读者的两个变量：性别、是否借阅图书，其中性别是对称的二元变量，是否借阅图书是不对称二元变量。因为性别变量，它的两个值"男性"和"女性"是同等价值的，没有优先权。而是否借阅图书变量，它的两个值"是"和"否"价值不同，这里我们将比较重要的状态"否"编码为 1，另一种状态"是"编码为 0。表 7-1 所示为二元变量的可能性表，其中，q 是对象 i 和对象 j 的值都为 1 的变量的数量，r 是对象 i 值为 1 而对象 j 为 0 的变量的数量，s 是对象 i 值为 0 而对象 j 为 1 的变量的数量，t 是对象 i 和对象 j 的值都为 0 的变量的数量。

表 7-1　二元变量的可能性表

		对象 j		
		1	0	求和
	1	q	r	$q+r$
对象 i	0	s	t	$s+t$
	求和	$q+s$	$r+t$	p

对于对称的二元变量，采用简单匹配系数评价两个对象之间的相异度，公式为：

$$d(i,\ j) = \frac{r+s}{q+r+s+t} \tag{7.9}$$

对于不对称的二元变量，通常将比较重要出现概率较小的状态编码为 1，将另一种状态编码为 0。采用 Jaccard 系数评价两个对象之间的相异度，在它的计算中，编码为 0 的数目 t 被认为是不重要的，因此被忽略，公式为：

$$d(i,\ j) = \frac{r+s}{q+r+s} \tag{7.10}$$

3. 标称变量

标称变量是二元变量的推广，它可以具有多于两个的状态值。比如"读者类型"变量有：本科生、研究生、教师及校外读者等四种状态。计算相异度有两种方法：

（1）简单匹配法：$d(x_i,\ y_j) = \dfrac{p-m}{p}$ $\qquad$ (7.11)

这里 m 是匹配的数目，即对 i 和 j 取值相同的变量的数目，而 p 是全部变量的数目。

（2）使用二元变量。为每个状态创建一个新的二元变量，可以用非对称二元变量对标称变量进行编码，如表7-2所示。对于这种形式的编码，可以采用二元变量的方法来计算相异度。

表7-2　非对称二元变量对标称变量进行编码

本科生	研究生	教师	校外读者	取值
1	0	0	0	本科生
0	1	0	0	研究生
0	0	1	0	教师
0	0	0	1	校外读者

4. 序数型变量

序数型变量可以是离散的或者是连续的，离散的序数型变量类似于标称变量，同时变量值之间是有顺序关系的，比如变量"年级"：大一、大二、大三、大四。连续的序数型变量类似于区间标度变量，但它是没有单位的，我们将其值域划分为多个有限区间，从而将其值离散化。值的相对顺序是必要的，而其实际的大小则不重要。

序数型变量相异度的计算与区间标度变量非常类似。设 f 是用于描述 n 个对象的一组序数型变量之一，关于 f 的相异度计算包括如下步骤：

（1）第 i 个对象的 f 值为 x_{if}，变量 f 有 M_f 个有序的状态，对应于序列 1，$\cdots$，M_f。用对应的秩 r_{if} 代替 x_{if}，$r_{if} \in \{1, \cdots, M_f\}$。

（2）每个序数型变量可以有不同数目的状态，一般将每个变量的值域映射到[0.0，1.0]上，以便每个变量都有相同的权重，可以通过用 Z_{if} 代替 r_{if} 来实现，计算公式为：

$$Z_{if} = \frac{r_{if} - 1}{M_f - 1} \tag{7.12}$$

（3）相异度计算可以采用距离度量的方法，采用 Z_{if} 作为第 i 个对象的 f 值。

5. 比例标度型变量

比例标度变量是总取正值的度量值，它是一个非线性的标度，例如指数标度，近似遵循以下公式：

$$Ae^{Bt} \text{ 或 } Ae^{-Bt} \tag{7.13}$$

式中 A 和 B 是正的常数。

计算比例标度型变量的相异度通常有以下三种方法：

（1）进行对数变换，如对象 i 的 f 变量的值 x_{if} 被变换为 $y_{if} = \log(x_{if})$，然后对变换所得值 y_{if} 采用与处理区间标度变量相同的方法。

（2）将 x_{if} 看作为连续的序数型数据，将其值作为区间标度变量的值来对待。

（3）同处理区间标度变量同样的方法。

7.2 k – 平均算法

k – 平均（k -Means），也被称为 k -均值，是一种得到最广泛使用的聚类算法。k -平均算法接受输入量 k，然后将 n 个数据对象划分成 k 个簇，以便使所获得的簇满足同一簇内的对象相似度较高，而不同簇之间的对象相似度较小。簇相似度是利用各簇中对象的均值所获得一个"中心对象"来进行计算的。

k – 平均算法步骤：

首先，随机选择 k 个对象，每个对象代表一个簇的初始均值或中心。对剩余的每个对象，根据其与各簇中心的距离，将它指派到最近的簇，然后计算每个簇的新均值，得到更新后的簇中心。不断重复，直到准则函数收敛。

通常使用误差平方和（Sum of Squared Error，SSE）作为度量聚类质量的目标函数。SSE 形式定义如下：

$$SSE = \sum_{i=1}^{k} \sum_{x \in C_i} |x - m_i|^2 \tag{7.14}$$

这里的 x 是空间中的点，表示给定的数据对象，m_i 是簇 C_i 的平均值。这个准则可以保证生成的结果簇尽可能的紧凑和独立。

7.3　EM算法

EM（Expectation Maximization，期望最大化）是Dempster、Laind和Rubin于1977年提出的一种从"不完全数据"中求解模型分布参数的极大似然估计的一种方法。是$k-$平均方法的一种扩展，它不把对象分配给一个确定的簇，而是根据对象与簇之间隶属关系发生的概率来分配对象。这种方法可以广泛地应用于处理缺损数据、截尾数据、带有噪声等所谓的不完全数据。EM算法流程：

（1）初始化分布参数。

（2）重复直到收敛。

E步骤（估计步骤）：利用对隐藏变量的现有估计值，计算其最大似然估计值。

M步骤（最大化步骤）：最大化在E步骤上求得的最大似然值来计算参数的值。找到的参数估计值被用于下一个E步的计算中。

算法简单理解：假设我们估计A和B两个参数，在开始状态下两者都是未知的，并且知道了A的信息就可以得到B的信息，反过来知道了B也就得到了A。可以考虑首先赋予A某种初值，以此得到B的估计值，然后从B的当前值出发，重新估计A的取值，这个过程一直持续到收敛为止。

7.4　Microsoft聚类算法

Microsoft聚类分析算法提供两种创建分类并为分类分配数据点的方法。第一种方法是$k-$means算法，这意味着一个数据点只能属于一个分类，并会为该分类中的每个数据点的成员身份计算一个概率。第二种方法是"期望值最大化"（EM）方法，这意味着一个数据点总是属于多个分类，并会为每个数据点和分类的组合计算一个概率。可通过设置CLUSTERING_METHOD参数来选择要使用的算法，聚类分析的默认方法是可缩放的EM算法。

聚类分析算法不同于Microsoft决策树算法等其他数据挖掘算法，区别在于无需指定可预测列便能生成聚类分析模型。聚类分析算法严格地根据数据以及该算法所标识的分类中存在的关系定型。

7.4.1　Microsoft 聚类算法的参数

Microsoft 聚类算法支持多个参数，算法对参数的设置非常敏感。这些参数会影响生成的挖掘模型的行为、性能和准确性。主要参数详见表7-3。

表7-3　Microsoft 聚类算法主要参数

参数名称	功能
CLUSTER_COUNT	指定此算法将生成分类的近似数目。如果无法利用数据生成近似数目的分类，则此算法将生成尽可能多的分类。将 CLUSTER_COUNT 参数设置为0会使此算法使用试探性方法最合理地确定要生成分类的数目。默认值：10
CLUSTER_SEED	指定在为建模初始阶段随机生成分类时所要使用的种子数字。默认值：0
CLUSTERING_METHOD	该算法使用的聚类分析方法可以是: Scalable EM (1)、Non-scalable EM (2)、Scalable K-means (3) 或 Non-scalable K-means (4)。默认值：1
MAXIMUM_INPUT_ATTRIBUTES	指定算法在调用功能选择之前可以处理的最大输入属性数。如果将此值设置为0，则指定不限制输入属性的最大数量。默认值：255
MAXIMUM_STATES	指定算法支持的最大属性状态数。如果属性的状态数大于该最大状态数，算法将使用该属性的最常见状态，并将剩余状态视为不存在。默认值：100
MINIMUM_SUPPORT	该参数指定每个分类中的最小事例数。默认值：1
MODELLING_CARDINALITY	该参数指定在聚类分析进程中构造的示例模型数。默认值：10
SAMPLE_SIZE	如果 CLUSTERING_METHOD 参数设置为其中一个可缩放聚类分析方法，请指定算法在每个传递中使用的事例数。如果将 SAMPLE_SIZE 设置为 0，则会在单个传递中对整个数据集进行聚类分析操作，从而导致内存和性能问题。默认值：50000
STOPPING_TOLERANCE	指定一个值，它可确定何时达到收敛而且算法完成建模。当分类概率中的整体变化小于 STOPPING_TOLERANCE 与模型大小之比时，即达到收敛。默认值：10

7.4.2　Microsoft 聚类算法的要求

每个模型都必须包含一个用于唯一标识每条记录的数值列或文本列，不允许复合键；至少包含一个输入列，该输入列包含用于生成此分类的值。可以根据需要拥有任意多的输入列，但是具体取决于每个列中值的数量，添加额外列会增加定型模型所需的时间；该算法不需要可预测列来生成模型，但是可以添加几乎任意数据类型的可预测列；可以将可预测列的值视为对聚类分析模型的输入，或者将其指定仅用于预测。例如，如果需要通过对读者信息（如读者专业或年级）进行分类来预测读者的借阅量，则可将借阅量指定为 PredictOnly，然后将所有其他列（如读者专业或年级）添加为输入。Microsoft 聚类算法支持特定的输入列和可预测列：

输入列内容类型包括：Continuous（连续）、Cyclical（循环）、Discrete（离散）、Discretized（离散化）、Key（键）、Table（表）和 Ordered（已排序）；可预测列内容类型包括：Continuous（连续）、Cyclical（循环）、Discrete（离散）、Discretized（离散化）、Table（表）和 Ordered（已排序）。其中 Cyclical（循环）和 Ordered（已排序）内容类型，算法会将它们视为离散值，不会进行特殊处理。

7.5　案例：利用 SQL Server 2012 进行 Microsoft 聚类分析挖掘

问题描述：利用聚类算法对读者利用图书馆行为进行分析，根据读者借阅图书种类、年级、性别及所在学院等变量，对读者进行聚类分析，分析各个读者群的借阅习惯，找出借阅习惯不同的读者群，并分析刻画他们的特征，从而为图书馆的阅读推广工作提供依据，同时帮助图书馆采购决策人员根据学校学科专业特点及各类读者人群数量，科学决策纸质资源、数字资源采购工作过程中各分类资源、专题资源采购的数量。

整体思路：以 2010—2013 年入档的本科生、2011—2013 年入档的研究生为例，抽取他们在"2013.9.1—2014.8.31"一学年图书馆借阅图书的数据，进行 Microsoft 聚类分析。

7.5.1　数据准备

1. 补全流通日志表中读者信息

将"流通日志"表与前面第 6 章分类中已增加好读者"年级"字段的"读者"表关联，补全读者具体信息（性别、读者流通类型、学院、年级及专业名称等）。在 Transact-SQL 查询窗口中，执行以下语句：

```
SELECT
dbo.流通日志.操作时间,dbo.流通日志.条码号,dbo.流通日志.读者记录号,dbo.读
者.性别,dbo.读者.读者流通类型,dbo.读者.学院,dbo.读者.年级,dbo.读者.专业
名称,dbo.流通日志.操作类型
into [dbo].[读者借阅图书]
FROM dbo.流通日志
LEFT OUTER JOIN
dbo.读者 ON dbo.流通日志.读者记录号 = dbo.读者.读者记录号
```

2. 提取读者借阅图书信息

提取"2013.9.1—2014.8.31"读者借阅图书信息。在Transact-SQL查询窗口中，执行以下语句：

```
select * into ［dbo］.［读者借阅图书2013-2014］
from ［dbo］.［读者借阅图书］
where ［操作时间］between '2013-09-01 00：00：00.000' and '2014-08-31
00：00：00.000' and ［操作类型］='3031'
```

3. 补全文献类别信息

将"读者借阅图书2013—2014"表与"文献"表关联，获取图书类别。在Transact-SQL查询窗口中，执行以下语句：

```
SELECT
dbo.［读者借阅图书2013-2014］.操作时间，dbo.［读者借阅图书2013-2014］.
条码号，dbo.［读者借阅图书2013-2014］.读者记录号，dbo.［读者借阅图书
2013-2014］.性别，dbo.［读者借阅图书2013-2014］.读者流通类型，dbo.［读
者借阅图书2013-2014］.学院，dbo.［读者借阅图书2013-2014］.年级，dbo.
［读者借阅图书2013-2014］.专业名称，dbo.文献.题名，dbo.文献.文献一级分
类，dbo.文献.文献二级分类，dbo.文献.文献三级分类
into 读者借阅图书2013-2014加图书类号
FROM dbo.［读者借阅图书2013-2014］
LEFT OUTER JOIN
dbo.文献 ON dbo.［读者借阅图书2013-2014］.条码号 = dbo.文献.书条码号
```

经过处理后的"读者借阅图书2013—2014加图书类号"信息表里包含了读者的基本信息、被借阅图书的类别信息，如表7-4所示。

表7-4 读者借阅图书2013—2014加图书类号

读者记录号	性别	读者流通类型	学院	年级	专业名称	题名	文献一级分类
122252	女	本科生	教育科学学院	大三	心理学	杂志创意装帧设计	T
123443	男	本科生	物理与电子信息学院	大三	物理学	中国人的人性	C
129117	女	本科生	法学院	大二	行政管理	朗文 外研社新概念英语. 2. 实践与进步	H
114977	男	本科生	美术学院	大四	绘画	中国官窑	K
120504	女	本科生	化学与材料科学学院	大三	化学	萨特哲学论文集	B
131764	女	本科生	教育科学学院	大二	学前教育	存在与虚无	B
130784	女	本科生	化学与材料科学学院	大二	材料化学	工程制图习题集	T
130784	女	本科生	化学与材料科学学院	大二	材料化学	工程制图习题集	T
130784	女	本科生	化学与材料科学学院	大二	材料化学	工程制图习题集	T

7.5.2 实现挖掘任务

1. 新建项目

创建 SSAS 项目。在 SQL Server 2012 中打开 SQL Server Data Tools（SS-DT），开始->所有程序->Microsoft SQL Server 2012-> SQL Server Data Tools。单击菜单栏的"文件"->"新建项目"命令，弹出"新建项目"对话框，选择项目中的"Analysis Services 多维和数据挖掘项目"。在"名称""解决方案名称"文本框中，写入项目名称和解决方案名称；在"位置"文本框中，单击右侧"浏览"按钮，选择解决方案的保存路径；最后单击"确定"按钮。

2. 部署项目设置

在 SQL Server Data Tools（SSDT）右边的"解决方案资源管理器"窗口中单击项目名称"聚类"，选择"属性"命令，打开"分类属性页"，在左窗格的"配置属性"节点中，单击"部署"，将"服务器"属性更改为相应的实例名，默认为本地服务器"localhost"。

3. 创建数据源和数据源视图

创建数据源的过程参见第 4 章"利用 SQL Server 2012 创建 OLAP 立方"内容。这里创建一个名为"数据挖掘"的新数据源，该数据源连接"读者借阅图书 2013—2014 加图书类号"数据表所在的数据库。

4. 根据向导创建挖掘结构

步骤 1：在 SQL Server Data Tools（SSDT）右边的"解决方案资源管理器"窗口中单击"挖掘结构"文件夹，选择"新建挖掘结构"命令，启动数据挖掘向导。

步骤 2：在弹出的"数据挖掘向导"窗口中单击"下一步"按钮。在接下来的"选择定义方法"窗口中，确保选择"从现有关系数据库或数据仓库"，单击"下一步"按钮，进入"创建数据挖掘结构"窗口，"您要使用何种数据挖掘技术？"选择"Microsoft 聚类分析"，如图 7-1 所示。

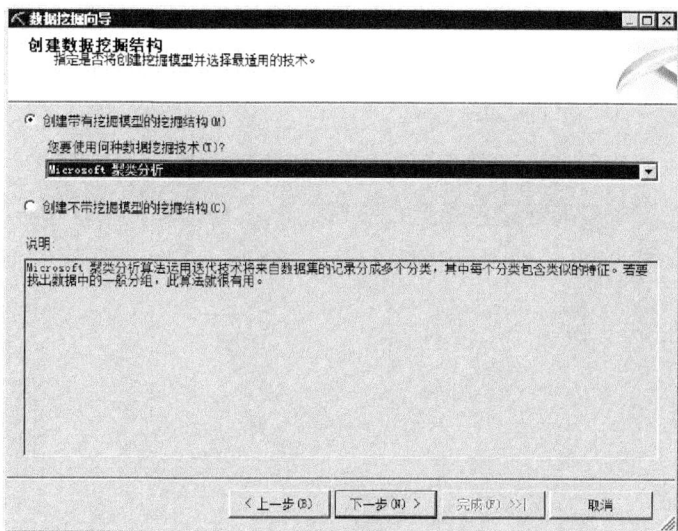

图 7-1　选择数据挖掘技术

步骤 3：单击图 7-1 中"下一步"按钮，进入"选择数据源视图"窗口，选择前面创建好的"数据挖掘"数据源视图，单击"浏览"按钮显示其包含的数据表信息，如图 7-2 所示。

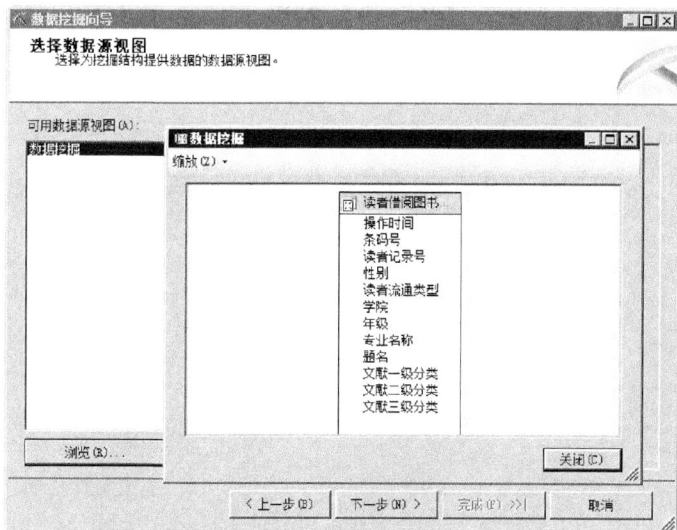

图 7-2　选择数据源视图

步骤 4：关闭"数据挖掘"表窗口，单击"选择数据源视图"中"下一步"按钮，进入"指定表类型"窗口，选择用于定义挖掘结构的"读者借阅图书

2013—2014加图书类号"表，并且将其设置为"事例"表，如图7-3所示。

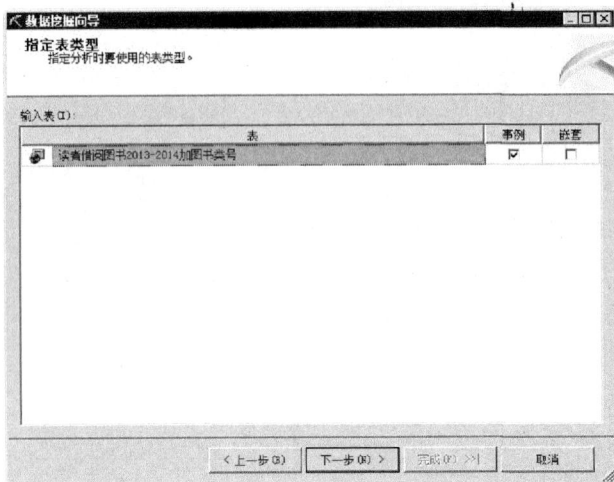

图7-3　指定表类型

步骤5：单击图7-3中"下一步"按钮，进入"指定定型数据"窗口，这里至少指定一个键列、一个输入列以及一个可预测列。我们选择"读者记录号"作为"键列"，"读者流通类型、年级、性别、学院及专业名称"作为"输入列"，"文献一级分类"作为"预测列"，如图7-4所示。

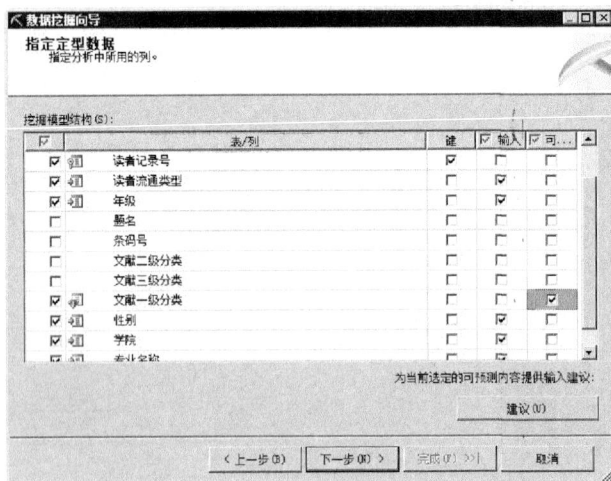

图7-4　指定定型数据

步骤6：单击图7-4中"下一步"按钮，进入"指定列内容和数据类型"

窗口，向导会自动检测数值，并分配相应的数值数据类型，如果需要修改，可以单击需要修改类型的下拉列表框进行手动选择，也可以单击"检测"按钮运行用来确定每列的默认数据类型和内容类型的算法，如图7-5所示。

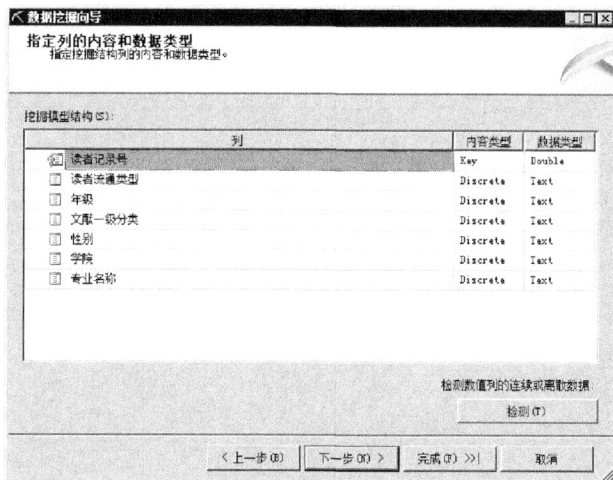

图7-5　指定列内容和数据类型

步骤7：单击图7-5中"下一步"按钮，进入"创建测试集"窗口，我们可以根据实际分析需要设置测试数据集的大小。这里我们将"测试数据百分比"保留其默认值"30"，"测试数据集中的最大事例数"键入"1000"，如图7-6所示。

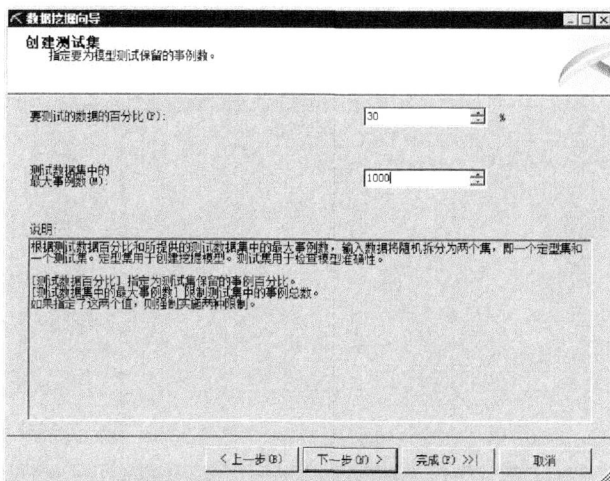

图7-6　创建测试集

步骤8：单击图7-6中"下一步"按钮，分别为挖掘结构、挖掘模型指定一个名称："聚类分析－读者借阅图书2013—2014加图书类号"，勾选"允许钻取"复选框。单击"完成"按钮结束挖掘结构的创建，如图7-7所示。

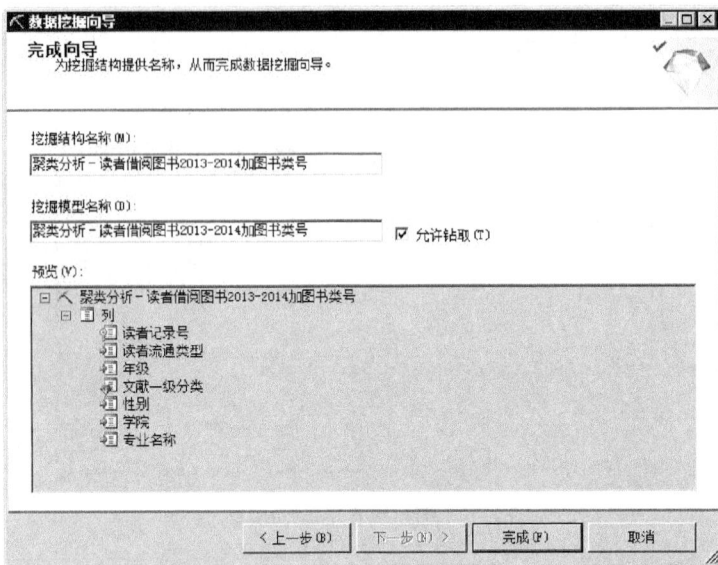

图7-7　完成向导

步骤9：单击图7-7中"完成"按钮，回到数据挖掘设计器主页面，包含了"挖掘结构、挖掘模型、挖掘模型查看器、挖掘准确性图表及挖掘模型预测"等选项。其中"挖掘结构"选项卡页面，如图7-8所示。

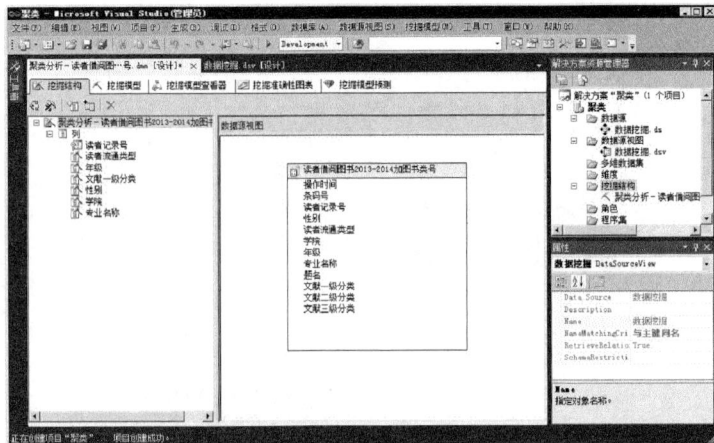

图7-8　数据挖掘设计器的"挖掘结构"选项卡

5.设置模型参数

步骤1：打开数据挖掘设计器的"挖掘模型"选项卡，鼠标右键单击需要设置算法参数的挖掘模型列头，选择"设置算法参数"命令，如图7-9所示。

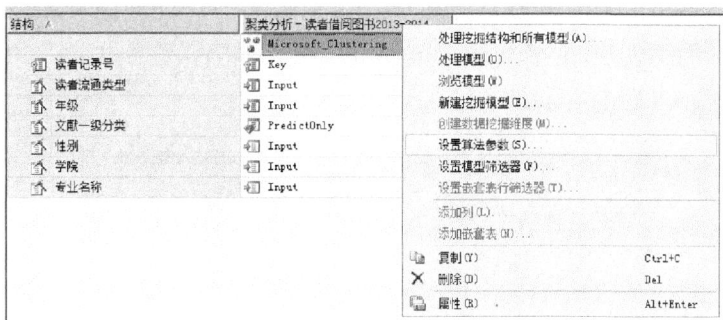

图7-9　选择"设置算法参数"命令

步骤2：打开"聚类分析–读者借阅图书2013—2014加图书类号"挖掘模型的"算法参数"对话框。因为本例中读者借出的图书，其著录分类时，图书入档年份2004年之前是科图法、2004年之后是中图法，"文献一级分类"属性达到34个，所有借阅图书的读者"专业名称"属性最多，达到112个，因此我们设置算法支持的最大属性状态"MAXIMUM_STATES"项为"150"，如图7-10所示。单击"确定"完成"聚类分析–读者借阅图书2013—2014加图书类号"挖掘模型的算法参数设置。

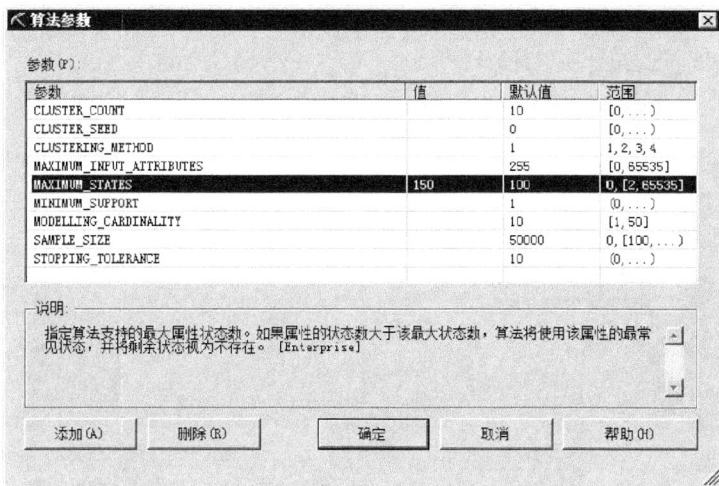

图7-10　挖掘模型的"算法参数"对话框

6. 部署并处理模型

在数据挖掘设计器中，可以处理挖掘结构、与挖掘结构关联的特定挖掘模型，或者结构以及与该结构关联的所有模型。

步骤1：在"挖掘模型"选项卡工具栏上单击"处理挖掘结构和所有模型"按钮，打开处理挖掘结构"聚类分析-读者借阅图书2013—2014加图书类号"对话框，如图7-11所示。

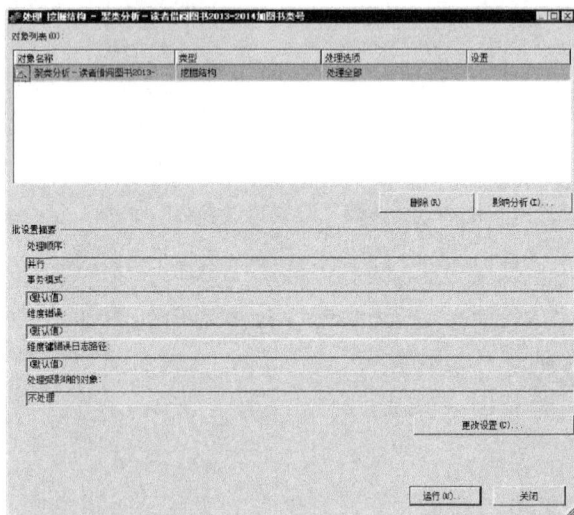

图7-11　处理挖掘结构对话框

步骤2：单击图7-11"运行"按钮，完成挖掘结构处理过程。挖掘结构处理进度对话框如图7-12所示。

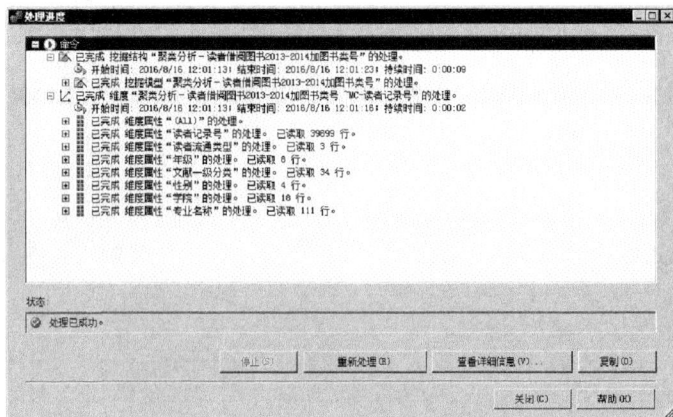

图7-12　挖掘结构处理进度对话框

7.5.3　浏览模型

部署并处理完模型之后，我们就可以通过"挖掘模型查看器"查看挖掘结果。聚类分析"挖掘模型查看器"包含分类关系视图、分类剖面视图、分类特征视图及分类对比视图四个选项卡。

1. 分类关系视图

"分类关系视图"，如图7-13所示。该视图将每个聚类用一个不同深浅颜色的节点显示，颜色深表示事例多，颜色浅表示事例少。这些节点分散在不同区域中，显示聚类类别之间的相似程度。默认情况下分类关系图，设计器显示10个分类。向上或向下移动左边的"所有链接"滑块，显示所有的链接或隐藏弱的链接留下强的链接，其中深色灰线表示两个聚类的关联度强，浅色线表示两个聚类的关联度弱。

图7-13中，"明暗度变量"选择"文献一级分类"，"状态"选择"F"。为便于观察，我们对视图中分类的节点进行了重命名，将颜色最深的"分类5"重命名为"最可能借阅F类书"，颜色较深的"分类4"重命名为"较可能借阅F类书"，颜色最浅的"分类1"重命名为"最不可能借阅F类书"。

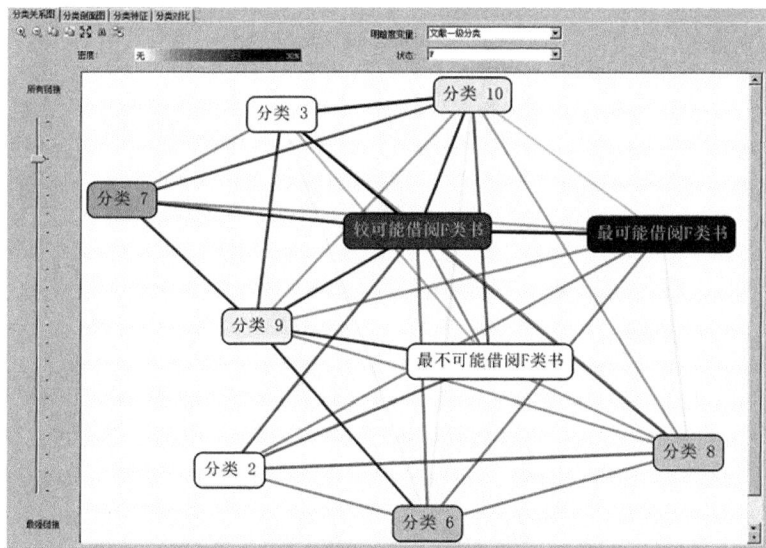

图7-13　Microsoft聚类算法的"分类关系视图"选项卡

2. 分类剖面视图

"分类剖面视图",如图7-14所示。该视图中每一行对应于一个属性,如文献一级分类、性别、专业名称及年级等属性,每一列分别对应于挖掘模型中的每个聚类类别。单击网格中的任意单元格中的直方图,就会显示"挖掘图例"视图,通过挖掘图例可以进一步查看每一类别中各属性的详细信息。当对某一单元格中的属性感兴趣时,可以同时观察左右或上下其他单元格中的直方图信息,以找出聚类的更多信息。

可以看出,借阅F类书与不借阅F类书的两类读者分别有明显的特征。一是读者专业方面,我们从"最可能借阅F类书"的"专业名称"单元格的挖掘图例看出,旅游管理专业的读者最可能借阅F类书;二是借阅习惯方面,我们从"最不可能借阅F类书"的"文献一级分类"单元格上看出,喜欢借阅H类书的读者最不可能借阅F类书;三是性别方面,我们从"最不可能借阅F类书"的"性别"单元格上看出,男生比例很少,说明男生比较喜欢借阅F类书。

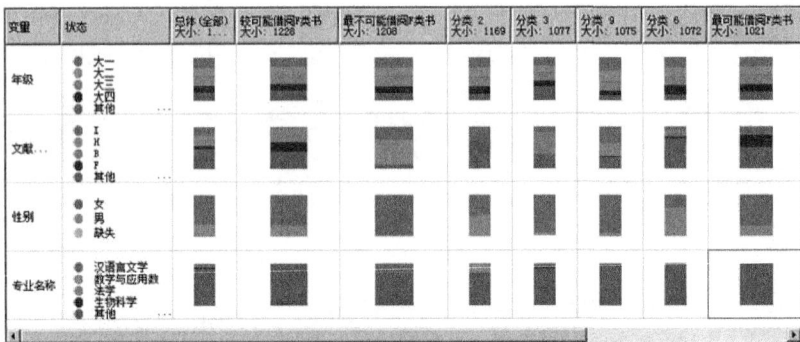

图7-14 Microsoft聚类算法的"分类剖面视图"选项卡

3. 分类特征视图

"分类特征视图",如图7-15所示。该视图按概率大小递减的顺序列出聚类事例特征的属性。这里"分类"我们选择"总体(全部)事例",以查看全部读者借阅特征。可以看出性别为"女"的学生借阅图书的概率最大,其次年级为"大一"的学生借阅图书概率较大,文献借阅量前五名的图书类别依次为"I、H、B、F、T",专业为"汉语言文学"借阅图书的读者较多。

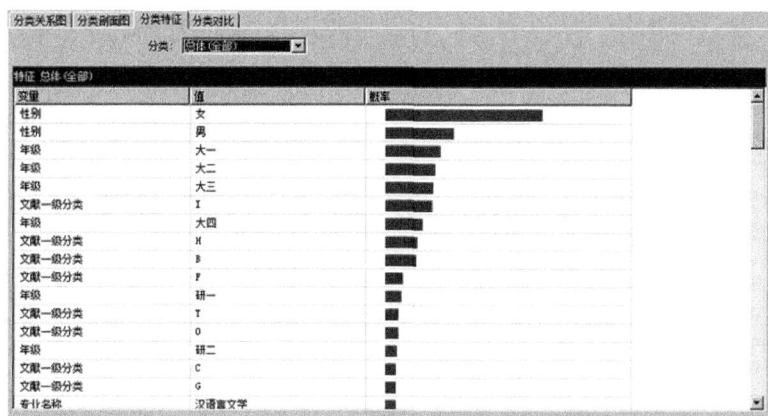

图7-15 Microsoft聚类算法的"分类特征视图"选项卡

4. 分类对比视图

"分类对比视图",如图7-16所示。该视图可以将某一聚类与其他聚类进行比较,可以确定对该聚类最重要的信息。这里我们选择"最可能借阅F类图书"与"最不可能借阅F类图书"两个聚类进行比较。可以看出喜欢借阅J类图书,专业是财务管理、会计学、音乐学及旅游管理等,性别为男生的读者最可能借阅F类图书;而喜欢借阅H类图书,专业是英语、汉语言文学及对外汉语等,性别为女生的读者最不可能借阅F类图书。

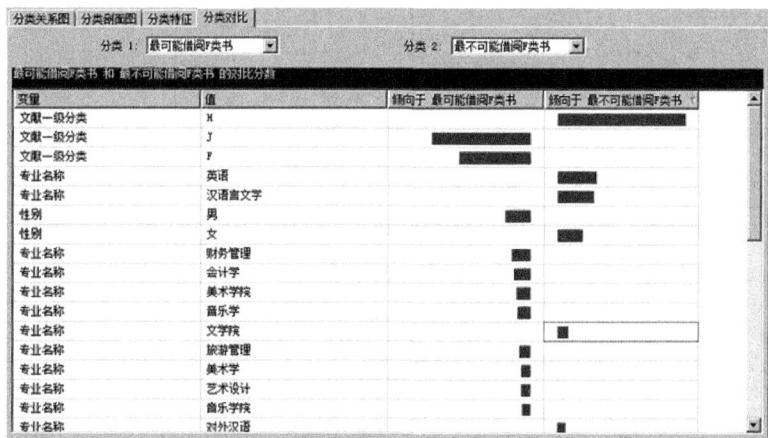

图7-16 Microsoft聚类算法的"分类对比视图"选项卡

第8章 线性回归

回归分析是确定两个及以上变量间相互依赖的定量关系的一种统计分析方法。它以影响变量为自变量，被影响变量为因变量，研究自变量与因变量的因果关系，可以确定变量之间定量关系并进行相应的预测，反映统计变量之间的数量变化规律。对图书馆来说，采用数据挖掘中的线性回归技术可以发现各业务数据间的内在关联，有助于图书馆做好相关预测工作。

8.1 一元线性回归

一元线性回归模型将一个随机变量 y 视为另一个变量 x 的线性函数。一元回归公式为：

$$y_i = a + bx_i + u_i \quad (i = 1, 2, \cdots, n) \tag{8.1}$$

其中，a 和 b 是回归系数，分别表示直线在 y 轴的截距和直线的斜率，i 表示变量的第 i 个观察值，共有 n 组样本观察值。u 为误差项，反映了除 x 和 y 之间线性关系之外的随机因素对 y 的影响，误差项是期望为 0 的随机变量。

相应于 y_i 的估计值 $\hat{y}_i = \hat{a} + \hat{b}x_i$，$\hat{y}_i$ 与 y_i 之差称为估计误差或残差，误差的大小是衡量估计量 $\hat{a}$、$\hat{b}$ 好坏的重要标志，以误差平方和最小作为衡量总误差最小的准则，并依据这一准则对参数 a、b 作出估计。令

$$Q = \sum_{i=1}^{n} (y_i - \hat{y}_i)^2 = \sum_{i=1}^{n} (y_i - \hat{a} - \hat{b}x_i)^2 \tag{8.2}$$

使 Q 达到最小以估计出 $\hat{a}$、$\hat{b}$ 的方法称为最小二乘法。由多元微分学可知，使 Q 达到最小的参数的 $\hat{a}$、$\hat{b}$ 的最小二乘估计量必须满足：

$$\begin{cases} \dfrac{\varphi Q}{\varphi \hat{a}} = -2\sum_{i-1}^{n}\left(y_i - \hat{a} - \hat{b}x_i\right) = 0 \\ \dfrac{\varphi Q}{\varphi \hat{b}} = -2\sum_{i-1}^{n}\left(y_i - \hat{a} - \hat{b}x_i\right) = 0 \end{cases} \quad (i=1,\ 2,\ \cdots,\ n) \qquad (8.3)$$

解得：

$$\begin{cases} \hat{b} = \dfrac{l_{xy}}{l_{xx}} \\ \hat{a} = \bar{y} - \hat{b}\bar{x} \end{cases} \qquad (8.4)$$

式（8.4）中：

$$\bar{x} = \frac{1}{n}\sum_{i=1}^{n}x_i$$

$$\bar{y} = \frac{1}{n}\sum_{i=1}^{n}y_i$$

$$l_{xx} = \sum_{i=1}^{n}\left(x_i - \bar{x}\right)^2 = \sum_{i=1}^{n}x_i^2 - \frac{1}{n}\left(\sum_{i=1}^{n}x_i\right)^2$$

$$l_{xy} = \sum_{i=1}^{n}\left(x_i - \bar{x}\right)\left(y_i - \bar{y}\right) = \sum_{i=1}^{n}x_i y_i - \frac{1}{n}\left(\sum_{i=1}^{n}x_i\right)\left(\sum_{i=1}^{n}y_i\right)$$

8.2　多元线性回归

多元线性回归模型分析一个因变量与多个自变量间的线性关系。其基本假设是在对一元线性回归模型的基本假设基础之上，还要求所有自变量彼此线性无关，这样随机抽取 n 组样本观察值就可以进行参数估计。多元回归公式为：

$$y_i = b_0 + b_1 x_1 + b_2 x_2 + \cdots + b_k x_k + u_i (i=1,\ 2,\ \cdots,\ n) \qquad (8.5)$$

式（8.5）中对应的样本回归模型为：$\hat{y}_i = \hat{b}_0 + \hat{b}_1 x_{1i} + \hat{b}_2 x_{2i} + \cdots + \hat{b}_k x_{ki}$（$i=1,\ 2,\ \cdots,\ n$）。利用最小二乘法求参数估计量 $\hat{b}_0$，$\hat{b}_1$，$\hat{b}_2$，$\cdots$，$\hat{b}_k$。设残差平方和为 Q，则 $Q = \sum_{i=1}^{n}\left(y_i - \hat{y}_i\right)^2 = \sum_{i=1}^{n}\left(y_i - \left(\hat{b}_0 + \hat{b}_1 x_{1i} + \hat{b}_2 x_{2i} + \cdots + \hat{b}_k x_{ki}\right)\right)^2$ 取极小值。由偏微分知识可知：

$$\begin{cases} \dfrac{\alpha Q}{\alpha \hat{b}_0} = -2\sum_{i=1}^{n} \left(y_i - \left(\hat{b}_o + \hat{b}_1 x_{1i} + \hat{b}_2 x_{2i} + \cdots + \hat{b}_k x_{ki} \right) \right) = 0 \\ \qquad \cdots\cdots \\ \dfrac{\alpha Q}{\alpha \hat{b}_k} = -2\sum_{i=1}^{n} \left(y_i - \left(\hat{b}_o + \hat{b}_1 x_{1i} + \hat{b}_2 x_{2i} + \cdots + \hat{b}_k x_{ki} \right) \right) x_{ki} = 0 \end{cases} \tag{8.6}$$

经整理，写成矩阵形式，得到：

$$x\hat{B} = y \quad => \left(x^T x \right)\hat{B} = x^T y \quad => \hat{B} = \left(x^T x \right)^{-1} \left(x^T y \right)$$

其中，$x = \begin{bmatrix} 1 & x_{11} & x_{21} & \cdots & x_{k1} \\ 1 & x_{12} & x_{22} & \cdots & x_{k2} \\ \vdots & \vdots & \vdots & \vdots & \vdots \\ 1 & x_{1n} & x_{2n} & \cdots & x_{kn} \end{bmatrix}$，$y = \begin{bmatrix} y_1 \\ y_2 \\ \vdots \\ y_n \end{bmatrix}$，$\hat{B} = \begin{bmatrix} \hat{b}_0 \\ \hat{b}_1 \\ \vdots \\ \hat{b}_k \end{bmatrix}$，$x^T$ 为 x 的转置矩阵。

8.3　Microsoft 线性回归算法

Microsoft 线性回归算法是 Microsoft 决策树算法的一种变体。如果选择 Microsoft 线性回归算法，将会调用带有参数的 Microsoft 决策树算法特例，这些参数不但会限定算法行为，而且还会要求输入数据的类型。另外，在线性回归模型中，整个数据集都用于计算初始传递中的关系，侧重的是"预测"，而标准决策树模型则不断将数据拆分为更小的子集或树。

8.3.1　Microsoft 线性回归算法的参数

Microsoft 线性回归算法支持多个参数，算法对参数的设置非常敏感。这些参数会影响生成的挖掘模型的行为、性能和准确性，主要参数详见表8-1。

表8-1　Microsoft 线性回归算法主要参数

参数名称	功能
FORCE_REGRESSOR	强制算法将指示的列用作回归公式中的回归量，而不考虑算法为这些列计算出的重要性。此参数仅用于回归树
MAXIMUM_INPUT_ATTRIBUTES	指定算法在调用功能选择之前可以处理的最大输入属性数。如果将此值设置为0，则为输入属性禁用功能选择。默认值：255
MAXIMUM_OUTPUT_ATTRIBUTES	指定一个项集中包含的支持事例的最大数目。该参数可用于消除频繁出现从而可能没有多少意义的项目。如果该值小于1，则表示事例总计的百分比。如果该值大于1，则表示可以包含项集的事例的绝对数。默认值为1。默认值：255

8.3.2 Microsoft线性回归算法的要求

每个模型都必须包含一个用于唯一标识每条记录的数值列或文本列,不允许复合键;至少需要一个可预测列。可以在一个模型中包含多个可预测属性,但是这些可预测属性必须是连续数值数据类型。不能将datetime数据类型用作可预测属性;输入列必须包含连续数值数据,并且向其分配相应的数据类型。Microsoft线性回归算法支持特定的输入列和可预测列:

输入列内容类型包括:Continuous(连续)、Cyclical(循环)、Key(键)、Table(表)和Ordered(已排序);可预测列内容类型包括:Continuous(连续)、Cyclical(循环)和Ordered(已排序)。其中Cyclical(循环)和Ordered(已排序)内容类型,算法会将它们视为离散值,不会进行特殊处理。

8.4 案例:利用 SQL Server 2012 进行 Microsoft 线性回归挖掘

问题描述:利用线性回归算法挖掘得出图书馆纸质图书被借阅册数和本科生数量、研究生数量、电子图书种数、电子期刊种数、纸质图书册数及纸质报纸期刊种数的关系预测模型,并通过分析找出和图书馆纸质图书被借阅册数关系最强的因素。

整体思路:提取2006—2015年每年本科生数量、研究生数量、电子图书种数(万种)、电子期刊种数(万种)、纸质图书册数(万册)、纸质报纸期刊种数及纸质图书被借阅册数(万册)。将纸质图书被借阅册数作为预测列,其他各因素作为输入列建立Microsoft线性回归挖掘模型。

8.4.1 数据准备

某图书馆2006—2015年每年本科生人数、研究生人数、电子图书种数(万种)、电子期刊种数(万种)、纸质图书册数(万册)、纸质报纸期刊种数、纸质图书被借阅册数(万册),具体见表8-2。

表8-2　读者数量及各资源数量

	年份	本科生人数	研究生人数	电子图书种数	电子期刊种数	纸质图书册数	纸质报纸期刊种数	纸质图书读借阅册数
1	2006	7180	531	48	3.02	223	0.1126	3.09
2	2007	5026	858	49	3.10	247	0.1425	4.61
3	2008	7802	934	54	3.30	254	0.1456	5.08
4	2009	8908	1139	57	3.30	260	0.1512	5.70
5	2010	7193	1199	59	3.50	263	0.1632	5.36
6	2011	7557	1109	62	3.50	264	0.1026	4.25
7	2012	7603	1277	67	3.50	270	0.1421	3.58
8	2013	7760	1347	72	3.52	275	0.1456	2.89
9	2014	7571	1449	143	3.53	278	0.1625	2.34
10	2015	7601	1441	149	3.55	279	0.1687	2.26

8.4.2　实现挖掘任务

1. 新建项目

创建 SSAS 项目。在 SQL Server 2012 中打开 SQL Server Data Tools（SSDT）：开始->所有程序->Microsoft SQL Server 2012-> SQL Server Data Tools。单击菜单栏的"文件"->"新建项目"命令，弹出"新建项目"对话框，选择项目中的"Analysis Services多维和数据挖掘项目"，在"名称""解决方案名称"文本框中，写入项目名称和解决方案名称；在"位置"文本框中，单击右侧"浏览"按钮，选择解决方案的保存路径；最后单击"确定"按钮。

2. 部署项目设置

在 SQL Server Data Tools（SSDT）右边的"解决方案资源管理器"窗口中单击项目名称"线性回归"，选择"属性"命令，打开"分类属性页"，在左窗格的"配置属性"节点中，单击"部署"，将"服务器"属性更改为相应的实例名。

3. 创建数据源和数据源视图

创建数据源的过程参见第4章"利用SQL Server 2012创建OLAP立方"内容。这里创建一个名为"数据挖掘"的新数据源，该数据源连接"线性回归"数据表所在的数据库。

4. 根据向导创建挖掘结构

步骤1：在SQL Server Data Tools（SSDT）右边的"解决方案资源管理器"窗口中单击"挖掘结构"文件夹，选择"新建挖掘结构"命令，启动数据挖掘向导。

步骤2：在弹出的"数据挖掘向导"窗口中单击"下一步"按钮。在接下来的"选择定义方法"窗口中，确保选择"从现有关系数据库或数据仓库"，单击"下一步"按钮，进入"创建数据挖掘结构"窗口，"您要使用何种数据挖掘技术？"选择"Microsoft 线性回归"，如图8-1所示。

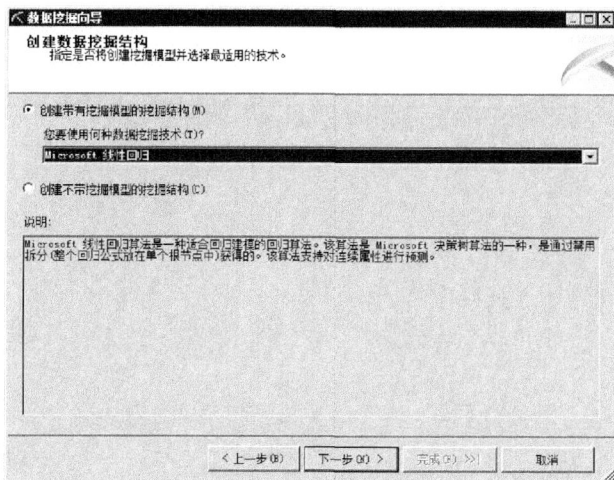

图8-1 选择数据挖掘技术

步骤3：单击图8-1中"下一步"按钮，进入"选择数据源视图"窗口，选择前面已创建好的"数据挖掘"数据源视图，单击"浏览"按钮显示其包含的数据表信息，如图8-2所示。

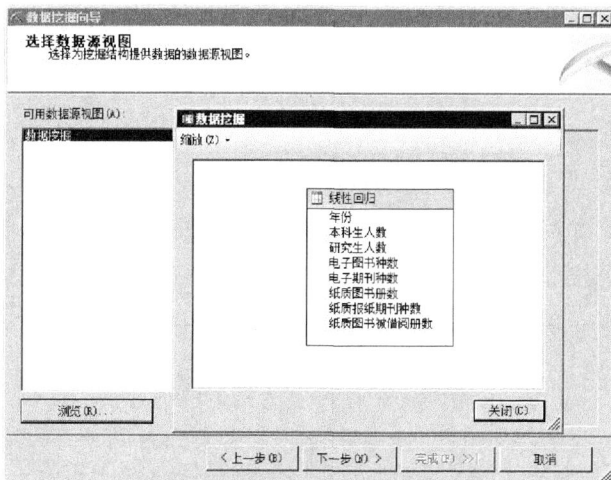

图8-2 选择数据源视图

步骤4：关闭"数据挖掘"表窗口，单击"选择数据源视图"中"下一步"按钮，进入"指定表类型"窗口，选择用于定义挖掘结构的"线性回归"表，如图8-3所示。

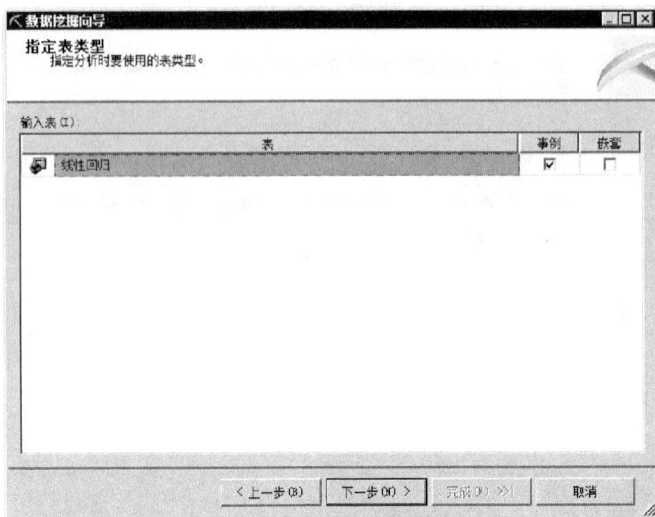

图8-3　指定表类型

步骤5：单击图8-3中"下一步"按钮，进入"指定定型数据"窗口，这里至少指定一个键列、一个输入列以及一个可预测列。我们选择"年份"作为"键列"，"本科生人数""研究生人数""电子期刊种数""电子图书种数""纸质报纸期刊种数"及"纸质图书册数"同时作为"输入列"，"纸质图书被借阅册数"作为"预测列"，如图8-4所示。

步骤6：单击图8-4中"下一步"按钮，进入"指定列内容和数据类型"窗口，向导会自动检测数值，并分配相应的数值数据类型，如果需要修改，可以单击需要修改类型的下拉列表框进行手动选择；也可以单击"检测"按钮运行用来确定每列的默认数据类型和内容类型的算法，如图8-5所示。

步骤7：单击图8-5中"下一步"按钮，进入"创建测试集"窗口，本例中没有测试数据，将"要测试数据的百分比"设为"0"，如图8-6所示。

图8-4 指定定型数据

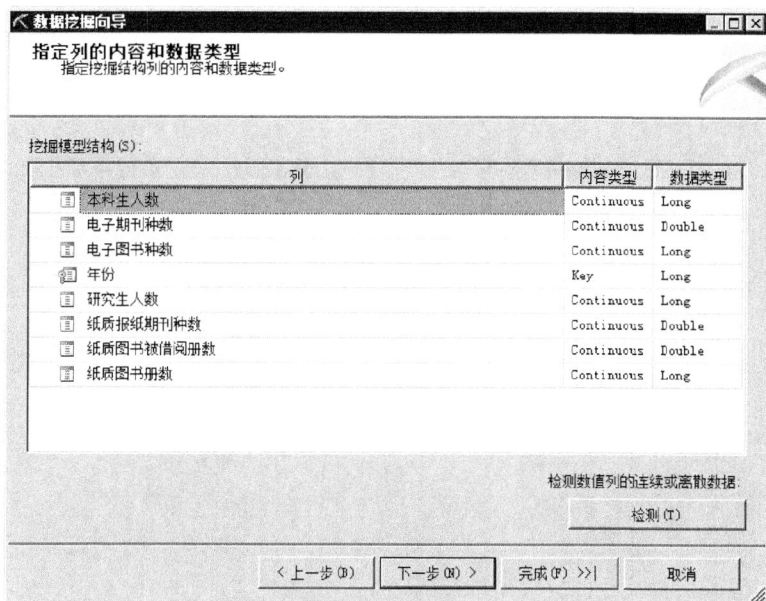

图8-5 指定列内容和数据类型

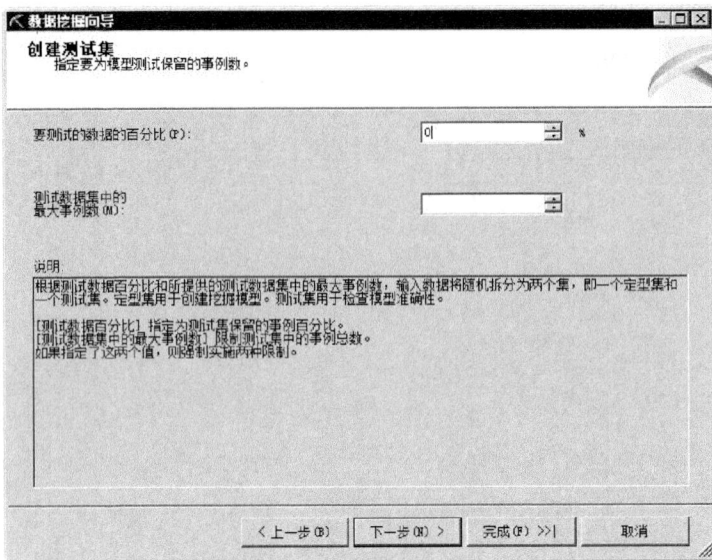

图8-6　创建测试集

步骤8：单击图8-6中"下一步"按钮，分别为挖掘结构、挖掘模型指定一个名称，同时选中"允许钻取"复选框，以备将来浏览模型时，可以在相应的查看器中单击某个节点，并检索有关该特定节点中各个事例的详细信息，如图8-7所示。

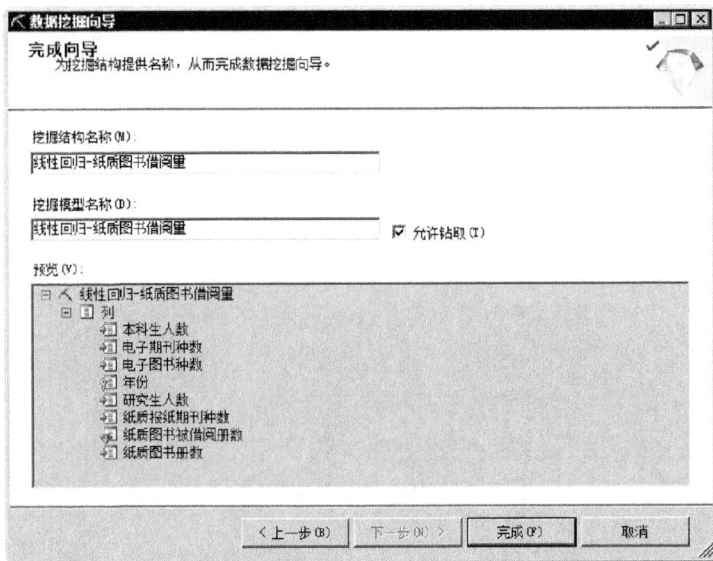

图8-7　完成向导

步骤9：单击图8-7中"完成"按钮，回到数据挖掘设计器主页面，其中包含了"挖掘结构、挖掘模型、挖掘模型查看器、挖掘准确性图表及挖掘模型预测"等选项。其中"挖掘结构"选项卡页面，如图8-8所示。

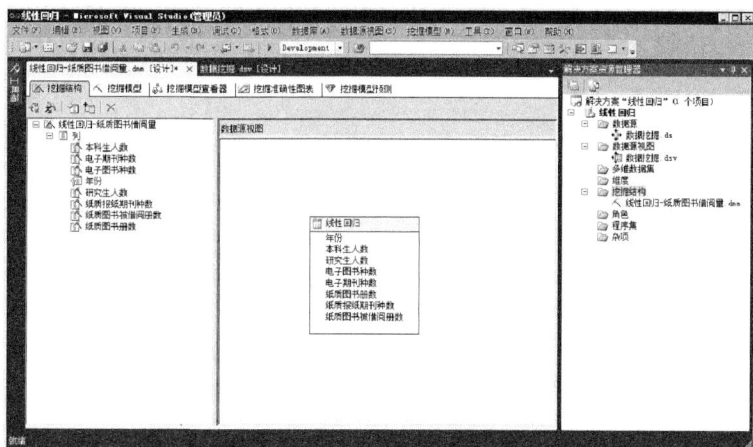

图8-8 数据挖掘设计器的"挖掘结构"选项卡

5. 设置模型参数

本部分使用数据挖掘设计器的"挖掘模型"选项卡为"线性回归-纸质图书借阅量"线性回归挖掘模型设置算法的参数。

步骤1：打开数据挖掘设计器的"挖掘模型"选项卡，单击需要设置参数的挖掘模型列头，选择"设置算法参数"命令，如图8-9所示。

图8-9 选择"设置算法参数"命令

步骤2：执行图8-9中的"设置算法参数"命令后，打开"线性回归-纸质图书借阅量"挖掘模型的"算法参数"对话框，选择每个参数行，都会在

"说明"文本框中显示对应的参数说明，本例参数值为默认值，如图8-10所示。单击"确定"完成挖掘模型的算法参数设置。

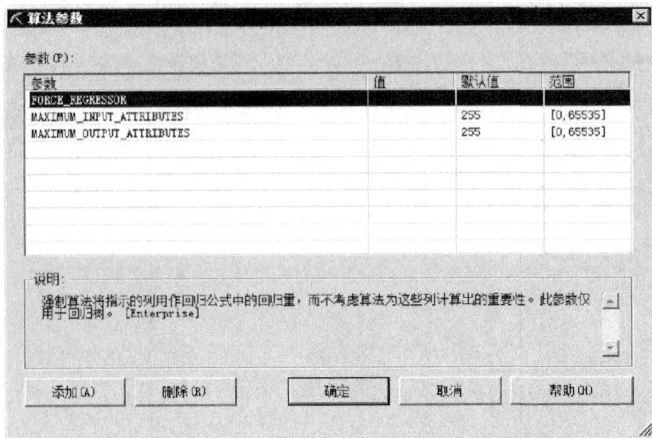

图8-10　挖掘模型的"算法参数"对话框

6. 部署并处理模型

步骤1：在"挖掘模型"选项卡工具栏上单击"处理挖掘结构和所有模型"按钮，打开处理挖掘结构"线性回归-纸质图书借阅量"对话框，如图8-11所示。

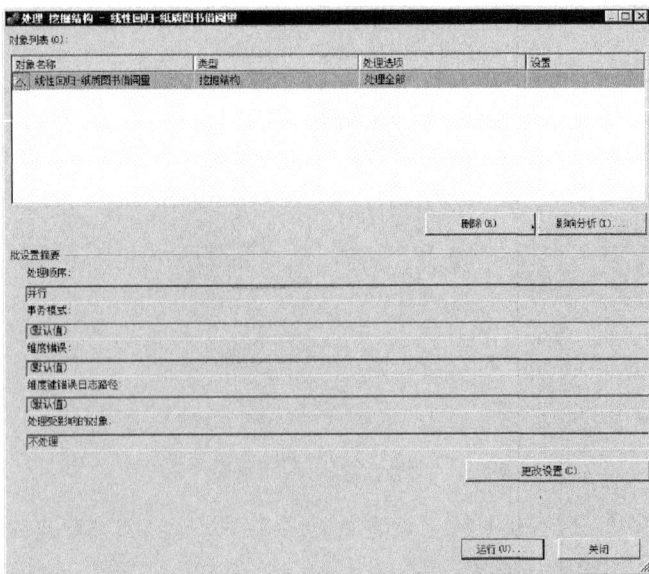

图8-11　处理挖掘结构对话框

步骤2：单击图8-11"运行"按钮，开始处理，模型处理可能需要一些时间，具体取决于您的计算机。处理成功完成后，"处理进度"对话框将打开以显示有关模型处理的详细信息。单击"关闭"按钮，完成挖掘结构处理过程，如图8-12所示。处理结果出现警告：决策树找不到模型的任何拆分，但找到了线性回归模型相应的回归量。

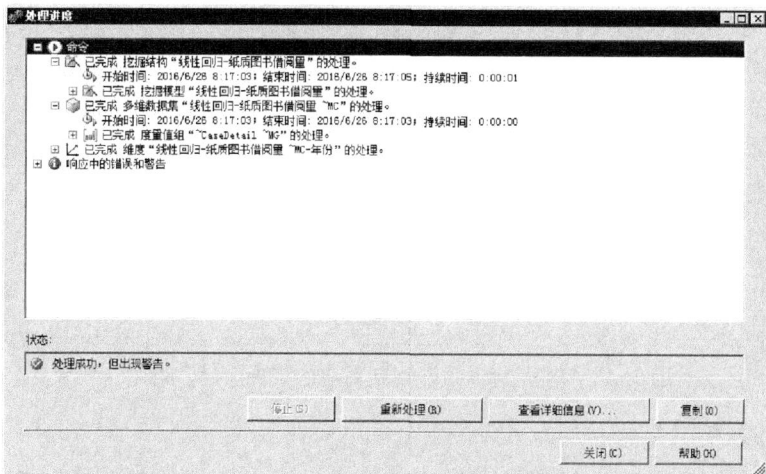

图8-12　挖掘结构处理进度对话框

8.4.3　浏览模型

部署并处理完模型之后，我们就可以通过"挖掘模型查看器"查看挖掘结果。Microsoft线性回归"挖掘模型查看器"包含决策树与依赖关系网络两个选项卡。

1. 决策树

由于线性回归模型基于Microsoft决策树算法，线性回归模型使用Microsoft决策树查看器来显示，如图8-13所示。线性回归模型使用不同的参数来约束树，并且仅接受连续属性作为输入，本例中决策树模型未找到拆分节点，但找到了相应的回归量。

从图8-13"挖掘图例"中我们可以查看完整的回归公式：

纸质图书被借阅册数=3.901+28.154*（纸质报纸期刊种数-0.144）-0.033*（电子图书种数-76.000）

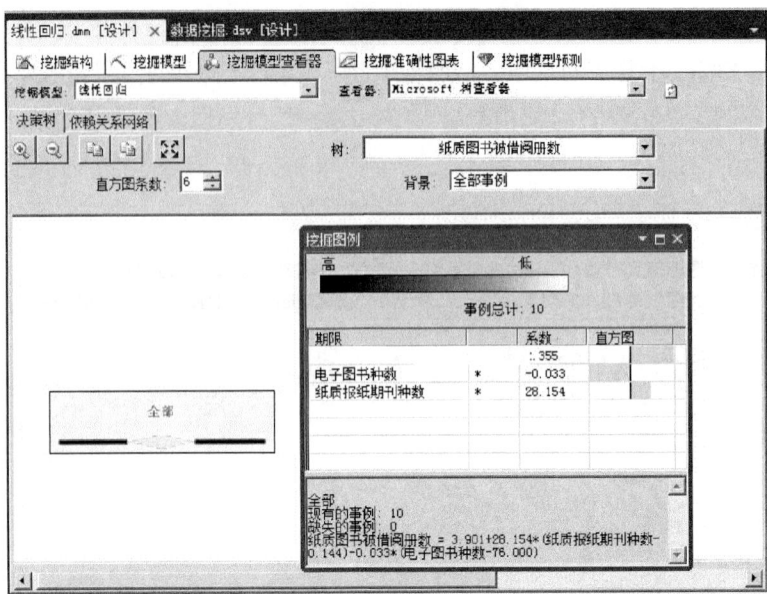

图 8-13　Microsoft 线性回归算法的"决策树"选项卡

2. 依赖关系网络

"依赖关系网络"选项卡，如图 8-14 所示。可以看出案例中图书馆的"纸质图书被借阅册数"与它的"纸质报纸期刊种数"及"电子图书种数"有关联。

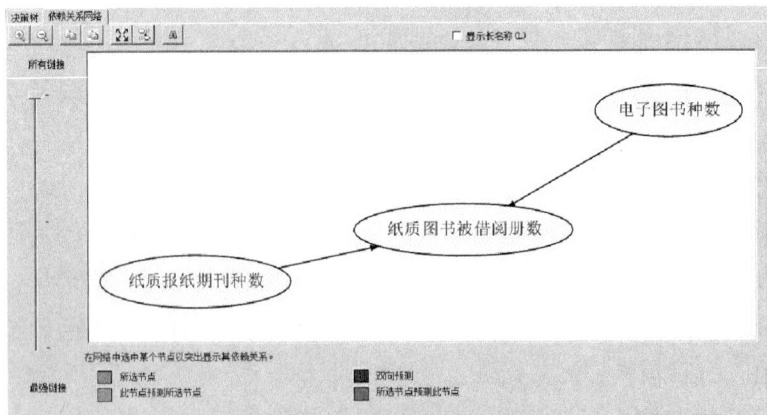

图 8-14　Microsoft 线性回归算法的"依赖关系网络"选项卡

第9章 时序

前面利用Microsoft线性回归算法挖掘得出图书馆纸质图书被借阅册数与其他相关变量之间的关系。本章将通过Microsoft时序算法直接对图书馆纸质图书历史借阅量进行挖掘，得出下个周期的借阅量如何？同时可以进一步挖掘不同的阅览室借阅规律是否存在差异？不同类别图书的借阅量如何随时间变化？不同类别图书之间的借阅量是否会有影响？

9.1　基本概念

时间序列分析是一种广泛应用的数量分析方法，它主要用于描述和探索现象随时间发生变化的数量规律性。根据观察时间的不同，时间序列中的时间可以是年份、季度、月份或其他任何时间形式。如按月份、季度或年份排列的读者入馆访问量、图书借阅量、电子资源下载量等，都是时间序列。

时间序列在长时期内呈现出来的某种持续增长或者持续下降的变动，称为趋势。基本上不存在趋势的序列，称为"平稳序列"；包含趋势性、季节性或周期性的序列，称为"非平稳序列"。对于非平稳序列来说，其趋势可以是线性的，也可以是非线性的。

时间序列分析就其发展的历史阶段和所使用的统计分析方法来看，主要包括简单平均法、移动平均法、指数平滑法及ARIMA模型预测法等。其中简单平均法、移动平均法及指数平滑法这三种方法总称为时间序列平滑法。时间序列平滑法的基本思想是：除一些不规则变动外，过去的时序数据存在着某种基本形态，假设这种形态在短期内不会改变，可以作为下一期预测的基础。ARIMA模型的基本思想是：将预测对象随时间推移而形成的数据序列视为一个随机序列，用一定的数学模型来近似描述这个序列，通过识别模型从时间序列的过去值及现在值来预测未来值。

9.2　简单平均法

简单平均法是根据过去已有的 t 期观察值来预测下一期数值的一种预测方法。设时间序列已有的 t 期观察值为 Y_1，Y_2，$\cdots$，Y_t，则 $t+1$ 期的预测值 F_{t+1} 为：

$$F_{t+1} = \frac{1}{t}(Y_1 + Y_2 + \cdots + Y_t) = \frac{1}{t}\sum_{i=1}^{t}Y_i \tag{9.1}$$

当到了 $t+1$ 期后，有了 $t+1$ 期的实际值，便可计算出 $t+1$ 期的预测误差 e_{t+1} 为：$e_{t+1} = Y_{t+1} - F_{t+1}$。若预测第 $t+2$ 期，$t+2$ 期的预测值为：

$$F_{t+2} = \frac{1}{t+1}(Y_1 + Y_2 + \cdots + Y_t + Y_{t+1}) = \frac{1}{t+1}\sum_{i=1}^{t+1}Y_i \tag{9.2}$$

依此类推。

9.3　移动平均法

移动平均法是对简单平均法的一种改进，它是通过对时间序列逐期递移求得一系列平均数作为趋势值或预测值。

9.3.1　简单移动平均

简单移动平均是将最近的 k 期数据加以平均，作为下一期的预测值。设移动间隔为 $k(1 < k < t)$，则 t 期的移动平均值为：

$$\bar{Y}_t = \frac{Y_{t-k+1} + Y_{t-k+2} + \cdots + Y_{t-1} + Y_t}{k} \tag{9.3}$$

式（9.3）是对时间序列的平滑结果，通过这些平滑值就可以描述出时间序列的变化形态或趋势。我们也可以用（9.3）式进行预测，则 $t+1$ 期的简单移动平均预测值为：

$$F_{t+1} = \bar{Y}_t = \frac{Y_{t-k+1} + Y_{t-k+2} + \cdots + Y_{t-1} + Y_t}{k} \tag{9.4}$$

同理，$t+2$ 期的预测值为：

$$F_{t+2} = \bar{Y}_{t+1} = \frac{Y_{t-k+2} + Y_{t-k+3} + \cdots + Y_t + Y_{t+1}}{k} \tag{9.5}$$

在应用移动平均法时，关键是要确定合理的移动间隔长度 k，可通过试验的办法，选择一个使均方误差达到最小的移动步长。

9.3.2　加权移动平均

简单移动平均法在预测时，将每个观察值都给予相同的权数。但实际上，近期的观察值和远期的观察值对预测的重要性是不同的。加权移动平均法在预测时，就是对近期的观察值和远期的观察值赋予不同的权数后再进行预测。通常根据观察值时期的由近到远，相应的权数由大到小，所选择的各期的权数之和等 1。其公式为：

$$F_{t+1} = \alpha_1 Y_1 + \alpha_2 Y_2 + \cdots + \alpha_t Y_t \tag{9.6}$$

式中：$\alpha_1 \leqslant \alpha_2 \leqslant \cdots \leqslant \alpha_t$；$\alpha_1 + \alpha_2 + \cdots + \alpha_t = 1$。

9.4　指数平滑法

指数平滑法（ES）是布朗（Robert G.Brown）提出的，布朗认为时间序列的态势具有稳定性或规则性，所以时间序列可被合理地顺势推延；他认为最近的过去态势，在某种程度上会持续到未来，所以将较大的权数放在最近的数据样本上。

9.4.1　简单指数平滑法

简单指数平滑法是简单移动平均法的变形，也称为一次指数平滑法。其模型如下：

$$S_{t+1} = \alpha Y_t + (1-\alpha)S_t \tag{9.7}$$

式（9.7）中，S_t 是 t 时刻的一次指数平滑值，Y_t 是 t 时刻的实测值，α 是取值一般在 0.1—0.5 之间的平滑常数。简单指数平滑法预测是以第 $t+1$ 期的平滑值作为当期的预测值，式（9.8）即为 $t+1$ 期的预测模型，预测模型如下：

$$F_{t+1} = S_{t+1} = \alpha Y_t + (1-\alpha)S_t \tag{9.8}$$

由于 $S_t = \alpha Y_{t-1} + (1-\alpha)S_{t-1}$，$S_{t-1} = \alpha Y_{t-2} + (1-\alpha)S_{t-2}$，$\cdots$，所以式（9.8）可

以展开为：

$$F_{t+1} = S_{t+1} = \alpha Y_t + (1-\alpha)S_t = \alpha Y_t + \alpha(1-\alpha)Y_{t-1} + \alpha(1-\alpha)^2 Y_{t-2}$$
$$+ \alpha(1-\alpha)^3 Y_{t-3} + \cdots + \alpha(1-\alpha)^{N-1}Y_{t-(N-1)} + (1-\alpha)^N S_{t-(N-1)} \tag{9.9}$$

式（9.9）表明，无论平滑常数 α（$0 < \alpha < 1$）取值为多大，其随时间的变化呈现为一条衰减的指数函数曲线，即随着时间向过去推移各期实际值对预测值的影响按指数规律递减，这就是此方法冠之为"指数"的原因。简单指数平滑法适用于较为平稳的序列，一般 α 取值不大于 0.5。若 α 大于 0.5，平滑值与实际值接近，表明序列有某种趋势。此时不适宜用简单指数平滑法预测。

9.4.2　考虑趋势调整的指数平滑法

一组数据的趋势是指在过去一段时期被观测值从某一时期向另一时期变化的平均变化率。由趋势引起的变化可以用简单指数平滑法的扩展方法来处理。这里我们应用霍特（Holt）双参数指数平滑法的原理，分别对原序列数据和序列的趋势进行平滑。它使用两个取值均在 0 与 1 之间的平滑参数和三个方程式：

$$S_t = \alpha Y_t + (1-\alpha)(S_{t-1} + b_{t-1}) \tag{9.10}$$

$$b_t = \gamma(S_t - S_{t-1}) + (1-\gamma)b_{t-1} \tag{9.11}$$

$$F_{t+m} = S_t + b_t m \tag{9.12}$$

式（9.10）是修正 S_t，S_t 被称作数据的平滑值。这个方程式是把上一期的趋势值 b_{t-1} 加到 S_{t-1} 上，以消除一个滞后，修正 S_t，使其与实际观察值 Y_t 尽可能地接近。式（9.11）是修正 b_t，b_t 是趋势的平滑值，它被表示为一个差值，即相邻两项平滑值之差。如果时序数据存在趋势的话，那么新的观察值总是高于或低于前一期数值，又由于还会有不规则变动的影响，所以需 γ 值来平滑 $(S_t - S_{t-1})$ 的趋势。然后将这个值加到前一期趋势的估计值 b_{t-1} 与 $(1-\gamma)$ 的乘积上。式（9.11）类似于简单指数平滑的（9.7）式，但它应用于趋势的更新即修正倾向。（9.12）式用于预测。它是把修正的趋势值 b_t 加入到一个基础值 S_t 上，m 是预测的超前期数。

霍特线性平滑的起始过程需要两个估计值：第一个平滑值 S_1，第一个倾向值 b_1，通常取 $S_1 = Y_1$，$b_1 = Y_2 - Y_1$。

9.4.3　考虑季节性调整的指数平滑法

对于既有线性趋势又有季节变动的时间序列，我们可以应用温特（Winter）线性和季节性指数平滑进行短期预测，其预测模型为：

$$F_{t+m} = (S_t + b_t m)I_{t-L+m} \tag{9.13}$$

式（9.13）中包括时序的三种成分：平稳性（S_t），趋势性（b_t），季节性（I_t）。它与霍特法很相似，只是多一个季节性。建立在三个平滑值基础上的温特法，需要三个参数 α、β、γ。它的基础方程式为：

总平滑：

$$S_t = \alpha \frac{Y_t}{I_{t-L}} + (1-\alpha)(S_{t-1} + b_{t-1}) \quad (0 < \alpha < 1) \tag{9.14}$$

趋势平滑：

$$b_t = \gamma(S_t - S_{t-1}) + (1-\gamma)b_{t-1} \quad (0 < \gamma < 1) \tag{9.15}$$

季节平滑：

$$I_t = \beta \frac{Y_t}{S_t} + (1-\beta)I_{t-L} \quad (0 < \beta < 1) \tag{9.16}$$

式（9.16）中 L 为季节长度（月或季）或称季节周期的长度；I 为季节调整因子。时序的第 t 期值 Y_t 与同期简单指数平滑值 S_t 之比 $\frac{Y_t}{S_t}$ 称为季节指数。这里 S_t 是一个序列的平滑值，也就是一个平均值，它不包括季节性，时序值 Y_t 既包括季节性又包括某些随机性。采用参数 β 加权季节因子 $\frac{Y_t}{S_t}$，用 $(1-\beta)$ 加权前一个季节数据 I_{t-L}。

式（9.15）中用参数 γ 加权趋势增量 $(S_t - S_{t-1})$，用 $(1-\gamma)$ 加权前期趋势值 b_{t-1}，完全用来修匀趋势值。

式（9.14）中用季节调整因子 I_{t-L} 去除观察值，目的是从观察值 Y_t 中消除季节波动。当 $t-L$ 期的值高于季节平均值时，I_{t-L} 大于 1，用大于 1 的数去除 Y_t，得到小于 Y_t 的值，其减少的数值正好是 $t-L$ 期的 I_t 高于季节平均值的差额。季节因子 I_{t-L} 小于 1 时，情况相反。当式（9.14）中 S_t 已知时，式（9.16）中的 I_t 才能被计算，因而式（9.14）中 S_t 的计算用 I_{t-L}。

9.5　ARIMA模型

ARIMA（Autoregressive-integrated-moving average）模型由美国著名的统计学专家BOX和英国的Jenkins于1970年提出的方法，也称为Box-Jenkins法。运用ARIMA模型的前提条件是，用作预测的时间序列是平稳的随机序列，反映在图形上就是所有的样本点都围绕某一水平直线上下随机波动。该模型是时间序列分析发展中的一个分水岭，在这之前指数平滑法是一种比较合理的方法。ARIMA模型是一种理论比较完善的时间序列预测方法，其模型有平稳时间序列ARMA（p，q）模型和非平稳的时间序列ARIMA（p，d，q）模型。

9.5.1　平稳时间序列ARIMA模型的一般形式

平稳时间序列ARIMA模型的一般形式为ARMA（p，q）模型，ARMA模型可细分为自回归模型（Autoregressive Model，AR模型）、移动平均模型（Moving Average Model，MA模型）和自回归移动平均模型（Autoregressive Moving Average Mode，ARMA模型）。

1. AR模型

当一个序列中的Y_t和Y_{t-1}有线性相关时，类似于y和x的线性相关，可以用线性回归方程表示Y_t和Y_{t-1}之间的关系：

$$Y_t = \phi Y_{t-1} + e_t \tag{9.17}$$

式（9.17）把Y_t分成两部分：一部分由过去值Y_{t-1}表示，另一部分由独立于Y_t的随机剩余项e_t表示，服从$(0, \delta^2)$。这样，Y_t建立起了和自己过去值的线性回归，称为自回归模型。该模型的一个关键假设是随机剩余项e_t——又称为白噪声，在不同时间点上是互相独立的。

如果Y_t和p的过去值有关则是p阶自回归模型，记为AR（p）。表达式为：

$$Y_t = \phi_1 Y_{t-1} + \phi_2 Y_{t-2} + \phi_3 Y_{t-3} + \cdots + \phi_p Y_{t-p} + e_t \tag{9.18}$$

AR模型就是要知道Y_t和几个过去值有关，相关关系如何，如何解得各阶ϕ的值。

2. MA模型

MA模型是根据平均前期预测误差的原则来建立，在前期预测值之上加上预测误差便可得出现在的预测值。 q 阶MA模型，记作MA（ q ），观测值 Y_t 被描述为过去误差的线性回归：

$$Y_t = e_t - \theta_1 e_{t-1} - \theta_2 e_{t-2} - \theta_3 e_{t-3} - \cdots - \theta_q e_{t-q} \qquad (9.19)$$

式（9.19）中 e_t 需要满足的条件和AR模型一样。MA模型的目的就是求各个 θ 的估计值。

3. ARMA模型

ARMA模型是建立在AR模型和MA模型基础之上的，将AR模型和MA模型有效地组合起来，就构成了ARMA模型。

$$Y_t = \phi_1 Y_{t-1} + \phi_2 Y_{t-2} - \phi_3 Y_{t-3} + \cdots + \phi_p Y_{t-p} + e_t - \theta_1 e_{t-1} - \theta_2 e_{t-2} - \theta_3 e_{t-3} - \cdots - \theta_q e_{t-q}$$

$$(9.20)$$

式（9.20）记为ARMA（ p ， q ）模型。其中， p 称为自回归阶数， q 称为移动平均阶数。当 $p=0$ 时，模型就是移动平均模型，记为ARMA（0，q）；当 $q=0$ 时，模型就是自回归模型，记为ARMA（ p ，0）。

9.5.2　非平稳时间序列ARIMA模型的一般形式

在实际问题中，我们遇到的序列大多数并不平稳，而是呈现出明显的周期性或趋势性，所以对于某些不平稳的序列必须经过差分变换。经过差分变换后的序列再应用ARIMA模型，习惯上称为自回归移动平均结合模型。

1. 差分运算

（1）d阶差分。相差1期的两个序列值之间的减法运算称为1阶差分运算，记 ∇Y_t 为 Y_t 的1阶差分：

$$\nabla Y_t = Y_t - Y_{t-1} \qquad (9.21)$$

对1阶差分后的序列再进行一次差分运算称为2阶差分，记为 $\nabla^2 y_t$ ：

$$\nabla^2 Y_t = \nabla Y_t - \nabla Y_{t-1} \qquad (9.22)$$

以此类推，对 $d-1$ 阶差分后的序列再进行一次1阶差分运算称为 d 阶差分，记为 $\nabla^d Y_t$ ， Y_t 的 d 阶差分为：

$$\nabla^d Y_t = \nabla^{d-1} Y_t - \nabla^{d-1} Y_{t-1} \qquad (9.23)$$

（2）延迟算子。延迟算子是用来表示相隔1期的序列值之间的关系，记 B

为延迟算子，那么：

$$Y_{t-1} = BY_t, \quad Y_{t-2} = B^2 Y_t, \quad \cdots, \quad Y_{t-d} = B^d Y_t$$

因此，用延迟算子表示 d 阶差分为：

$$\nabla^d Y_t = (1-B)^{d-1} Y_t \tag{9.24}$$

（3）ARIMA 模型用后移算子表示。ARIMA 模型用后移算子表示，记作 $\phi(B)W_t = \theta(B)e_t$，如果其中 W_t 是 Y_t 的 d 阶差分，记作 ARIMA（p，d，q），这时需要对 p，d，q 定阶，而且需要对 ϕ，θ 作出预估。

2. 季节模型

对于一些以月、季度为时间单位的序列经常是有季节变化的。季节模型和连续序列一样，只是连续模型的时间单位是 1，而季节模型的时间单位是相应的周期 S。

季节自回归移动平均结合模型 ARIMA（P，D，Q）$_s$ 可表示为：

$$\Phi(B^s)W_t = \theta(B^s)e_t \tag{9.25}$$

其中：

$$\Phi(B^s) = 1 - \Phi_1 B^s - \Phi_2 B^{2s} - \cdots - \Phi_p B^{ps}$$

$$\theta(B^s) = 1 - \theta_1 B^s - \theta_2 B^{2s} - \cdots - \theta_p B^{Qs}$$

$$W_t = \nabla_S^D \nabla^d Y_t \quad \left(\nabla_S^D \text{表示} D \text{阶} S \text{步季节差分}\right)$$

3. 复合季节模型

把所有的模型综合在一起就是复合季节模型，它是一个相乘模型。对于一般的序列，复合季节模型都能得到较为满意的结果，其数学表达式为：

$$\phi(B)\Phi(B^s)W_t = \theta(B)\theta(B^s)e_t \tag{9.26}$$

记作：ARIMA（p，d，q）×（P，D，Q）$_s$。

9.5.3 方法性工具

在 ARIMA 模型的识别过程中，主要用到两个工具，自相关函数（Autocorrelation Function，ACF），偏自相关函数（Partial Autocorrelation Function，PACF）以及它们各自的相关图[①]。

---

① 陶靖轩.经济预测与决策［M］.北京:中国计量出版社,2004:175-178.

1. 自相关

自相关是时间序列 Y_1，Y_2，$\cdots$，Y_i 诸项之间的简单相关。它的含义与相关分析中变量之间的简单相关一样，只是因为所涉及的是同一序列自身，因而称作自相关。自相关程度的大小，用自相关系数 r_k 度量。

$$r_k = \frac{\sum_{t=1}^{n-k}\left(Y_t - \bar{Y}\right)\left(Y_{t+k} - \bar{Y}\right)}{\sum_{t=1}^{n}\left(Y_t - \bar{Y}\right)^2} \qquad (9.27)$$

式（9.27）中：n 为样本数据个数，k 为滞后期，$\bar{Y}$ 为样本数据平均值。

自相关系数 r_k，表示时间序列滞后 k 个时段的两项之间相关的程度，如 r_1 表示每相邻两项间的相关程度。自相关系数 r_k，取值范围为 $[-1，+1]$，r_k 的绝对值越接近于 1，说明序列自相关程度越高。

2. 偏自相关

偏自相关是时间序列 Y_t，在给定了 Y_{t-1}，Y_{t-2}，$\cdots$，$Y_{t-(k+1)}$ 的条件下，Y_t 与 Y_{t-k} 之间的条件相关。它用以测量当其他滞后期 k=1，2，3，$\cdots$，k-1 时，序列的作用能够已知条件下，Y_t 与 Y_{t-k} 之间相关的程度。由于它需要考虑排除其他滞后期的效应，因而被称作偏自相关。其相关程度用偏自相关系数 ϕ_{kk} 度量，取值范围为 $[-1，+1]$。

$$\phi_{kk} = \begin{cases} r_1 & k=1 \\ \dfrac{r_k - \sum_{j=1}^{k-1} r_{(k-j)} \cdot \phi_{(k-1)}j}{1 - \sum_{j=1}^{k-1} r_{(j)} \cdot \phi_{(k-1)}j} & k=2，3，\cdots \end{cases} \qquad (9.28)$$

其中，$\phi_{kj} = \phi_{(k-1)j} - \phi_{kk}\phi_{(k-1)(k-j)}$　　$j=1$，2，3，$\cdots$，$k-1$。

偏自相关在 B-J 方法中，被用来配合自相关，分析识别时序存在的模型类型。

3. 识别

可以通过绘制序列相关图，并观察相关图中自相关函数（ACF）和偏相关函数（PACF）的形状得出数据，适用于何种模型。ARIMA 模型中的 p、P 是通过偏自相关函数决定的，q、Q 是通过自相关函数决定的。表 9-1 总结了无季节变化与有季节变化的复合模型的图形判断规律。

表9-1　ARIMA模型的ACF与PACF的性质

模型	ACF	PACF
AR（p）	拖尾	Lag=p后骤减
MA（q）	Lag=q后骤减	拖尾
ARIMA（p，q）	拖尾	拖尾
AR（p），Seas.AR（P）	拖尾	Lag=p+sP后骤减
MA（q），Seas.MA（Q）	Lag=q+sQ后骤减	拖尾
混合模型	拖尾	拖尾

9.6　ARIMA模型示例

使用ARIMA模型对观测序列建模，主要包括平稳性检验、确定模型、参数估计及模型检验等过程。其中，平稳性检验和确定模型可以通过对时间序列的自相关函数和偏自相关函数的分析来实现。如图9-1是某图书馆2010—2015年各月借阅图书册次序列的自相关图和偏自相关图，该图可以通过SPSS软件进行绘制。通过图可以判断序列是否具有趋势性及季节性。为了更清楚地看出季节相关性的大致表现以及季节性趋势的强弱，相关图的阶数应至少多于两个周期，本例中设为37，即有三个季节周期。

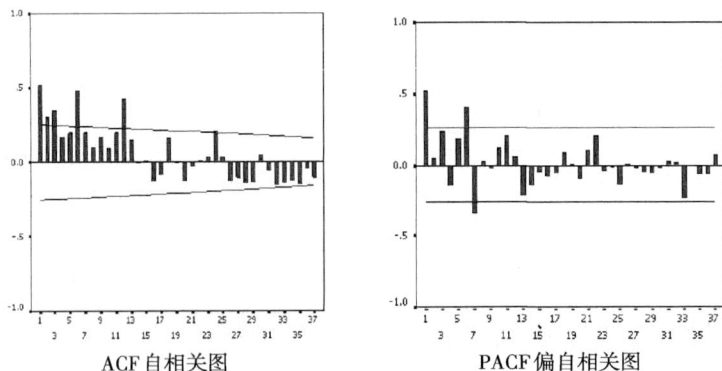

ACF自相关图　　　　　　　PACF偏自相关图

图9-1　图书馆借阅册次序列相关图

由图9-1中的ACF自相关图中可以看出，37阶自相关函数值在时滞增大时，呈拖尾衰减，而在12阶和24阶时自相关函数值显著不为0，超出随机区间，并且呈现出缓慢衰减的特征，说明序列基本平稳但具有很强的季节性。

从PACF偏自相关图来看，除一阶函数值之外，6阶、7阶均显著不为0，这说明序列存在一些特殊的相关性。

由以上分析我们知道序列平稳但具有很强的季节性，所以不需要逐期差分进行序列平稳化处理，但为了消除序列的季节性，需要对序列进行季节差分处理，绘制经过一阶季节差分后的相关图，如图9-2所示。

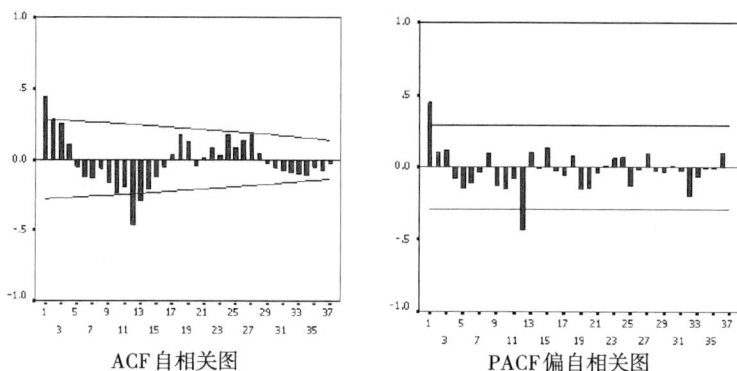

ACF自相关图　　　　　　　　　PACF偏自相关图

图9-2　一阶季节差分后的图书借阅册次序列相关图

由图9-2可以看出，序列经过季节差分后，除时滞12阶外，自相关函数在1阶之后呈正弦衰减拖尾落入随机区间之内，而偏自相关函数在1阶之后截尾，序列能够用ARIMA（1，0，0）模型描述[①]；再观察图9-2，可以看出自相关图和偏自相关图在时滞12阶处都显著不为0，超出随机区间，因此有效的季节自相关数目和有效的季节偏自相关数目都为1，即P=1，Q=1。另外，因为序列没有进行逐期差分平稳化处理，而进行了一阶季节差分消除季节性处理，所以d=0，D=1。这样可以初选定模型为ARIMA（1，0，0）（1，1，1）^{12}。

模型初步识别后，下一步进行参数估计和模型诊断。由于模型是包括季节的混合模型，要通过模型诊断，有时还需要反复调试。本例参数估计用的是最小二乘估计方法，该方法由连续逼近与搜寻程序联合组成，使用SPSS软件调用ARIMA过程后各参数估计的结果，如图9-3所示。

① 刘峰,王儒敬,李传席.ARIMA模型在农产品价格预测中的应用[J].计算机工程与应用,2009（25）:238-239.

```
Number of residuals    48
Standard error         1058.6726
Log likelihood         -403.44802
AIC                    812.89605
SBC                    818.50965

              Variables in the Model:

              B           SEB        T-RATIO    APPROX. PROB.

AR1      .66539310    .10952146    6.0754585      .00000024
SAR1    -.78401273    .33949512   -2.3093491      .02557021
SMA1    -.39790026    .51477597    -.7729581      .44358846
```

图9-3　ARIMA（1，0，0）（1，1，1）[12]模型参数估计结果

图9-3结果中显示了各因素系数的估计值、标准差、系统t检验值和对应的概率p值。可以看出，SMA1季节移动平均因素的系数显著性较差，提示参数冗余，可以作为下一步调整的依据，因此将模型调整为ARIMA（1，0，0）（1，1，0）[12]，调整后对模型参数进行估计，如图9-4所示。结果显示，无论依照参数简约化原则还是拟合优度指标来看，ARIMA（1，0，0）（1，1，0）[12]模型均优于ARIMA（1，0，0）（1，1，1）[12]模型[①]。

```
Number of residuals    48
Standard error         1079.2604
Log likelihood         -404.19601
AIC                    812.39201
SBC                    816.13441

              Variables in the Model:

              B           SEB        T-RATIO    APPROX. PROB.

AR1      .67621789    .10677420    6.3331583      .00000009
SAR1    -.47833174    .14961753   -3.1970301      .00251210
```

图9-4　ARIMA（1，0，0）（1，1，0）[12]模型参数估计结果

以上为参数估计结果，但分析并没有结束，模型是否拟合完全还需要对残差序列进行相关检验，即残差的白噪声检验。绘制ARIMA（1，0，0）（1，1，0）[12]模型的残差序列的相关图，从相关图中可以看出残差序列的自相关函数和偏自相关函数全部落入随机区间，可以认为残差为白噪声序列，模型诊

---

① 宇传华.SPSS与统计分析[M].北京:电子工业出版社,2007:600-609.

断通过，即模型用于预测是适宜的。

9.7　Microsoft时序算法

Microsoft时序算法使用ARTXP和ARIMA这两种算法。ARTXP算法的实现基于Microsoft决策树算法，该算法可描述为用于表示周期性时序数据的自动回归树模型，它将数目可变的过去项与要预测的每个当前项相关。ARTXP算法适合于短期预测，所以在一系列预测的开始时它十分重要，并且ARTXP算法支持交叉预测，但ARIMA算法不支持。ARIMA算法适合于长期预测。默认情况下，Microsoft时序算法在分析模式和进行预测时混合使用这两种算法。采用混合模型时，Microsoft时序算法按以下方式混合这两种算法：

（1）在进行前几步预测时始终只使用ARTXP。

（2）完成前几步预测后，结合使用ARIMA和ARTXP。

（3）随着预测步骤数的增加，预测越来越多地依赖ARIMA，直至不再使用ARTXP。

9.7.1　Microsoft时序算法的参数

Microsoft时序算法支持多个参数，这些参数可影响所生成的挖掘模型的性能和准确性，主要参数详见表9-2。

表9-2　Microsoft时序算法主要参数

参数名称	功能
AUTO_DETECT_PERIODICITY	指定一个介于0和1之间的数字，用于检测周期。如果将此值设置为更接近于1的数，则允许查找许多接近周期的模式并允许自动生成周期提示。处理大量的周期提示可能会导致模型定型时间明显加长。如果将此值设置为更接近于0的数，则只检测周期性强的数据的周期
COMPLEXITY_PENALTY	抑制决策树的生长。该值越小，拆分的可能性越大；该值越大，拆分的可能性越小
MAXIMUM_SERIES_VALUE	指定用于任何时序预测的上限约束值。在任何情况下预测值都不会大于该约束值

续表

参数名称	功能
FORECAST_METHOD	指定要使用的预测算法。选择MIXED将创建ARTXP和ARIMA时序算法的模型并在预测过程中组合它们的结果。在Standard Edition中，两个模型将按照一个自动比率进行组合，对于近期预测，该比例倾向于ARTXP；对于长期预测，该比例倾向于ARIMA。在更高版本中，两个模型将按照为PREDICTION_SMOOTHING所设置的值进行组合和加权。如果FORECAST_METHOD设置为ARTXP或ARIMA，则将忽略PREDIC-TION_SMOOTHING的值
HISTORIC_MODEL_COUNT	指定将要生成的历史模型数
HISTORICAL_MODEL_GAP	指定两个连续的历史模型之间的时间间隔
INSTABILITY_SENSITIVITY	控制特定的阈值，达到此阈值时算法将检测ARTXP时序算法的方差不稳定性并停止进行预测。所指定的值仅在FORECAST_METHOD设置为ARTXP时有效。采用默认值1时将启动不稳定性检测。此设置可使预测的可靠性达到最佳，但可能会限制预测步骤数。值为0时将关闭不稳定性检测。此设置将无限延伸预测时限，但那些预测结果可能在统计上无效
MINIMUM_SERIES_VALUE	指定用于任何时序预测的下限约束值。在任何情况下预测值都不会小于该约束值
MINIMUM_SUPPORT	请指定在每个时序树中生成一个拆分所需的最小时间段数
MISSING_VALUE_SUBSTITUTION	指定用来填充历史数据中的空白的方法。默认情况下，数据中不允许存在不规则的空白或参差不齐的边缘。可用来填充不规则空白或边缘的方法有：使用以前的值、使用平均值或使用特定的数字常量。此参数仅用于输入数据的不完整行
PERIODICITY_HINT	向算法提供关于数据周期的提示。此参数采用{n [, n]}格式，其中大括号{}是必需的，n指任意正数。中括号[]内的n为可选项，可添加多个值以指示数据中可能包含多个时间段
PREDICTION_SMOOTHING	请指定一个介于0和1之间的值来控制ARTXP和ARI-MA时序算法的混合。所指定的值仅在FORE-CAST_METHOD参数设置为MIXED时有效。如果此值为0，则模型仅使用ARTXP。如果此值为1，则模型仅使用ARIMA。此值越接近0，则ARTXP的权重越大。此值越接近1，则ARIMA的权重越大

9.7.2　Microsoft时序算法的要求

（1）每个模型都必须包含一个用作事例序列的数值或日期列，该列定义了该模型将使用的时间段。key time 的数据类型可以是 datetime 数据类型或 numeric 数据类型。但是，该列必须包含连续值，并且这些值对各个序列而言必须是唯一的。时序模型的事例序列不能存储在两列中，例如不能存储在一个 Year 列和一个 Month 列中。

（2）每个模型都必须至少包含一个可预测列，算法将根据这个可预测列生成时序模型。可预测列的数据类型必须具有连续值。如可以预测在一段时间内数值属性（例如借阅量）将如何变化。但是，不能使用包含离散值的列作为可预测列。

（3）每个模型可包含一个附加的键列，该列包含标识序列的唯一值。可选序列键列必须包含唯一值。Microsoft 时序算法支持特定的输入列和可预测列：

输入列内容类型包括：Continuous（连续）、Key（键）、Key Time（时间键）和 Table（表）；可预测列内容类型包括：Continuous（连续）和 Table（表）。

9.8　案例：利用 SQL Server 2012 进行 Microsoft 时序算法挖掘

问题描述：图书馆自动化管理系统中积累了大量的图书流通时间序列数据，对这些数据中每类图书的借阅量利用 Microsoft 时序算法进行深层次的分析并对其将来值的预测，可为图书馆图书流通、采购及阅读推广工作提供决策支持。

整体思路：提取图书馆 2007 年 1 月 1 日至 2015 年 12 月 31 日每月各大类图书的借阅量数据，进行 Microsoft 时序算法挖掘。

9.8.1　数据准备

由于 Microsoft 时序算法中有一条时间线贯穿始终，因此准备要在预测模型中使用的数据时，必须有一个 Key Time 键列，该列用于标识时序中的步长。另外，要求单个模型中包括的所有序列都应有相同的"结束"点。

图书借阅系统中每天都产生数据，那么一个月的总的借阅量我们在聚合时，用一个统一日期表示某一个月，如用"2008-01-25"代表2008年1月份，"2008-02-25"代表2008年2月，作为唯一的序列标识符。

1. 提取借出图书信息

将流通日志表与图书表关联，提取2007.01.01－2015.12.31的借出图书信息。在Transact-SQL查询窗口中，执行以下语句：

```
SELECT
dbo.流通日志.日志号,
dbo.流通日志.操作类型,
Convert（date，dbo.流通日志.操作时间）as 操作日期,
dbo.文献.文献一级分类,
dbo.文献.馆藏地点编码,
dbo.文献.书条码号
into 流通日志_图书_时序算法
FROM dbo.流通日志 LEFT OUTER JOIN dbo.文献 ON dbo.流通日志.条码号 = dbo.文献.书条码号
where dbo.流通日志.操作时间 between '2007-01-01 00：00：00.000' and '2015-12-31 00：00：00.000' and dbo.流通日志.操作类型='3031'
```

2. "流通日志_图书_时序算法"表增加"册数"列

将前面处理好的"流通日志_图书_时序算法"表增加"册数"列，并填充值"1"。在Transact-SQL查询窗口中，执行以下语句：

```
ALTER TABLE 流通日志_图书_时序算法 ADD 册数 int
update ［dbo］.［流通日志_图书_时序算法］ set ［册数］= '1'
```

3. 提取"操作日期"中的"年""月"为新字段

提取"操作日期"中的"年""月"为新字段。在Transact-SQL查询窗口中，执行以下语句：

```
Select
［文献一级分类］.［操作日期］as 时间索引,
DATEPART（yy，操作日期）as 年,
DATEPART（MM，操作日期）as 月,
 册数
into ［dbo］.［流通日志_图书_时序算法_处理］
from ［dbo］.［流通日志_图书_时序算法］
```

4. 构建"Key Time"字段

通过"年""月"字段更新"时间索引"字段为每个月的25日，代表当

月的"Key Time"，如用"2007-01-25"表示2007年1月，"2007-02-25"表示2007年2月，其他依此类推。在Transact-SQL查询窗口中，执行以下语句：

```
update
[dbo].[流通日志_图书_时序算法_处理]
set [时间索引]='2007-01-25'
where [年]='2007' and [月]='01'
update
[dbo].[流通日志_图书_时序算法_处理]
set [时间索引]='2007-02-25'
where [年]='2007' and [月]='02'
```

5. 按不同字段聚合借阅量

（1）按"文献一级分类""时间索引"字段聚合借阅量。在Transact-SQL查询窗口中，执行以下语句：

```
select
[文献一级分类],
[时间索引],
sum（[册数]）as 月借阅量
into [dbo].[图书借阅量_文献分类_时序算法]
from [dbo].[流通日志_图书_时序算法_处理]
group by [文献一级分类],[时间索引]
order by [文献一级分类],[时间索引]
```

聚合后的结果，如表9-3所示。

表9-3　图书借阅量_文献分类_时序算法

	文献一级分类	时间索引	月借阅量
1299	D	2011-01-25	702
1300	D	2011-02-25	822
1301	D	2011-03-25	2082
1302	D	2011-04-25	1405
1303	D	2011-05-25	1268
1304	D	2011-06-25	852
1305	D	2011-07-25	146
1306	D	2011-08-25	403
1307	D	2011-09-25	1279
1308	D	2011-10-25	953
1309	D	2011-11-25	1378
1310	D	2011-12-25	1093

（2）按"馆藏地点""时间索引"字段聚合借阅量。在Transact-SQL查询窗口中，执行以下语句：

```
select
［馆藏地点编码］,
［时间索引］,
sum（［册数］） as 月借阅量
into ［dbo］.［图书借阅量_文献馆藏地点_时序算法］
from ［dbo］,［流通日志_图书_时序算法_处理］
group by ［馆藏地点编码］,［时间索引］
order by ［馆藏地点编码］,［时间索引］
```

聚合后的结果，如表9-4所示。

表9-4 图书借阅量_文献馆藏地点_时序算法

	馆藏地点编码	时间索引	月借阅量
540	S013	2007-01-25	1428
541	S013	2007-03-25	2947
542	S013	2007-04-25	1831
543	S013	2007-05-25	5
544	S013	2007-06-25	16
545	S013	2007-07-25	685
546	S013	2007-08-25	542
547	S013	2007-09-25	3911
548	S013	2007-10-25	4188
549	S013	2007-11-25	4307
550	S013	2007-12-25	3759

9.8.2 实现挖掘任务

选择按"文献一级分类""时间索引"字段聚合借阅量生成的"图书借阅量-文献分类-时序算法"表为例进行时序挖掘。

1. 新建项目

创建SSAS项目。在SQL Server 2012中打开SQL Server Data Tools（SSDT）：开始->所有程序->Microsoft SQL Server 2012-> SQL Server Data Tools。单击菜单栏的"文件"->"新建项目"命令，弹出"新建项目"对话框，选择项目中的"Analysis Services多维和数据挖掘项目"，在"名称""解决方案名称"文本框中，写入项目名称和解决方案名称；在"位置"文本框中，单击右侧"浏览"按钮，选择解决方案的保存路径；最后单击"确定"按钮。

2. 部署项目设置

在SQL Server Data Tools（SSDT）右边的"解决方案资源管理器"窗口中

单击项目名称"时序算法",选择"属性"命令,打开"分类属性页",在左窗格的"配置属性"节点中,单击"部署",将"服务器"属性更改为相应的实例名。

3. 创建数据源和数据源视图

创建数据源的过程参见第4章"利用SQL Server 2012创建OLAP立方"内容。这里创建一个名为"数据挖掘"的新数据源,数据源连接"图书借阅量_文献分类_时序算法"数据表所在的数据库。

4. 根据向导创建挖掘结构

步骤1:在SQL Server Data Tools(SSDT)右边的"解决方案资源管理器"窗口中单击"挖掘结构"文件夹,选择"新建挖掘结构"命令,启动数据挖掘向导。

步骤2:在弹出的"数据挖掘向导"窗口中单击"下一步"按钮。在接下来的"选择定义方法"窗口中,确保选择"从现有关系数据库或数据仓库",单击"下一步"按钮,进入"创建数据挖掘结构"窗口,"您要使用何种数据挖掘技术?"选择"Microsoft 时序",如图9-5所示。

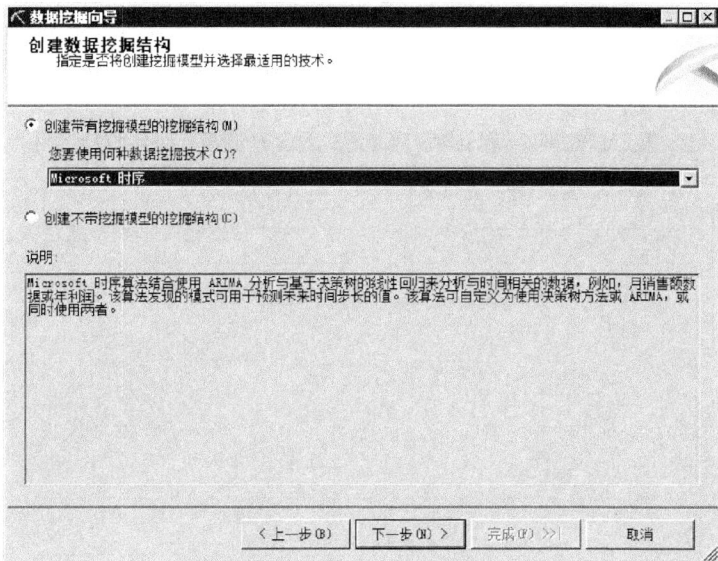

图9-5 选择数据挖掘技术

步骤3:单击图9-5中"下一步"按钮,进入"选择数据源视图"窗口,选择前面创建好"数据挖掘"数据源视图,单击"浏览"按钮显示其包含的数据表信息，如图9-6所示。

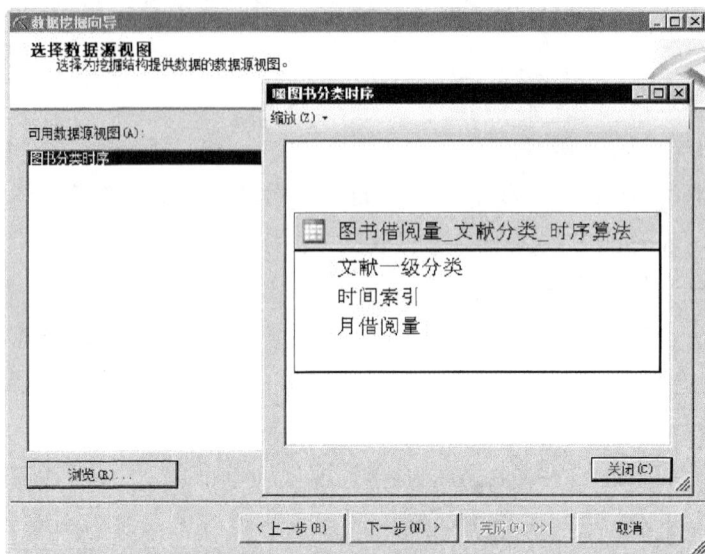

图9-6　选择数据源视图

步骤4：关闭"数据挖掘"表窗口，单击"选择数据源视图"中"下一步"按钮，进入"指定表类型"窗口，选择用于定义挖掘结构的"图书借阅量-文献分类-时序算法"表，如图9-7所示。

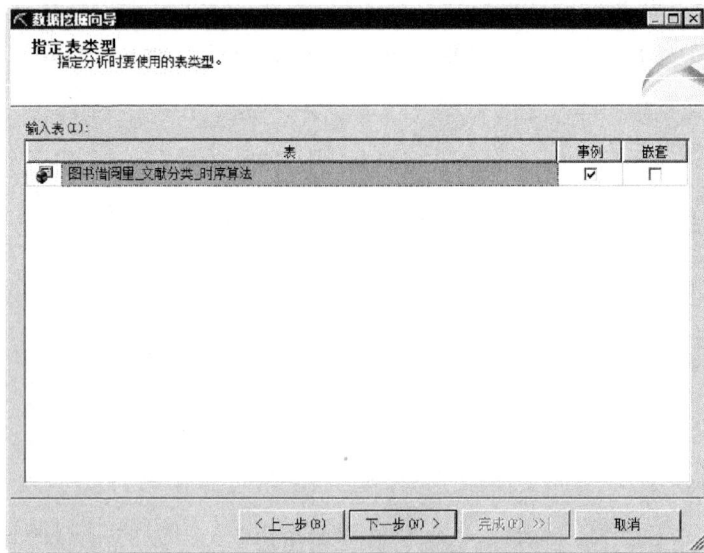

图9-7　指定表类型

步骤5：单击图9-7中"下一步"按钮，进入"指定定型数据"窗口，这里至少指定一个键列、一个输入列以及一个可预测列。我们选择"时间索引"和"文献一级分类"联合形成"键列"，将"月借阅量"既作为"输入列"又作为"预测列"，如图9-8所示。

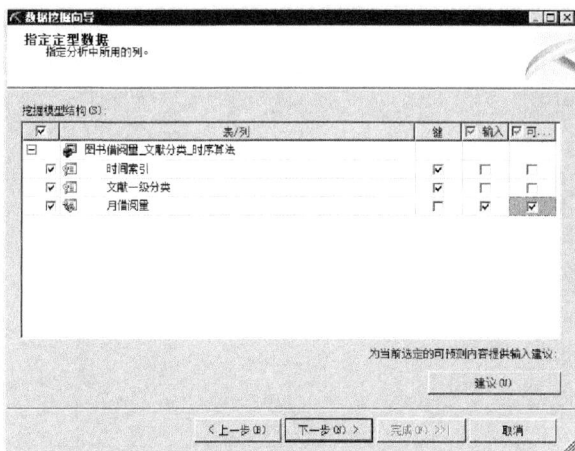

图9-8　指定定型数据

步骤6：单击图9-8中"下一步"按钮，进入"指定列的内容和数据类型"窗口，向导会自动检测数值，并分配相应的数值数据类型，如果需要修改，可以单击需要修改类型的下拉列表框进行手动选择，也可以单击"检测"按钮运行用来确定每列的默认数据类型和内容类型的算法。如图9-9所示。

图9-9　指定列内容和数据类型

步骤7：单击图9-9中"下一步"按钮，进入"创建测试集"窗口，本例中没有测试数据，将"要测试数据的百分比"设为"0"，如图9-10所示。

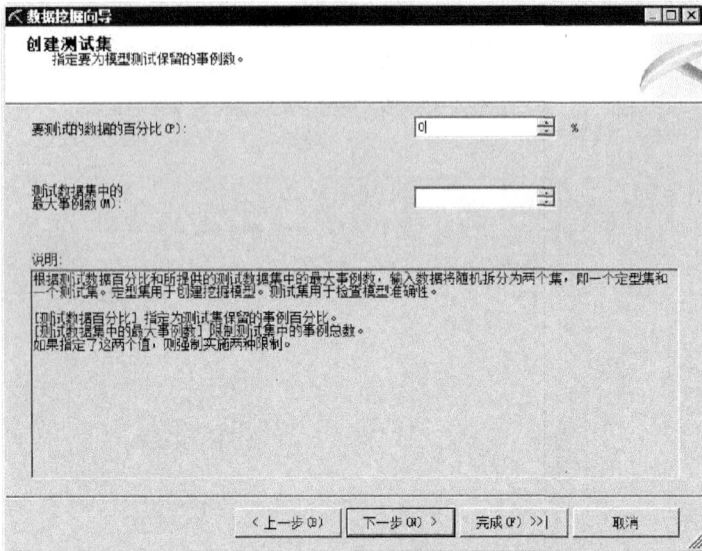

图9-10　创建测试集

步骤8：单击图9-10中"下一步"按钮，分别为挖掘结构、挖掘模型指定一个名称，单击"完成"按钮结束挖掘结构的创建，如图9-11所示。

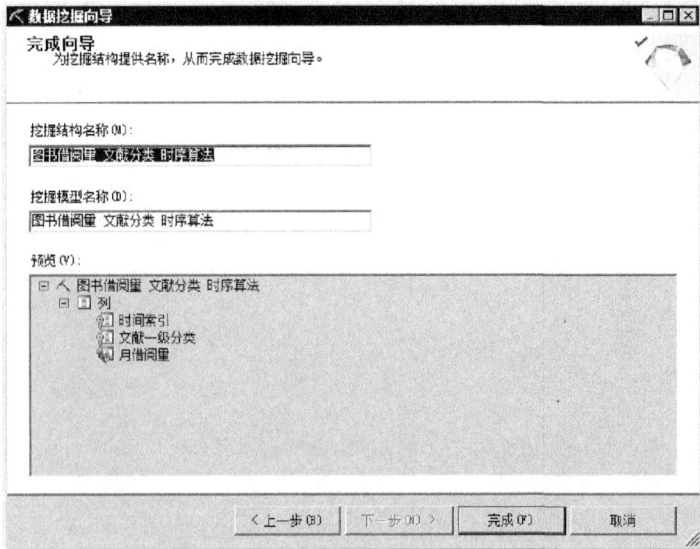

图9-11　完成向导

步骤9：单击图9-11中"完成"按钮，回到数据挖掘设计器主页面，其中包含了"挖掘结构、挖掘模型、挖掘模型查看器、挖掘准确性图表及挖掘模型预测"等选项。其中"挖掘结构"选项卡页面，如图9-12所示。

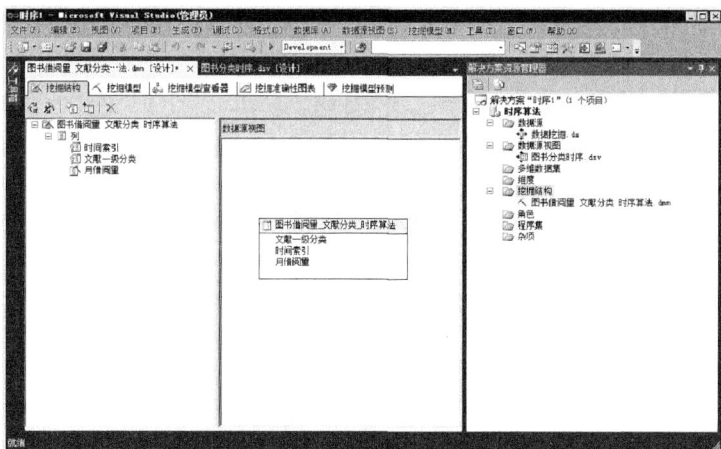

图9-12　数据挖掘设计器的"挖掘结构"选项卡

5. 设置模型参数

本部分使用数据挖掘设计器的"挖掘模型"选项卡为"图书借阅量-文献分类-时序算法"时序挖掘模型设置算法的参数。

步骤1：打开数据挖掘设计器的"挖掘模型"选项卡，单击需要设置参数的挖掘模型列头，选择"设置算法参数"命令，如图9-13所示。

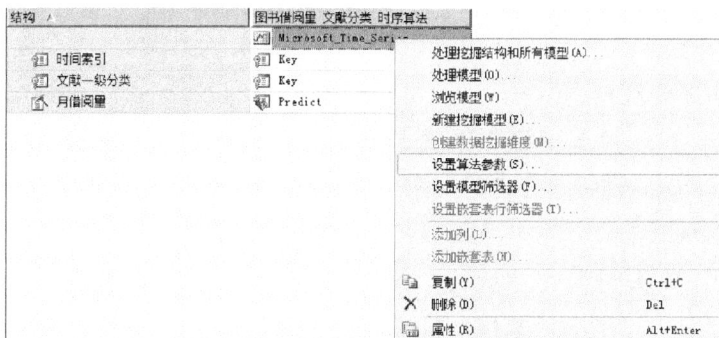

图9-13　选择"设置算法参数"命令

步骤2：执行图9-13中的"设置算法参数"命令后，打开"图书借阅量-文献分类-时序算法"挖掘模型的"算法参数"对话框，选择每个参数行，都会在"说明"文本框中显示对应的参数说明。参数 PERIODICITY_HINT 提供了有关数据模式重复频率的算法信息，即时间序列的重复迭代时间间隔，如在本例中用到的时间轴就是为每个月更改一次，且周期以年为单位，所以我们将这个参数值设置成12，意思是每12个月重复一次。参数 MISSING_VAL-UE_SUBSTITUTION 处理缺少的数据，如果数据序列中有数据缺失，必须对此参数进行设置，否则在后面处理数据挖掘结构时，将会出错不能成功处理。本例中我们将该参数值设置成 Previous（使用以前的值），用以前的值替换多个缺少的单元格，但是不能填充起始值，如图9-14所示，单击"确定"，完成挖掘模型的算法参数设置。

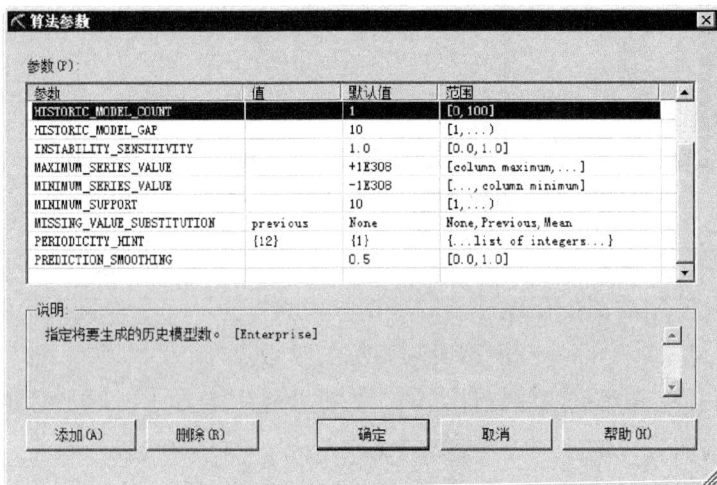

图9-14　挖掘模型的"算法参数"对话框

6. 部署并处理模型

步骤1：在"挖掘模型"选项卡工具栏上单击"处理挖掘结构和所有模型"按钮，打开处理挖掘结构"图书借阅量_文献分类_时序算法"对话框，如图9-15所示。

步骤2：单击图9-15"运行"按钮，开始处理，模型处理可能需要一些时间，具体取决于您的计算机。处理成功完成后，"处理进度"对话框将打开以显示有关模型处理的详细信息。单击"关闭"按钮，完成挖掘结构处理过程，如图9-16所示。

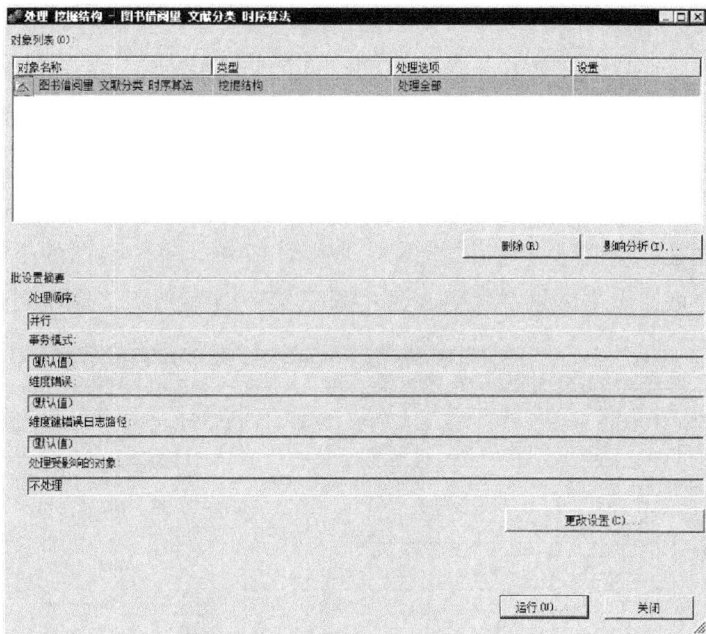

图9-15 处理挖掘结构对话框

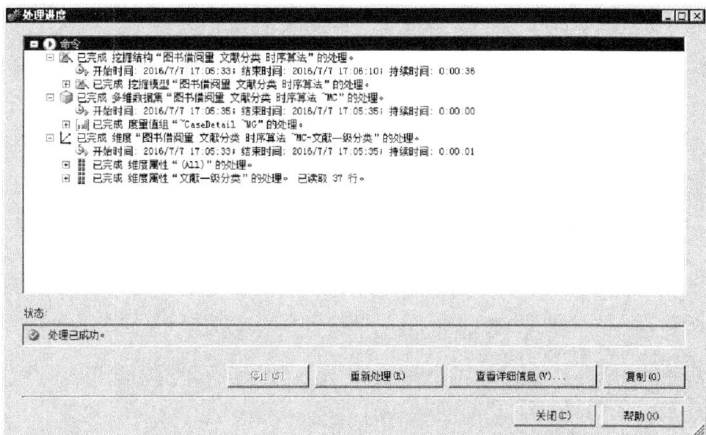

图9-16 挖掘结构处理进度对话框

9.8.3 浏览模型

部署并处理完模型之后，就可以通过"挖掘模型查看器"查看挖掘结果。Microsoft时序算法"挖掘模型查看器"包含图表与模型两个选项卡。

1. 图表

"图表"选项卡页显示一个波形图，如图9-17所示。该图形前半部分显示预测属性历史数据波动情况，用实线表示；后半部分推测显示多个未来趋势值，用虚线表示。图表的竖轴表示时序值，横轴表示时间。使用"预测步骤"可以选择要在模型中显示多少个未来时间"步骤"。如果选择"显示偏差"复选框，则查看器会提供错误栏。右侧有一个序列筛选的下拉选项框。点击图表中间的点击线，在挖掘图例中显示某一时间戳所选择序列的值。

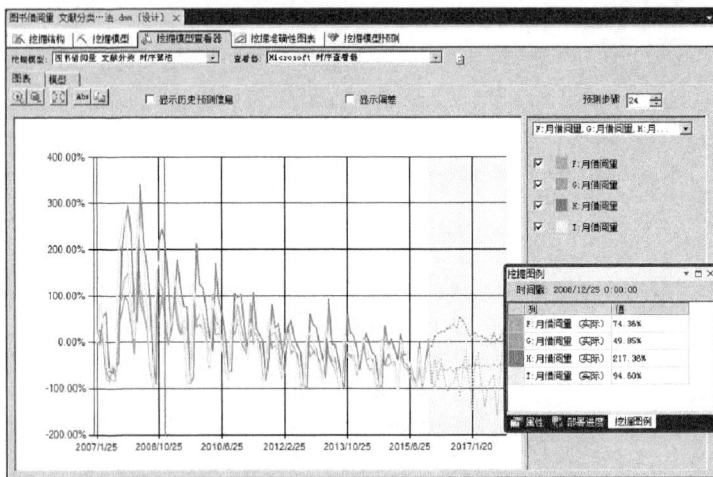

图9-17 Microsoft时序算法的"图表"选项卡

2. 模型

"模型"选项卡页每个序列生成单独的树，如图9-18所示。选择"树"列表中某序列，查看某一特定序列。如选择"B：借阅量"可以查看B类图书的借阅量时序模型，时序模型树中包含一个"全部"节点，然后分出一系列的节点，展开或折叠决策树中的各个节点，以显示或隐藏各节点后出现的拆分，从图中看出B类图书的月借阅量树有两个拆分，第一个拆分基于前第24个月I类图书的月借阅量是否大于7315册，第二个拆分是基于前第12个月I类图书的月借阅量是否大于2576册，可见B类图书在不同时期的借阅量与I类图书的借阅量相关联。使用"显示级别"滑块，可以调整树中显示的级别数。使用"默认扩展"可以设置模型中所有树的默认显示级别数。由于本例创建的是混合模型，树的根节点挖掘图例包含事例数和ARIMA公式，如图9-19所示。每个叶节点挖掘图例同时包含ARTxp和ARIMA算法、节点的公式和节点中的事例数，首先列出的是ARTxp公式，例如，"I.月借阅量-12>=2576"叶节点挖掘图例，并标记为树节点公式，接着是ARIMA公式，如图9-20所示。

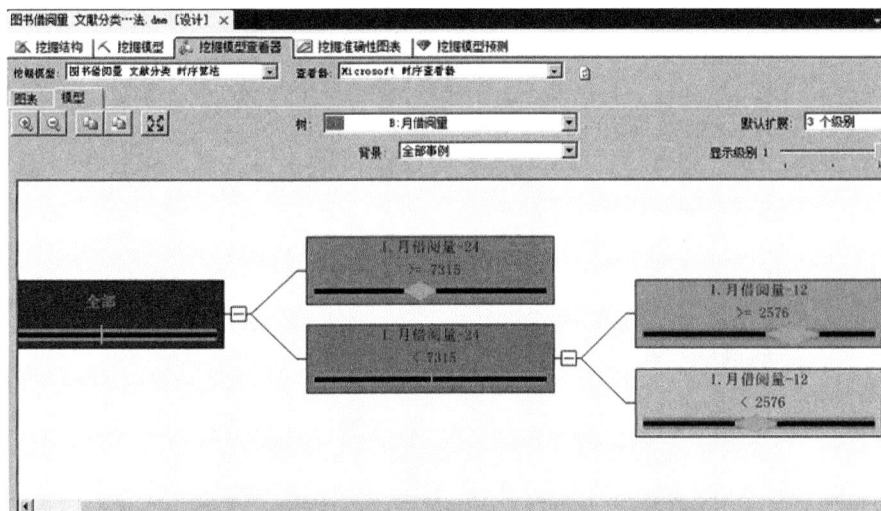

图9-18　Microsoft时序算法的"模型"选项卡

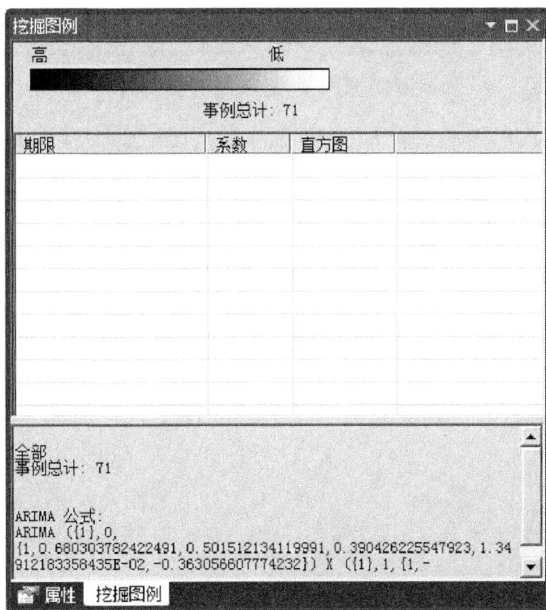

图9-19　根节点挖掘图例

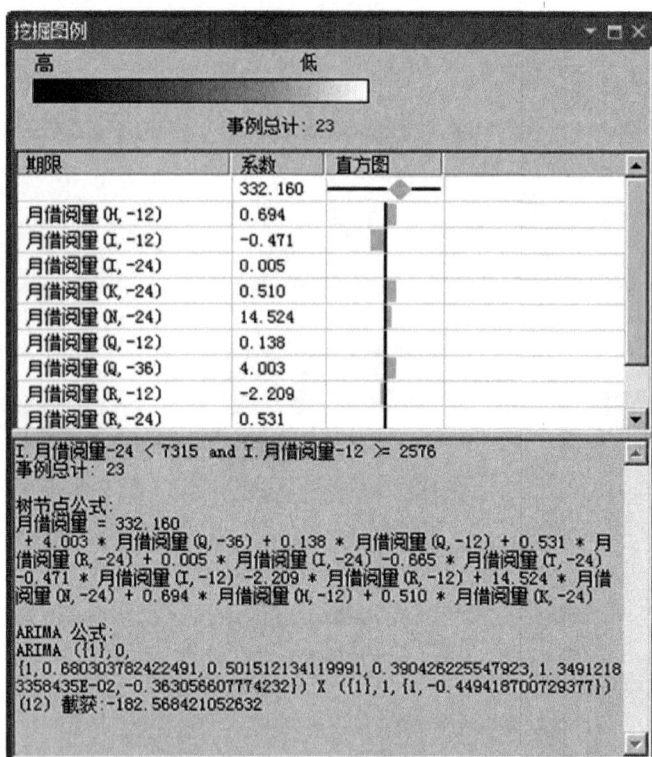

图9-20 叶结点挖掘图例

以上我们对以"文献一级分类""时间索引"字段聚合借阅量生成的"图书借阅量-文献分类-时序算法"表为例进行了时序挖掘。而以"馆藏地点""时间索引"字段聚合借阅量生成的"图书借阅量-馆藏地点-时序算法"表可以按相同步骤进行时序挖掘。

主要参考文献

[1]潘华,项同德.数据仓库与数据挖掘原理、工具及应用[M].北京:中国电力出版社,2007.

[2]钱星常.远程教与学策略和案例[M].北京:科学出版社,2008.

[3]张良均,陈俊德,刘名军,等.数据挖掘:实用案例分析[M].北京:机械工业出版社,2014.

[4]蒋盛益,李霞,郑琪.数据挖掘原理与实践[M].北京:电子工业出版社,2011.

[5]苏新宁,杨建林.数据挖掘理论与技术[M].北京:科学技术文献出版社,2003.

[6]崔雷.医学数据挖掘[M].北京:高等教育出版社,2006.

[7]张文彤,钟云飞.IBM SPSS数据分析与挖掘实战案例精粹[M].北京:清华大学出版社,2013.

[8](美)Pang-Ning Tan, Michael Steinbach , Vipin Kumar.数据挖掘导论[M].2版.范明,范宏建,译.北京:人民邮电出版社,2011.

[9]孙水华,赵钏林,刘建华.数据仓库与数据挖掘技术[M].北京:清华大学出版社,2012.

[10]蔡颖,鲍立威.商业智能原理与应用M].杭州:浙江大学出版社,2011.

[11]王宇,曲刚.管理信息系统[M].北京:电子工业出版社,2014.

[12]徐华.数据挖掘:方法与应用[M].北京:清华大学出版社,2014.

[13]王飞,刘国峰.商业智能深入浅出——Cognos,Informatica技术与应用[M].北京:机械工业出版社,2012.

［14］（美）W.H.Inmon.数据仓库［M］.王志海,林友芳,译.北京:机械工业出版社,
2003.

［15］安淑芝.数据仓库与数据挖掘［M］.北京:清华大学出版社,2005.

［16］刘伟江.商务智能概念、方法及在管理中的应用［M］.北京:社会科学文献
出版社,2012.

［17］郑岩.数据仓库与数据挖掘原理及应用［M］.2版.北京:清华大学出版社,
2015.

［18］李晓波.科学数据共享关键技术［M］.北京:地质出版社,2007.

［19］肖慎勇.数据库开发与管理(SQL Server版)［M］.北京:清华大学出版社,
2013.

［20］（美）Jamie MacLennan,ZhaoHui Tang,Bogdan Crivat.数据挖掘原理与应
用［M］.2版.董艳,程文俊,译.北京:清华大学出版社,2012.

［21］国家税务总局教材编写组.数据库与数据仓库［M］.北京:人民出版社,
2004.

［22］（加）Jiawei Han,Micheline Kamber.数据挖掘概念与技术(原书第2版)［M］.
范明,孟小峰,译.北京:机械工业出版社,2006.

［23］李明.R语言与网站分析［M］.北京:机械工业出版社,2014.

［24］黄孝平.基于遗传神经网络的倒立摆控制研究［M］.重庆:重庆大学出版
社,2014.

［25］熊平.数据挖掘算法与Clementine实践［M］.北京:清华大学出版社,2011.

［26］吴骏.SPSS统计分析从零开始学［M］.北京:清华大学出版社,2014.

［27］（美）拉尔森.商务智能实战［M］.盖九宇,赵龙刚,曹玉玲,译.北京:机械工
业出版社,2011.